NACH

F. SCOTT FITZGERALD

DER GROSSE GATSBY

ILLUSTRIERT VON
PETE KATZ

AUS DEM AMERIKANISCHEN ENGLISCH
VON SVENJA TENGS

Titel der Originalausgabe: *The Great Gatsby*, adaptiert von Pete Katz
Erschienen bei: Quarto

Deutsche Erstausgabe

Ein Unternehmen der Média-Participations

Projektleitung: Emma Oeding, Knesebeck Verlag
Übersetzung: Svenja Tengs, Berlin
Lektorat und Satz: Christine Schnappinger, München
Umschlagadaption: Fabian Arnet, Knesebeck Verlag
Druck: Dream Colour Printing
Printed in China

ISBN 978-3-95728-850-9

www.knesebeck-verlag.de

MIX
Papier aus verantwortungsvollen Quellen
FSC® C188448
FSC
www.fsc.org

INHALT

EINLEITUNG

Wie viele Fans ging ich noch zur Schule, als ich *Der große Gatsby* zum ersten Mal las. Ich weiß noch, dass ich überrascht war, wie schnell ich in diese Jazz-Age-Geschichte hineingezogen wurde. Ich genoss Fitzgeralds vernichtende Charakterisierungen von Salonlöwen und seine farbenfrohen, mitreißenden Beschreibungen einer mir unbekannten Welt: das Long Island der 1920er-Jahre. Doch der mysteriöse, charismatische Gatsby selbst stellt natürlich den größten Reiz des Buches dar. Ich war voller Bedauern und Mitgefühl für den schwer verliebten Selfmade-Millionär und konnte nicht umhin zu denken (mit der selbstsicheren, gut gemeinten Arroganz eines Teenagers), dass ich Gatsby an Nick Carraways Stelle ein besserer Freund gewesen wäre und mich mehr angestrengt hätte, um ihm zu etwas Glück zu verhelfen. Inzwischen habe ich erkannt, dass nichts auf der Welt Gatsby davon hätte abhalten können, seinen unglückseligen Weg zu gehen. Und es ist seine romantische Entschlossenheit – trotz allem, was die Realität ihm zumutet –, die einen so großen Teil seiner Anziehungskraft ausmacht. Allerdings wurde *Der große Gatsby* von der Welt nicht sofort begeistert aufgenommen. Nach der Veröffentlichung des Buches im April 1925 erhielt es gemischte Kritiken. Edwin Clark von der *New York Times* lobte den Roman als "eine mystische, glamouröse Geschichte von heute", doch H. L. Mencken von der *Baltimore Evening Sun* schrieb:

> "Am meisten interessiert Fitzgerald immer noch die pompöse Show des modernen amerikanischen Lebens – und besonders der Teufelstanz, der sich an der Spitze abspielt. Er kümmert sich nicht um den Schweiß und das Leid der kleinen Leute; vielmehr fasziniert ihn das große Spektakel jener, die zu viel Geld haben – und zu viel Zeit, um es auszugeben. Ihr närrisches Streben nach Sensationen, ihre schier unglaubliche Dummheit und Banalität, ihre glitzernden Ausschweifungen – von all diesen Dingen handelt sein Machwerk."

Entgegen F. Scott Fitzgeralds Hoffnung, dass das Buch ein literarischer und finanzieller Erfolg würde, verkauften sich in den sechs Monaten nach der Veröffentlichung noch nicht einmal 20 000 Exemplare, weit weniger als die geschätzten 70 000. Tragischerweise starb Fitzgerald 1940 in dem Glauben, sein Werk würde niemanden interessieren und in Vergessenheit geraten. Doch nach seinem Tod wurde *Der große Gatsby* von anderen Schriftsteller:innen wiederentdeckt und dem Roman wurde eine neue Anerkennung zuteil. Im Jahr 1942 gründete eine Gruppe leitender Verleger:innen den Council on Books in Wartime, mit dem Anliegen, Bücher der Armed Service Editions unter Truppen im Kampfeinsatz zu verteilen. *Der große Gatsby* gehörte zu den ausgewählten Werken und erfreute sich unter den Soldaten großer Beliebtheit. Innerhalb weniger Jahre wurden 155 000 Exemplare an US-Einheiten auf der ganzen Welt geschickt, sodass Fitzgeralds Werk schließlich ein internationales Publikum erreichte.

In den 1960er-Jahren verkauften sich jährlich 50 000 Exemplare des Buches. Ein Jahrzehnt später zog man es als Anwärter für die Auszeichnung der Great American Novel in Betracht. Heute gehört *Der große Gatsby* sowohl in den USA als auch weltweit zu den Standardwerken im Schulunterricht; bis 2020 wurden fast 30 Millionen Exemplare verkauft und etwa eine halbe Million gehen weiterhin pro Jahr über den Ladentisch.

Wie schade, dass F. Scott Fitzgerald den großen Erfolg seines Buches nicht miterleben konnte. Er hat nie gesehen, wie sein Roman über die Liebe, den amerikanischen Traum und den Klassenkampf zu der Ikone amerikanischer Popkultur wurde, die er heute ist. Ich hoffe, dass er sich über unsere Adaptation seines Buches freuen würde und wir seinem Werk den Respekt und die Leidenschaft zukommen lassen konnten, die es wahrlich verdient.

DIE FIGUREN

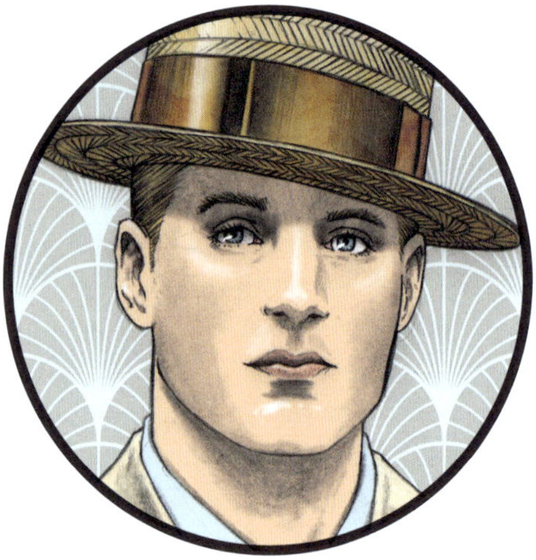

Jay Gatsby
Der mysteriöse, charismatische Millionär mit einer traurigen Vergangenheit.

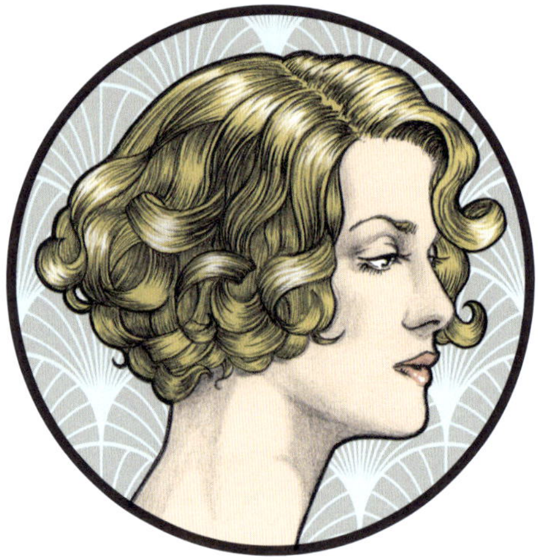

Daisy Buchanan
Eine abgestumpfte und unglücklich verheiratete Lady der High Society.

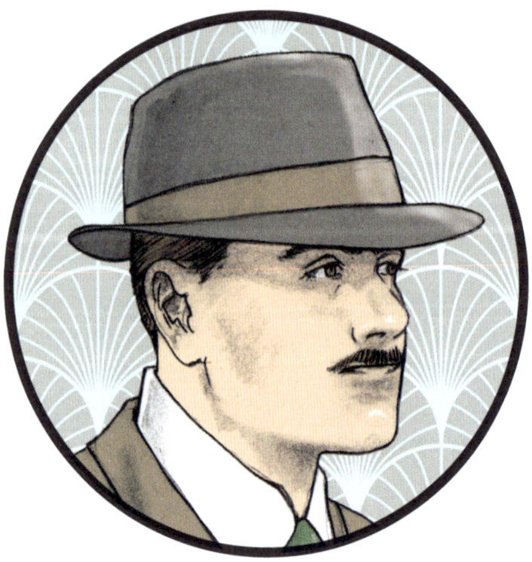

Nick Carraway
Börsenmakler, Hobby-Schriftsteller und ein Cousin von Daisy.

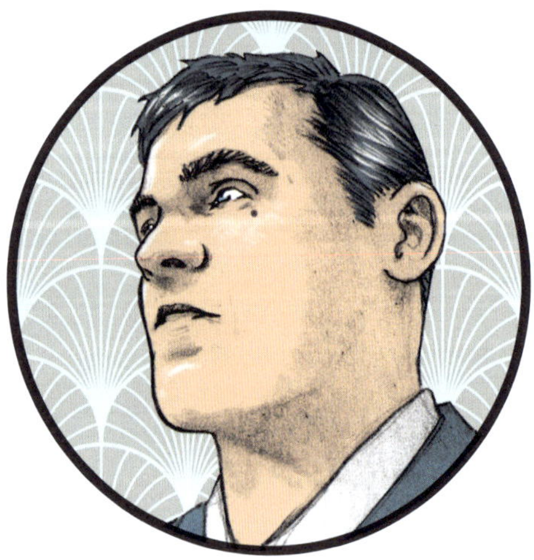

Tom Buchanan
Privilegierter, ungeheuer reicher Polo-Liebhaber und Daisys Ehemann.

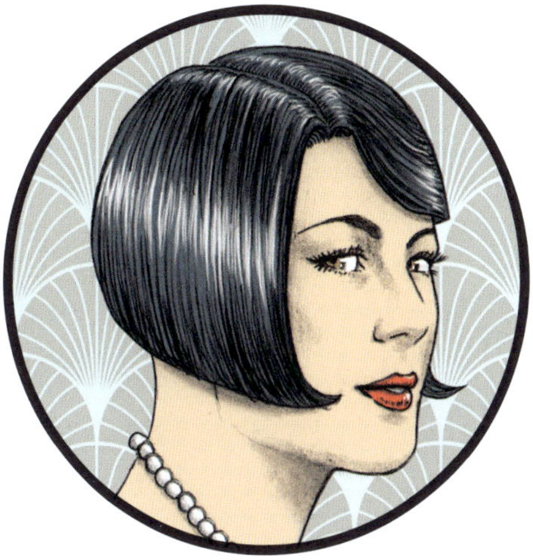

Jordan Baker
Partygängerin, Profi-Golferin und Daisys beste Freundin.

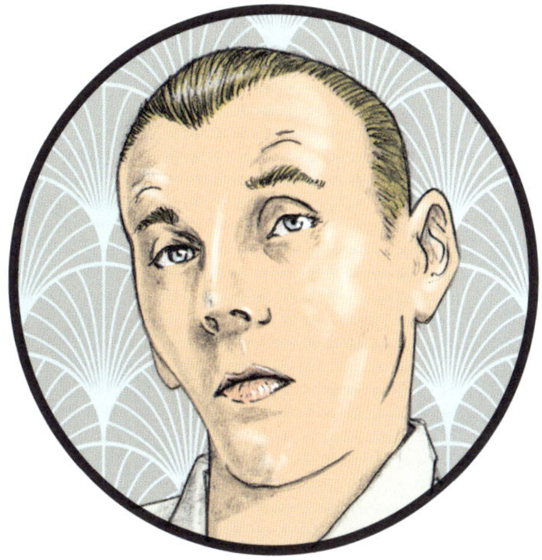

George Wilson
Der einfach gestrickte und gutgläubige Betreiber der Werkstatt Wilson's Garage.

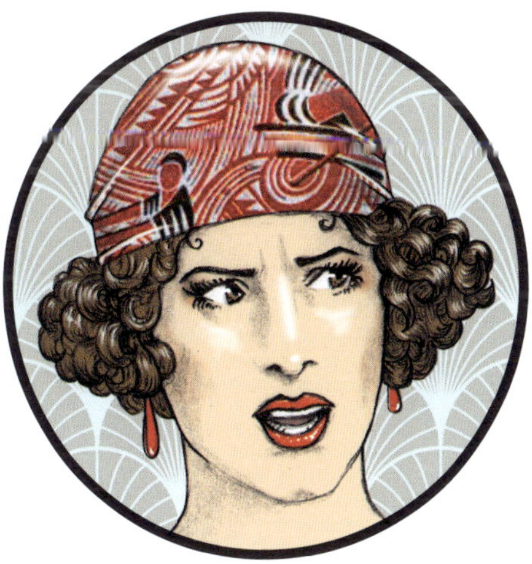

Myrtle Wilson
Ehefrau von George. Lebenslustig und sinnlich, aber unzufrieden und unglücklich in ihrer Ehe.

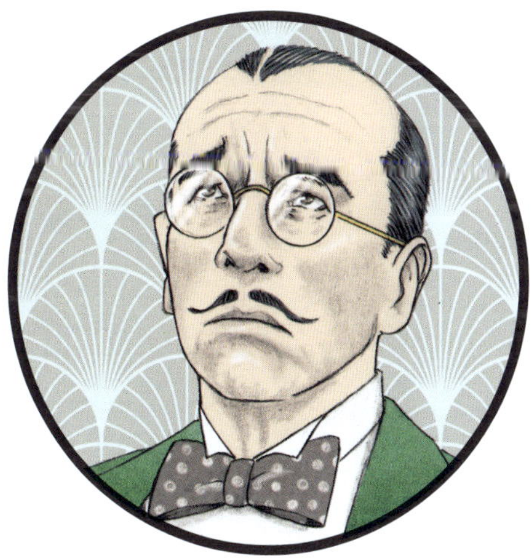

Meyer Wolfshiem
Ein zwielichtiger Geschäftspartner und Freund von Gatsby.

KAPITEL 1

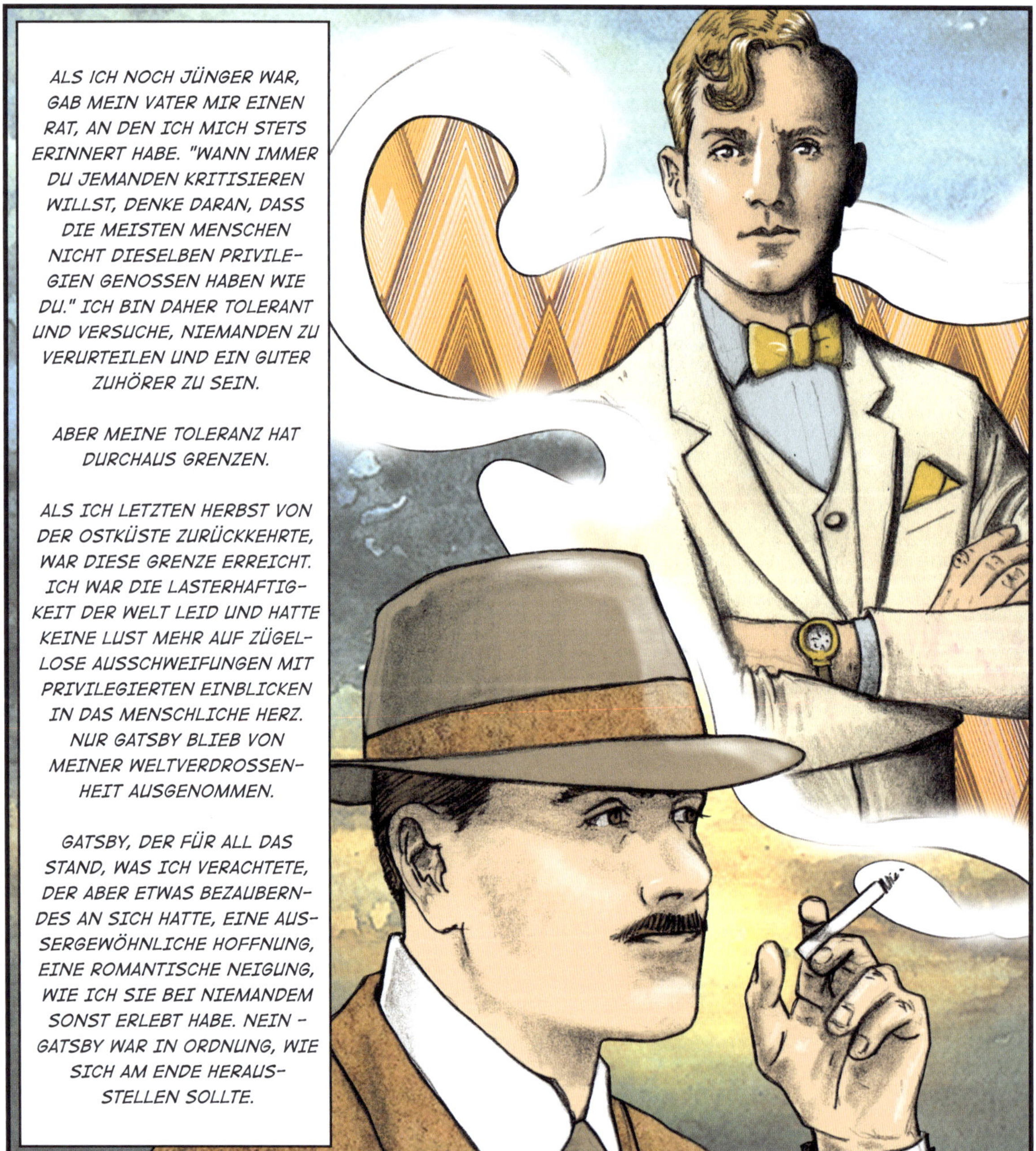
ALS ICH NOCH JÜNGER WAR, GAB MEIN VATER MIR EINEN RAT, AN DEN ICH MICH STETS ERINNERT HABE. "WANN IMMER DU JEMANDEN KRITISIEREN WILLST, DENKE DARAN, DASS DIE MEISTEN MENSCHEN NICHT DIESELBEN PRIVILEGIEN GENOSSEN HABEN WIE DU." ICH BIN DAHER TOLERANT UND VERSUCHE, NIEMANDEN ZU VERURTEILEN UND EIN GUTER ZUHÖRER ZU SEIN.
ABER MEINE TOLERANZ HAT DURCHAUS GRENZEN.
ALS ICH LETZTEN HERBST VON DER OSTKÜSTE ZURÜCKKEHRTE, WAR DIESE GRENZE ERREICHT. ICH WAR DIE LASTERHAFTIGKEIT DER WELT LEID UND HATTE KEINE LUST MEHR AUF ZÜGELLOSE AUSSCHWEIFUNGEN MIT PRIVILEGIERTEN EINBLICKEN IN DAS MENSCHLICHE HERZ. NUR GATSBY BLIEB VON MEINER WELTVERDROSSENHEIT AUSGENOMMEN.
GATSBY, DER FÜR ALL DAS STAND, WAS ICH VERACHTETE, DER ABER ETWAS BEZAUBERNDES AN SICH HATTE, EINE AUSSERGEWÖHNLICHE HOFFNUNG, EINE ROMANTISCHE NEIGUNG, WIE ICH SIE BEI NIEMANDEM SONST ERLEBT HABE. NEIN - GATSBY WAR IN ORDNUNG, WIE SICH AM ENDE HERAUSSTELLEN SOLLTE.

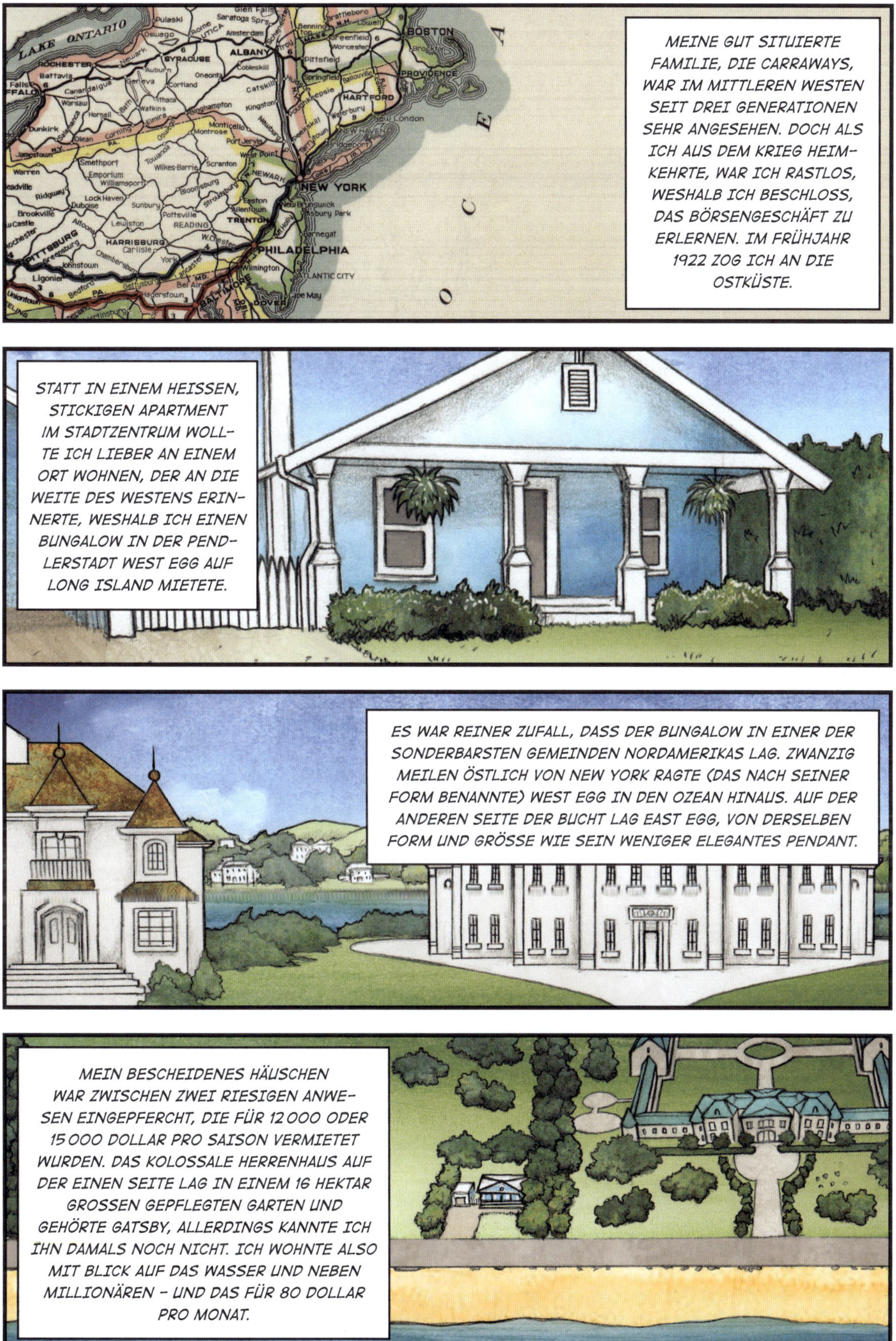
LAKE ONTARIO
BOSTON
NEW YORK
PHILADELPHIA
MEINE GUT SITUIERTE FAMILIE, DIE CARRAWAYS, WAR IM MITTLEREN WESTEN SEIT DREI GENERATIONEN SEHR ANGESEHEN. DOCH ALS ICH AUS DEM KRIEG HEIMKEHRTE, WAR ICH RASTLOS, WESHALB ICH BESCHLOSS, DAS BÖRSENGESCHÄFT ZU ERLERNEN. IM FRÜHJAHR 1922 ZOG ICH AN DIE OSTKÜSTE.
STATT IN EINEM HEISSEN, STICKIGEN APARTMENT IM STADTZENTRUM WOLLTE ICH LIEBER AN EINEM ORT WOHNEN, DER AN DIE WEITE DES WESTENS ERINNERTE, WESHALB ICH EINEN BUNGALOW IN DER PENDLERSTADT WEST EGG AUF LONG ISLAND MIETETE.
ES WAR REINER ZUFALL, DASS DER BUNGALOW IN EINER DER SONDERBARSTEN GEMEINDEN NORDAMERIKAS LAG. ZWANZIG MEILEN ÖSTLICH VON NEW YORK RAGTE (DAS NACH SEINER FORM BENANNTE) WEST EGG IN DEN OZEAN HINAUS. AUF DER ANDEREN SEITE DER BUCHT LAG EAST EGG, VON DERSELBEN FORM UND GRÖSSE WIE SEIN WENIGER ELEGANTES PENDANT.
MEIN BESCHEIDENES HÄUSCHEN WAR ZWISCHEN ZWEI RIESIGEN ANWESEN EINGEPFERCHT, DIE FÜR 12 000 ODER 15 000 DOLLAR PRO SAISON VERMIETET WURDEN. DAS KOLOSSALE HERRENHAUS AUF DER EINEN SEITE LAG IN EINEM 16 HEKTAR GROSSEN GEPFLEGTEN GARTEN UND GEHÖRTE GATSBY, ALLERDINGS KANNTE ICH IHN DAMALS NOCH NICHT. ICH WOHNTE ALSO MIT BLICK AUF DAS WASSER UND NEBEN MILLIONÄREN – UND DAS FÜR 80 DOLLAR PRO MONAT.

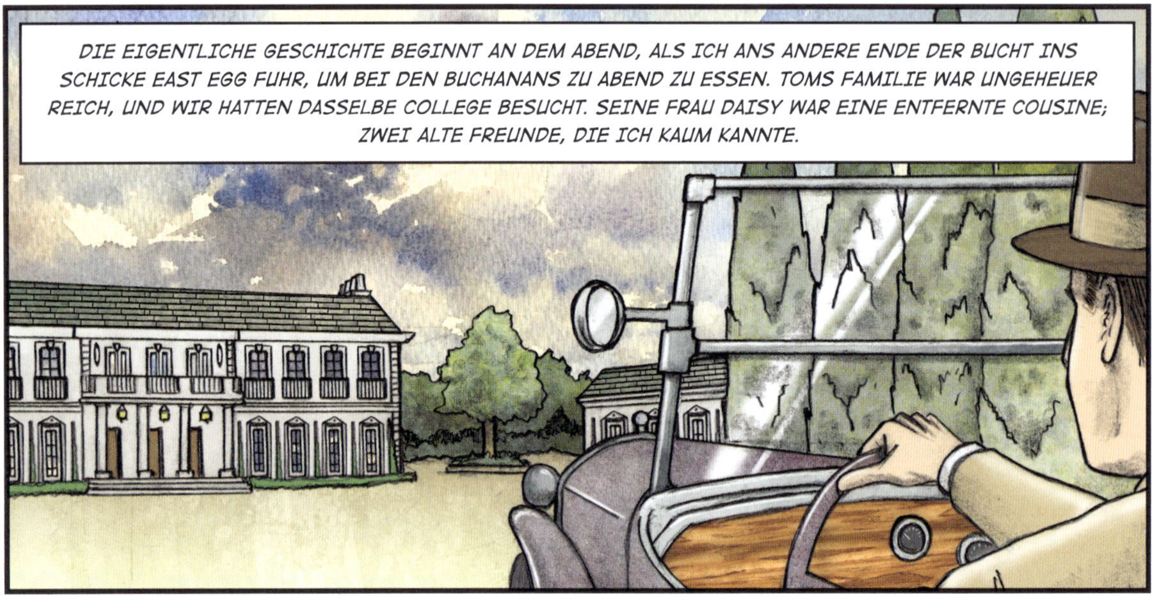
DIE EIGENTLICHE GESCHICHTE BEGINNT AN DEM ABEND, ALS ICH ANS ANDERE ENDE DER BUCHT INS SCHICKE EAST EGG FUHR, UM BEI DEN BUCHANANS ZU ABEND ZU ESSEN. TOMS FAMILIE WAR UNGEHEUER REICH, UND WIR HATTEN DASSELBE COLLEGE BESUCHT. SEINE FRAU DAISY WAR EINE ENTFERNTE COUSINE; ZWEI ALTE FREUNDE, DIE ICH KAUM KANNTE.

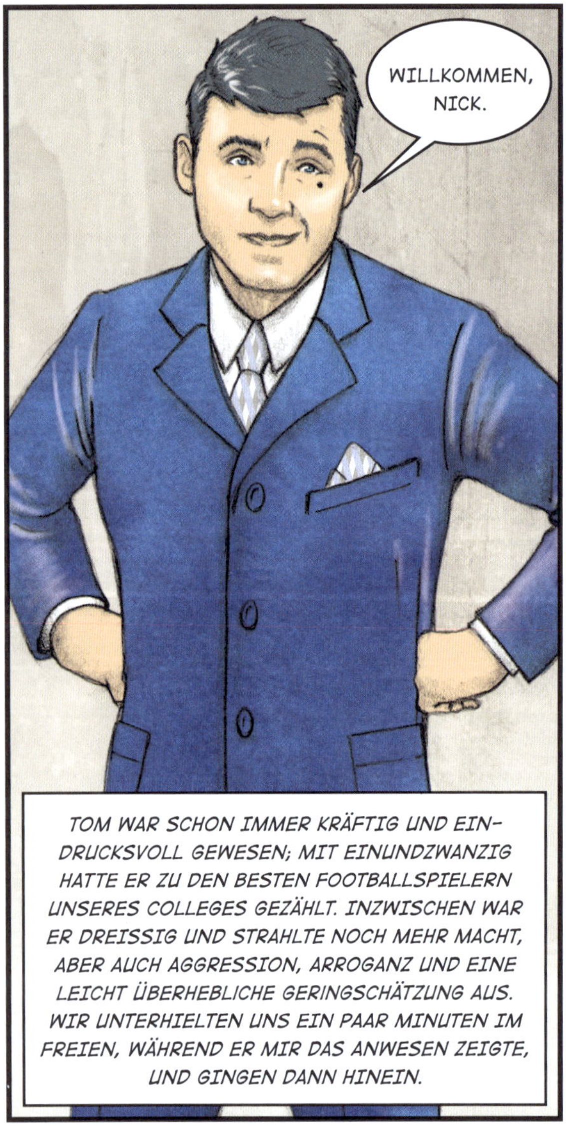
WILLKOMMEN, NICK.
TOM WAR SCHON IMMER KRÄFTIG UND EINDRUCKSVOLL GEWESEN; MIT EINUNDZWANZIG HATTE ER ZU DEN BESTEN FOOTBALLSPIELERN UNSERES COLLEGES GEZÄHLT. INZWISCHEN WAR ER DREISSIG UND STRAHLTE NOCH MEHR MACHT, ABER AUCH AGGRESSION, ARROGANZ UND EINE LEICHT ÜBERHEBLICHE GERINGSCHÄTZUNG AUS. WIR UNTERHIELTEN UNS EIN PAAR MINUTEN IM FREIEN, WÄHREND ER MIR DAS ANWESEN ZEIGTE, UND GINGEN DANN HINEIN.

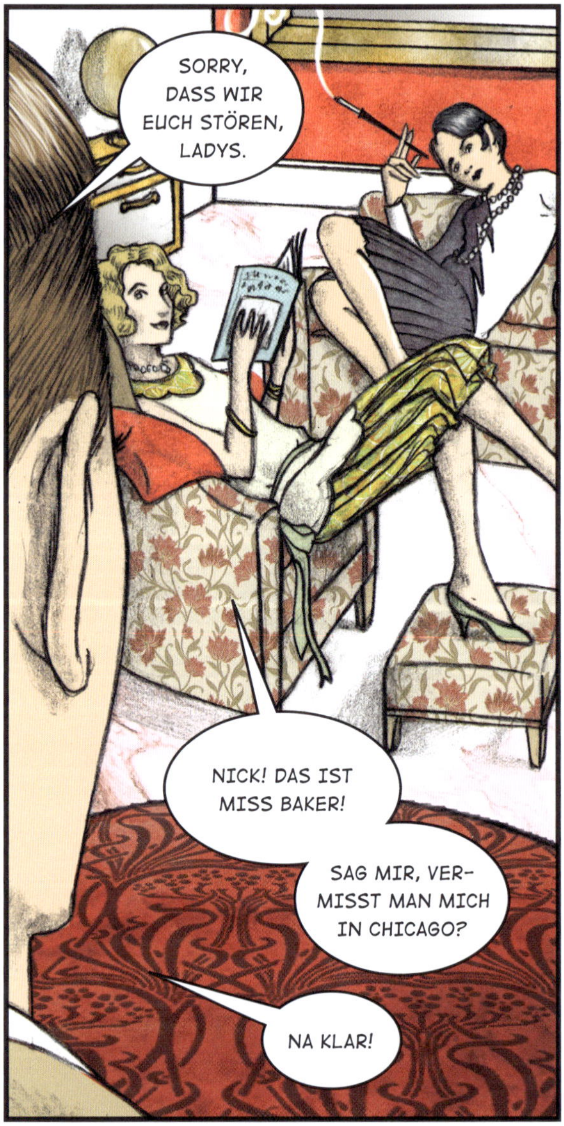
SORRY, DASS WIR EUCH STÖREN, LADYS.
NICK! DAS IST MISS BAKER!
SAG MIR, VERMISST MAN MICH IN CHICAGO?
NA KLAR!

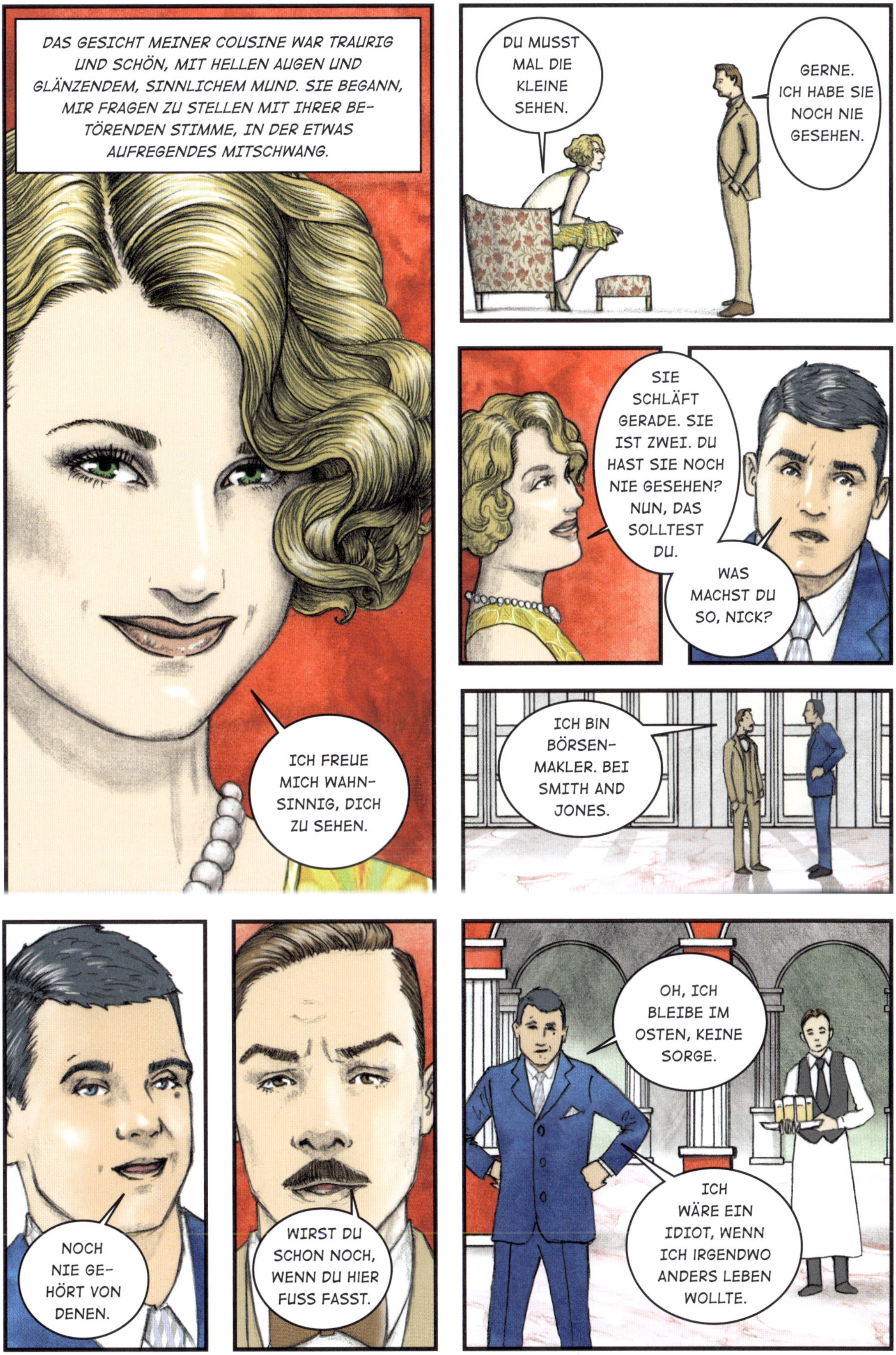
DAS GESICHT MEINER COUSINE WAR TRAURIG UND SCHÖN, MIT HELLEN AUGEN UND GLÄNZENDEM, SINNLICHEM MUND. SIE BEGANN, MIR FRAGEN ZU STELLEN MIT IHRER BETÖRENDEN STIMME, IN DER ETWAS AUFREGENDES MITSCHWANG.
ICH FREUE MICH WAHNSINNIG, DICH ZU SEHEN.
DU MUSST MAL DIE KLEINE SEHEN.
GERNE. ICH HABE SIE NOCH NIE GESEHEN.
SIE SCHLÄFT GERADE. SIE IST ZWEI. DU HAST SIE NOCH NIE GESEHEN? NUN, DAS SOLLTEST DU.
WAS MACHST DU SO, NICK?
ICH BIN BÖRSENMAKLER. BEI SMITH AND JONES.
NOCH NIE GEHÖRT VON DENEN.
WIRST DU SCHON NOCH, WENN DU HIER FUSS FASST.
OH, ICH BLEIBE IM OSTEN, KEINE SORGE.
ICH WÄRE EIN IDIOT, WENN ICH IRGENDWO ANDERS LEBEN WOLLTE.

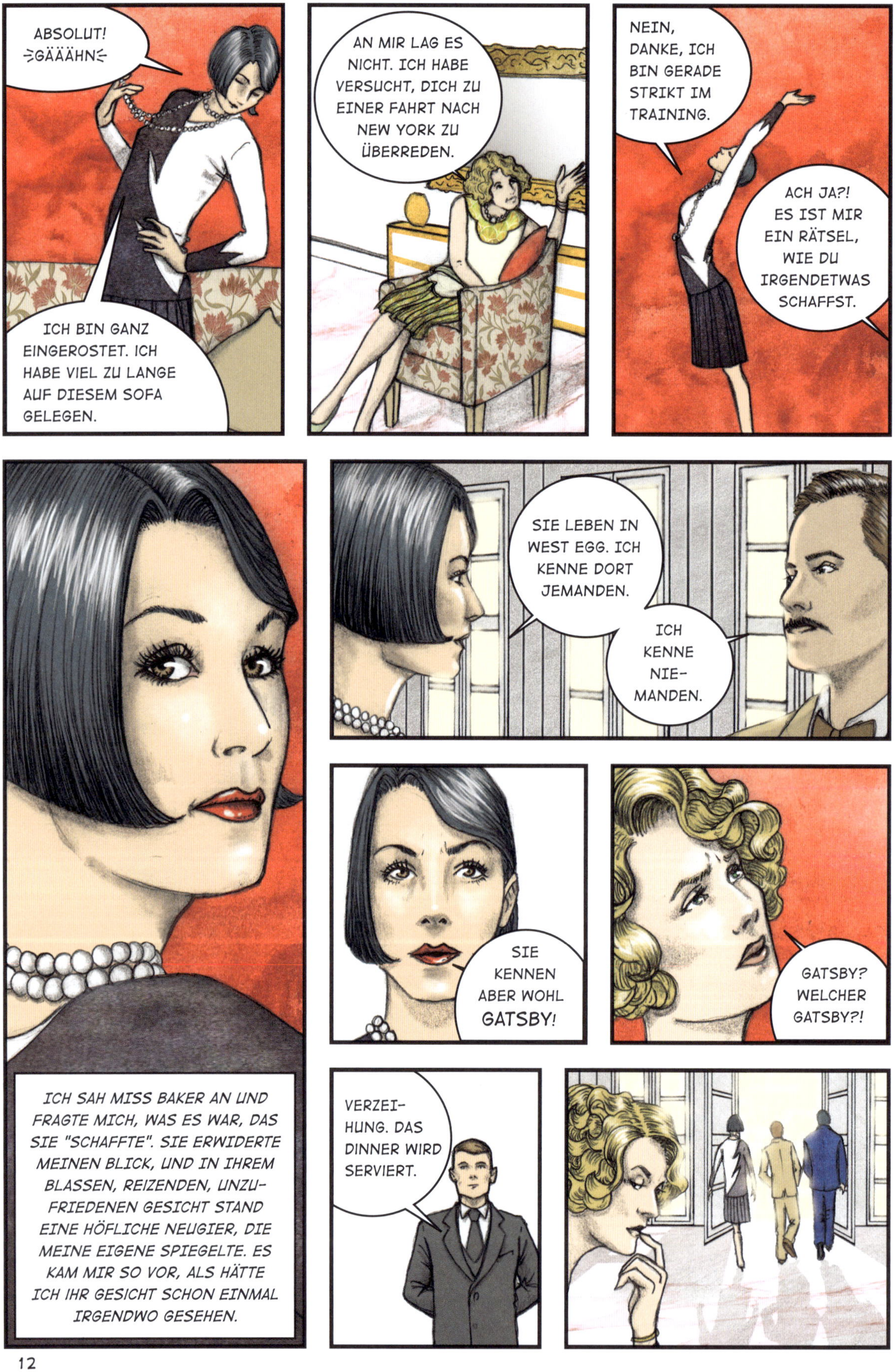
ABSOLUT! ≷GÄÄÄHN≶
ICH BIN GANZ EINGEROSTET. ICH HABE VIEL ZU LANGE AUF DIESEM SOFA GELEGEN.
AN MIR LAG ES NICHT. ICH HABE VERSUCHT, DICH ZU EINER FAHRT NACH NEW YORK ZU ÜBERREDEN.
NEIN, DANKE, ICH BIN GERADE STRIKT IM TRAINING.
ACH JA?! ES IST MIR EIN RÄTSEL, WIE DU IRGENDETWAS SCHAFFST.
ICH SAH MISS BAKER AN UND FRAGTE MICH, WAS ES WAR, DAS SIE "SCHAFFTE". SIE ERWIDERTE MEINEN BLICK, UND IN IHREM BLASSEN, REIZENDEN, UNZUFRIEDENEN GESICHT STAND EINE HÖFLICHE NEUGIER, DIE MEINE EIGENE SPIEGELTE. ES KAM MIR SO VOR, ALS HÄTTE ICH IHR GESICHT SCHON EINMAL IRGENDWO GESEHEN.
SIE LEBEN IN WEST EGG. ICH KENNE DORT JEMANDEN.
ICH KENNE NIEMANDEN.
SIE KENNEN ABER WOHL GATSBY!
GATSBY? WELCHER GATSBY?!
VERZEIHUNG. DAS DINNER WIRD SERVIERT.

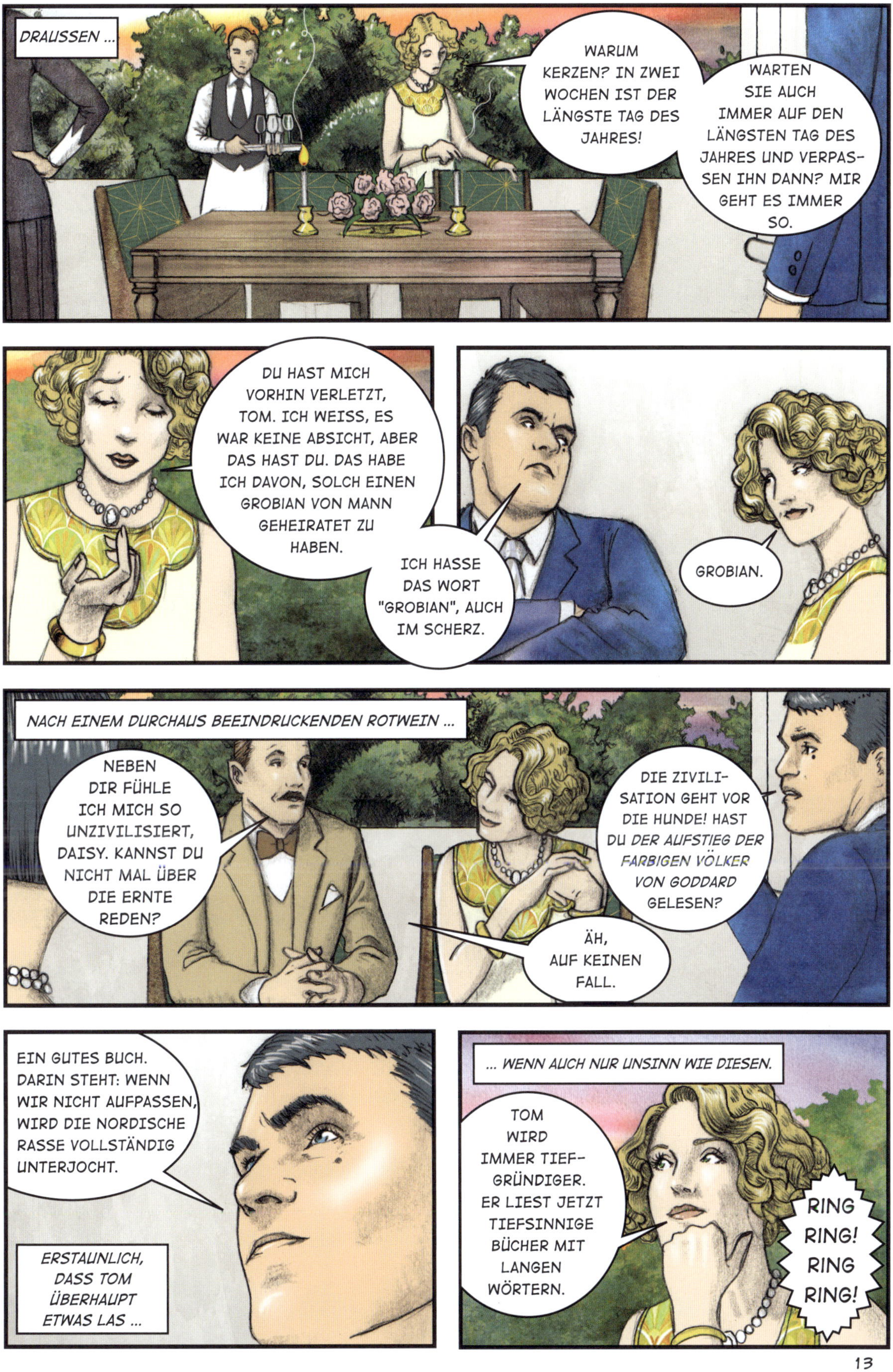
DRAUSSEN ...
WARUM KERZEN? IN ZWEI WOCHEN IST DER LÄNGSTE TAG DES JAHRES!
WARTEN SIE AUCH IMMER AUF DEN LÄNGSTEN TAG DES JAHRES UND VERPASSEN IHN DANN? MIR GEHT ES IMMER SO.
DU HAST MICH VORHIN VERLETZT, TOM. ICH WEISS, ES WAR KEINE ABSICHT, ABER DAS HAST DU. DAS HABE ICH DAVON, SOLCH EINEN GROBIAN VON MANN GEHEIRATET ZU HABEN.
ICH HASSE DAS WORT "GROBIAN", AUCH IM SCHERZ.
GROBIAN.
NACH EINEM DURCHAUS BEEINDRUCKENDEN ROTWEIN ...
NEBEN DIR FÜHLE ICH MICH SO UNZIVILISIERT, DAISY. KANNST DU NICHT MAL ÜBER DIE ERNTE REDEN?
DIE ZIVILISATION GEHT VOR DIE HUNDE! HAST DU DER AUFSTIEG DER FARBIGEN VÖLKER VON GODDARD GELESEN?
ÄH, AUF KEINEN FALL.
EIN GUTES BUCH. DARIN STEHT: WENN WIR NICHT AUFPASSEN, WIRD DIE NORDISCHE RASSE VOLLSTÄNDIG UNTERJOCHT.
ERSTAUNLICH, DASS TOM ÜBERHAUPT ETWAS LAS ...
... WENN AUCH NUR UNSINN WIE DIESEN.
TOM WIRD IMMER TIEFGRÜNDIGER. ER LIEST JETZT TIEFSINNIGE BÜCHER MIT LANGEN WÖRTERN.
RING RING! RING RING!

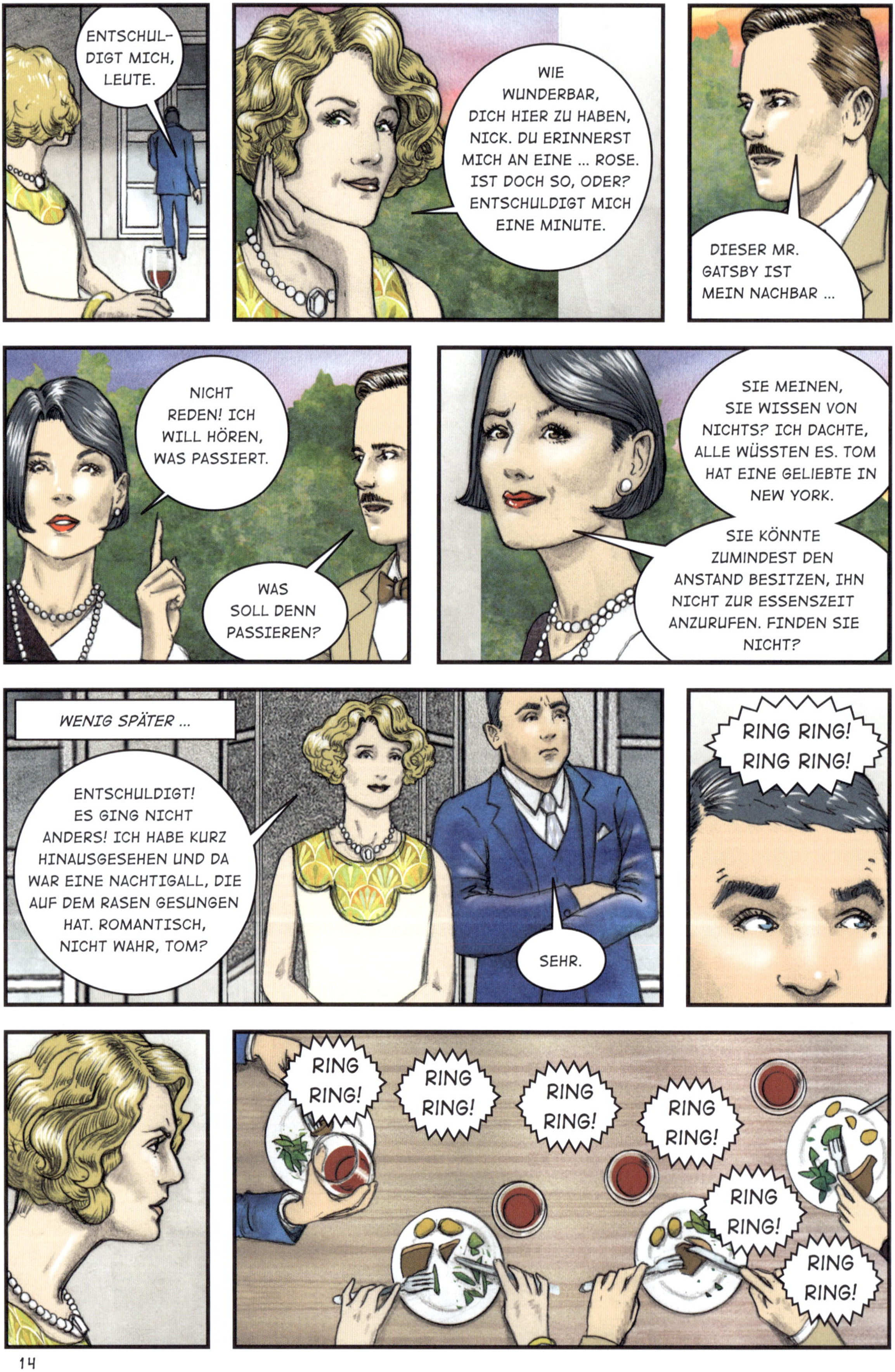
ENTSCHULDIGT MICH, LEUTE.
WIE WUNDERBAR, DICH HIER ZU HABEN, NICK. DU ERINNERST MICH AN EINE ... ROSE. IST DOCH SO, ODER? ENTSCHULDIGT MICH EINE MINUTE.
DIESER MR. GATSBY IST MEIN NACHBAR ...
NICHT REDEN! ICH WILL HÖREN, WAS PASSIERT.
WAS SOLL DENN PASSIEREN?
SIE MEINEN, SIE WISSEN VON NICHTS? ICH DACHTE, ALLE WÜSSTEN ES. TOM HAT EINE GELIEBTE IN NEW YORK.
SIE KÖNNTE ZUMINDEST DEN ANSTAND BESITZEN, IHN NICHT ZUR ESSENSZEIT ANZURUFEN. FINDEN SIE NICHT?
WENIG SPÄTER ...
ENTSCHULDIGT! ES GING NICHT ANDERS! ICH HABE KURZ HINAUSGESEHEN UND DA WAR EINE NACHTIGALL, DIE AUF DEM RASEN GESUNGEN HAT. ROMANTISCH, NICHT WAHR, TOM?
SEHR.
RING RING! RING RING!
RING RING!
RING RING!
RING RING!
RING RING!
RING RING!
RING RING!

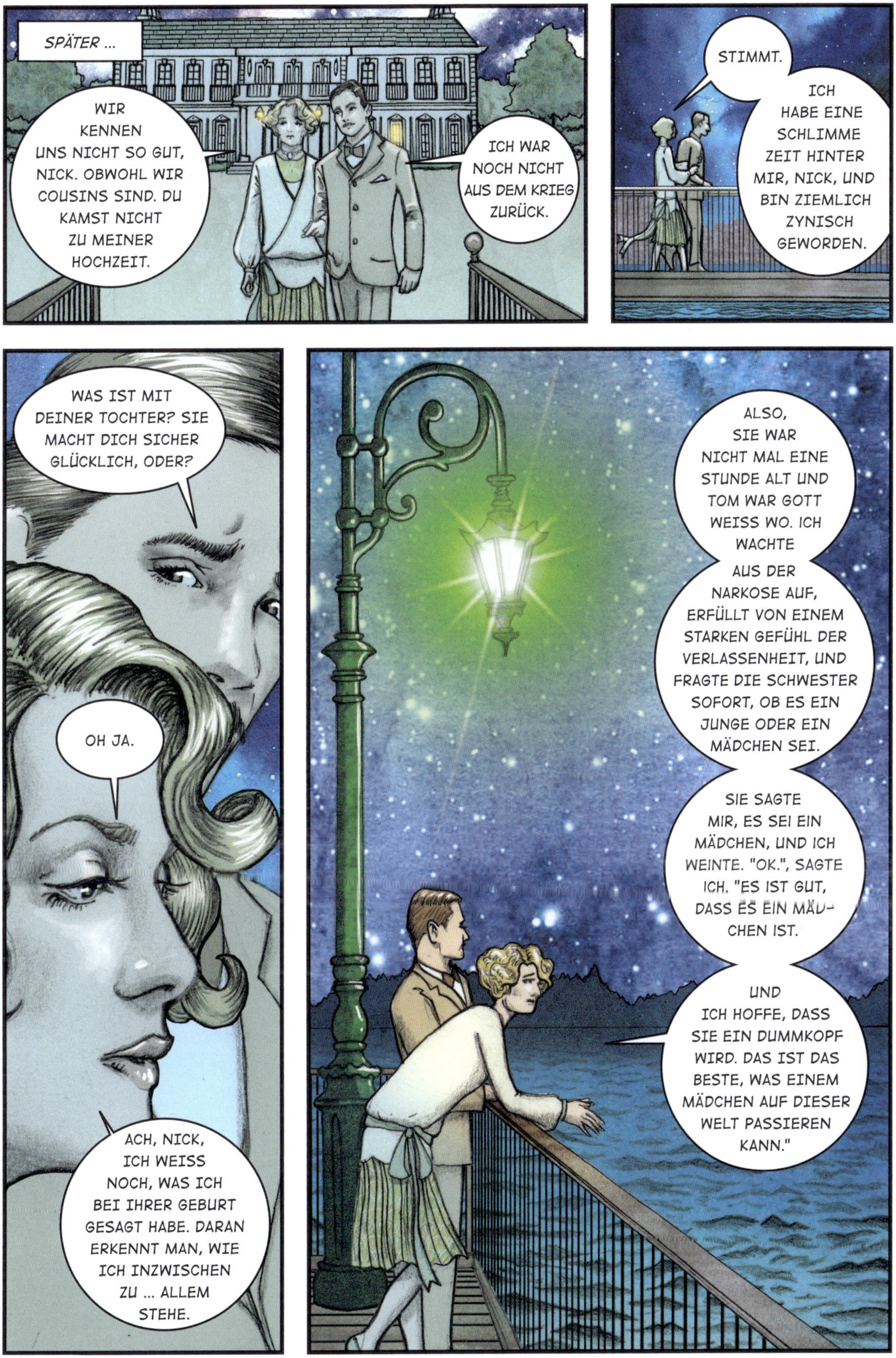
SPÄTER ...
WIR KENNEN UNS NICHT SO GUT, NICK. OBWOHL WIR COUSINS SIND. DU KAMST NICHT ZU MEINER HOCHZEIT.
ICH WAR NOCH NICHT AUS DEM KRIEG ZURÜCK.
STIMMT.
ICH HABE EINE SCHLIMME ZEIT HINTER MIR, NICK, UND BIN ZIEMLICH ZYNISCH GEWORDEN.
WAS IST MIT DEINER TOCHTER? SIE MACHT DICH SICHER GLÜCKLICH, ODER?
OH JA.
ACH, NICK, ICH WEISS NOCH, WAS ICH BEI IHRER GEBURT GESAGT HABE. DARAN ERKENNT MAN, WIE ICH INZWISCHEN ZU ... ALLEM STEHE.
ALSO, SIE WAR NICHT MAL EINE STUNDE ALT UND TOM WAR GOTT WEISS WO. ICH WACHTE
AUS DER NARKOSE AUF, ERFÜLLT VON EINEM STARKEN GEFÜHL DER VERLASSENHEIT, UND FRAGTE DIE SCHWESTER SOFORT, OB ES EIN JUNGE ODER EIN MÄDCHEN SEI.
SIE SAGTE MIR, ES SEI EIN MÄDCHEN, UND ICH WEINTE. "OK.", SAGTE ICH. "ES IST GUT, DASS ES EIN MÄD-CHEN IST.
UND ICH HOFFE, DASS SIE EIN DUMMKOPF WIRD. DAS IST DAS BESTE, WAS EINEM MÄDCHEN AUF DIESER WELT PASSIEREN KANN."

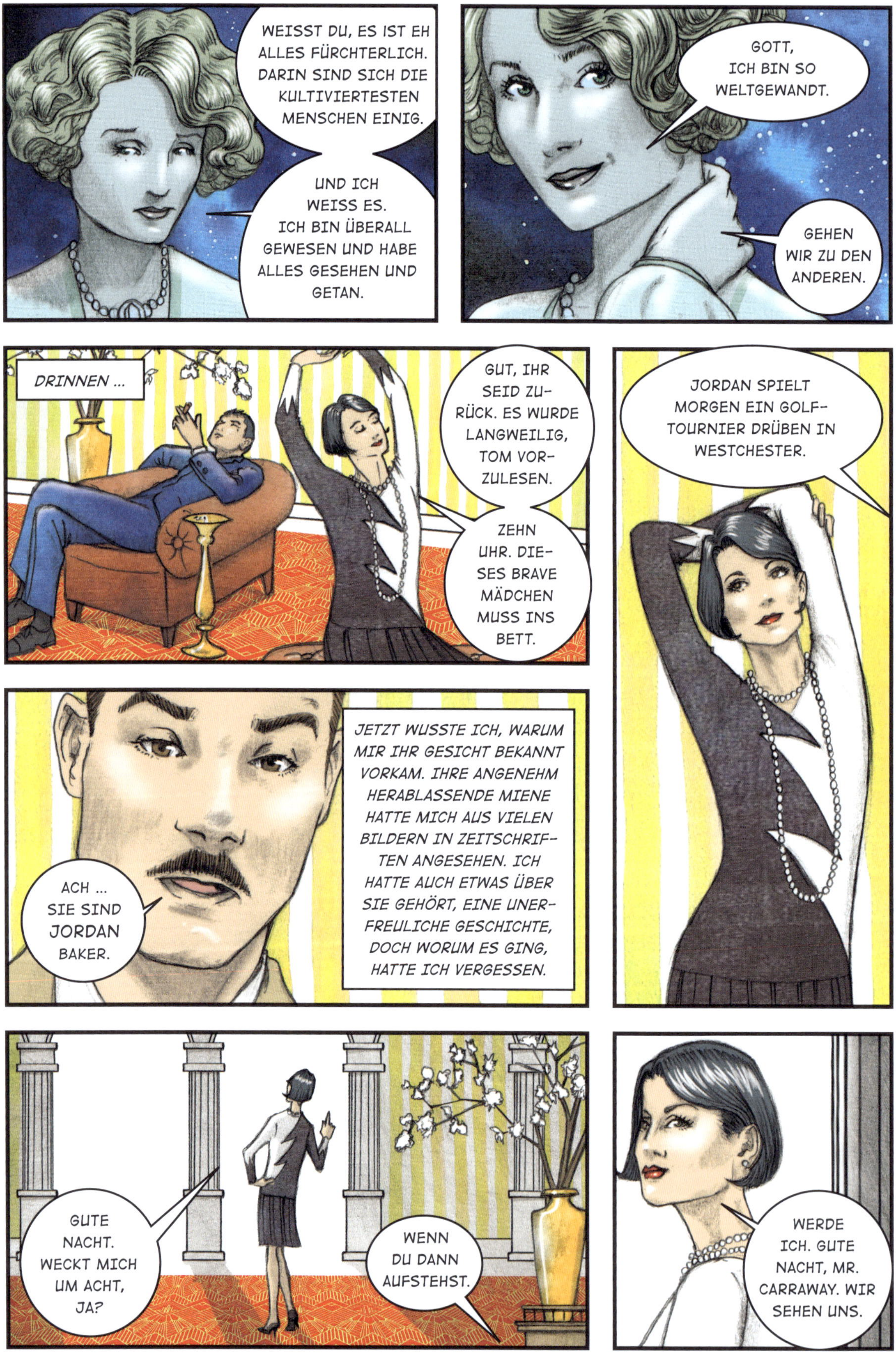
WEISST DU, ES IST EH ALLES FÜRCHTERLICH. DARIN SIND SICH DIE KULTIVIERTESTEN MENSCHEN EINIG.
UND ICH WEISS ES. ICH BIN ÜBERALL GEWESEN UND HABE ALLES GESEHEN UND GETAN.
GOTT, ICH BIN SO WELTGEWANDT.
GEHEN WIR ZU DEN ANDEREN.
DRINNEN ...
GUT, IHR SEID ZURÜCK. ES WURDE LANGWEILIG, TOM VORZULESEN.
ZEHN UHR. DIESES BRAVE MÄDCHEN MUSS INS BETT.
JORDAN SPIELT MORGEN EIN GOLFTOURNIER DRÜBEN IN WESTCHESTER.
ACH ... SIE SIND JORDAN BAKER.
JETZT WUSSTE ICH, WARUM MIR IHR GESICHT BEKANNT VORKAM. IHRE ANGENEHM HERABLASSENDE MIENE HATTE MICH AUS VIELEN BILDERN IN ZEITSCHRIFTEN ANGESEHEN. ICH HATTE AUCH ETWAS ÜBER SIE GEHÖRT, EINE UNERFREULICHE GESCHICHTE, DOCH WORUM ES GING, HATTE ICH VERGESSEN.
GUTE NACHT. WECKT MICH UM ACHT, JA?
WENN DU DANN AUFSTEHST.
WERDE ICH. GUTE NACHT, MR. CARRAWAY. WIR SEHEN UNS.

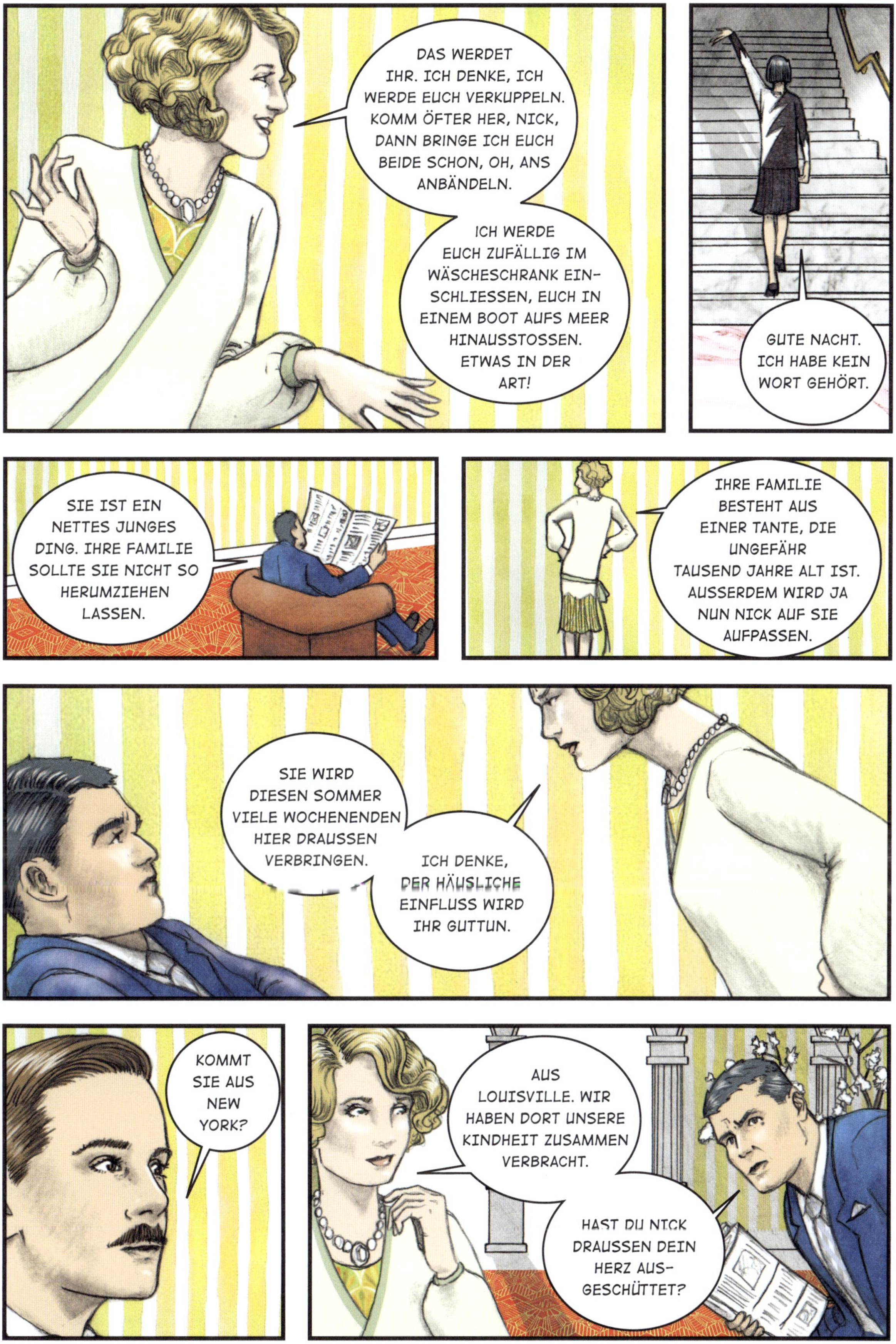
DAS WERDET IHR. ICH DENKE, ICH WERDE EUCH VERKUPPELN. KOMM ÖFTER HER, NICK, DANN BRINGE ICH EUCH BEIDE SCHON, OH, ANS ANBÄNDELN.
ICH WERDE EUCH ZUFÄLLIG IM WÄSCHESCHRANK EIN-SCHLIESSEN, EUCH IN EINEM BOOT AUFS MEER HINAUSSTOSSEN. ETWAS IN DER ART!
GUTE NACHT. ICH HABE KEIN WORT GEHÖRT.
SIE IST EIN NETTES JUNGES DING. IHRE FAMILIE SOLLTE SIE NICHT SO HERUMZIEHEN LASSEN.
IHRE FAMILIE BESTEHT AUS EINER TANTE, DIE UNGEFÄHR TAUSEND JAHRE ALT IST. AUSSERDEM WIRD JA NUN NICK AUF SIE AUFPASSEN.
SIE WIRD DIESEN SOMMER VIELE WOCHENENDEN HIER DRAUSSEN VERBRINGEN.
ICH DENKE, DER HÄUSLICHE EINFLUSS WIRD IHR GUTTUN.
KOMMT SIE AUS NEW YORK?
AUS LOUISVILLE. WIR HABEN DORT UNSERE KINDHEIT ZUSAMMEN VERBRACHT.
HAST DU NICK DRAUSSEN DEIN HERZ AUS-GESCHÜTTET?

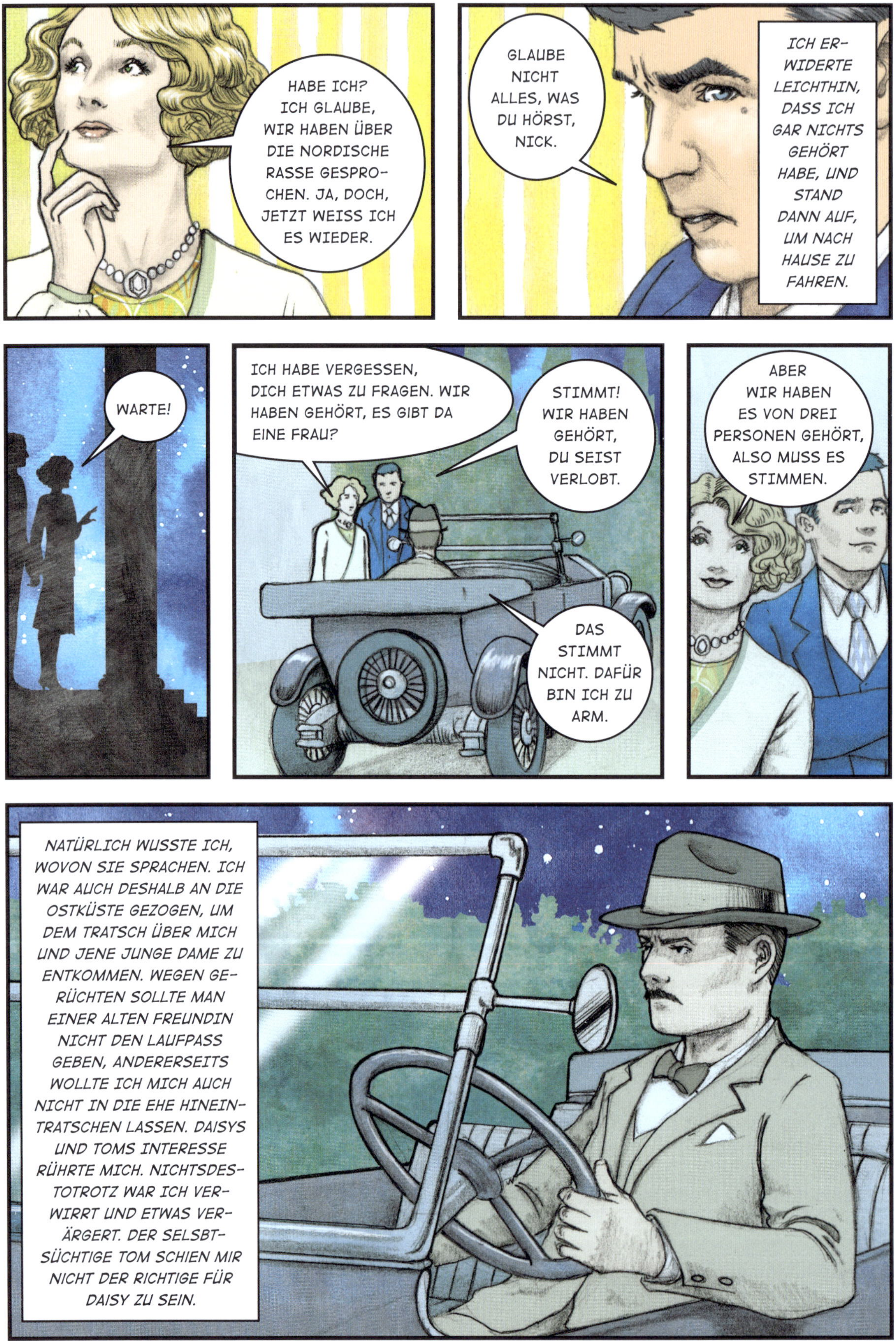
HABE ICH? ICH GLAUBE, WIR HABEN ÜBER DIE NORDISCHE RASSE GESPROCHEN. JA, DOCH, JETZT WEISS ICH ES WIEDER.
GLAUBE NICHT ALLES, WAS DU HÖRST, NICK.
ICH ERWIDERTE LEICHTHIN, DASS ICH GAR NICHTS GEHÖRT HABE, UND STAND DANN AUF, UM NACH HAUSE ZU FAHREN.
WARTE!
ICH HABE VERGESSEN, DICH ETWAS ZU FRAGEN. WIR HABEN GEHÖRT, ES GIBT DA EINE FRAU?
STIMMT! WIR HABEN GEHÖRT, DU SEIST VERLOBT.
DAS STIMMT NICHT. DAFÜR BIN ICH ZU ARM.
ABER WIR HABEN ES VON DREI PERSONEN GEHÖRT, ALSO MUSS ES STIMMEN.
NATÜRLICH WUSSTE ICH, WOVON SIE SPRACHEN. ICH WAR AUCH DESHALB AN DIE OSTKÜSTE GEZOGEN, UM DEM TRATSCH ÜBER MICH UND JENE JUNGE DAME ZU ENTKOMMEN. WEGEN GERÜCHTEN SOLLTE MAN EINER ALTEN FREUNDIN NICHT DEN LAUFPASS GEBEN, ANDERERSEITS WOLLTE ICH MICH AUCH NICHT IN DIE EHE HINEINTRATSCHEN LASSEN. DAISYS UND TOMS INTERESSE RÜHRTE MICH. NICHTSDESTOTROTZ WAR ICH VERWIRRT UND ETWAS VERÄRGERT. DER SELSBTSÜCHTIGE TOM SCHIEN MIR NICHT DER RICHTIGE FÜR DAISY ZU SEIN.

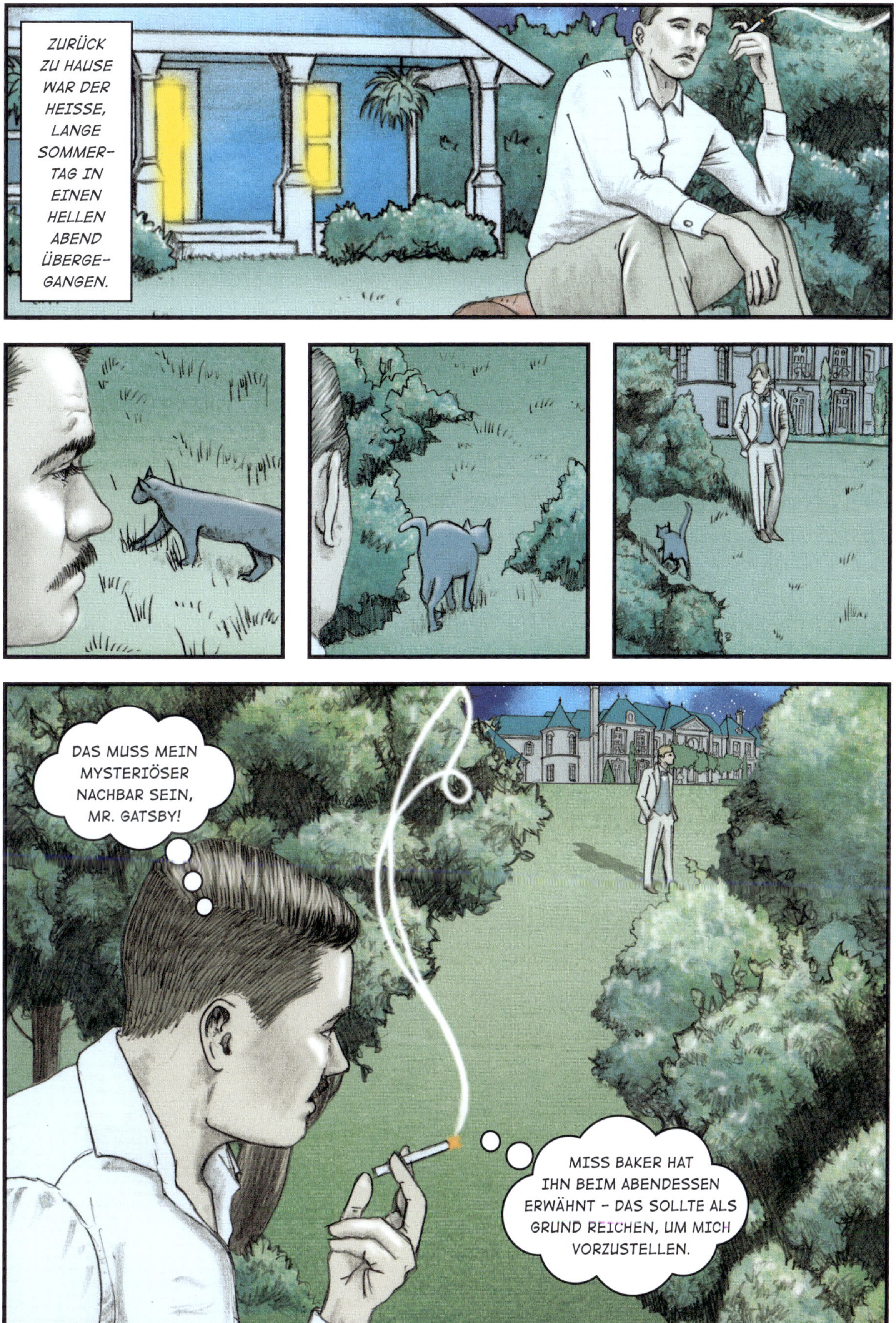
ZURÜCK ZU HAUSE WAR DER HEISSE, LANGE SOMMERTAG IN EINEN HELLEN ABEND ÜBERGEGANGEN.
DAS MUSS MEIN MYSTERIÖSER NACHBAR SEIN, MR. GATSBY!
MISS BAKER HAT IHN BEIM ABENDESSEN ERWÄHNT – DAS SOLLTE ALS GRUND REICHEN, UM MICH VORZUSTELLEN.

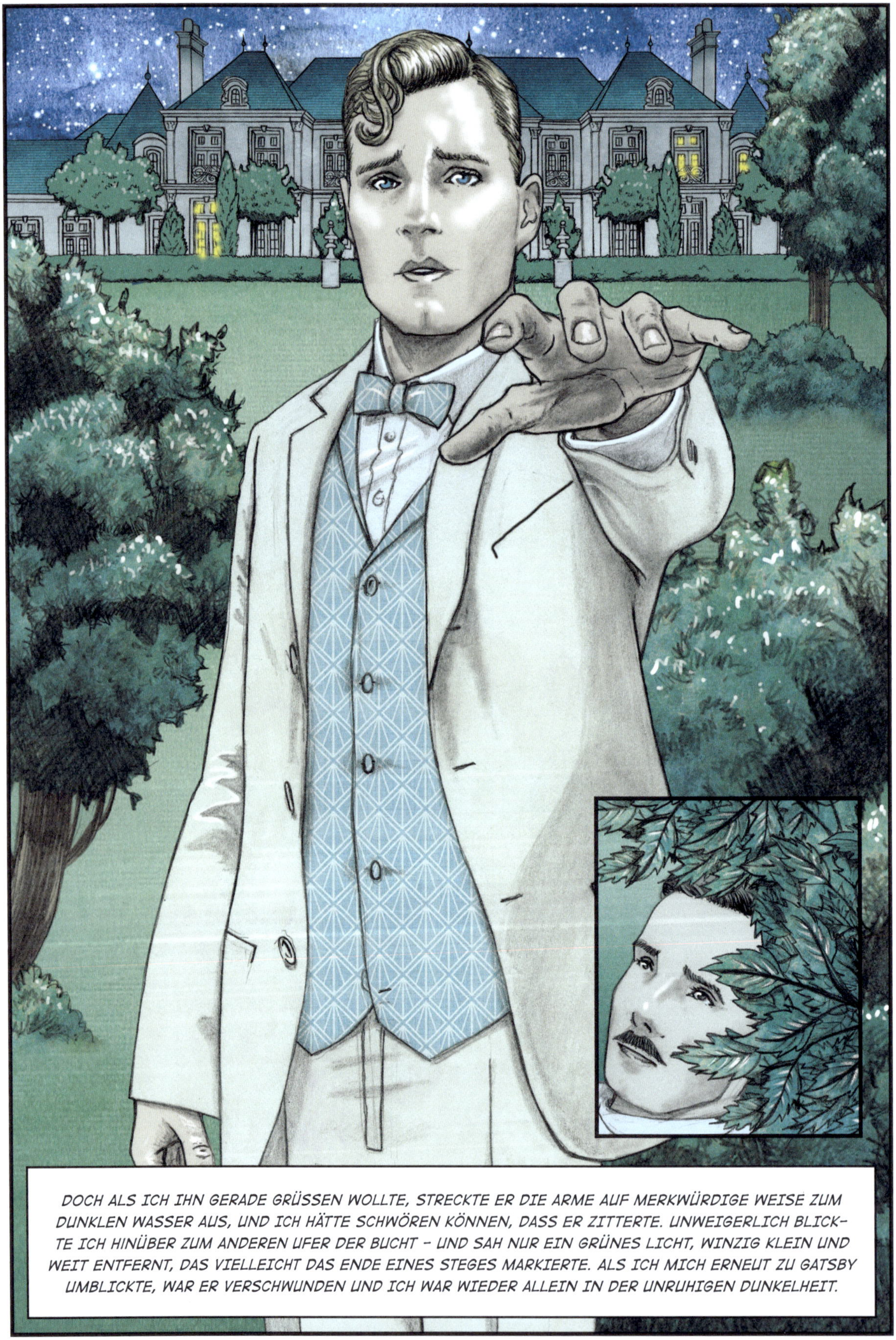
DOCH ALS ICH IHN GERADE GRÜSSEN WOLLTE, STRECKTE ER DIE ARME AUF MERKWÜRDIGE WEISE ZUM DUNKLEN WASSER AUS, UND ICH HÄTTE SCHWÖREN KÖNNEN, DASS ER ZITTERTE. UNWEIGERLICH BLICKTE ICH HINÜBER ZUM ANDEREN UFER DER BUCHT – UND SAH NUR EIN GRÜNES LICHT, WINZIG KLEIN UND WEIT ENTFERNT, DAS VIELLEICHT DAS ENDE EINES STEGES MARKIERTE. ALS ICH MICH ERNEUT ZU GATSBY UMBLICKTE, WAR ER VERSCHWUNDEN UND ICH WAR WIEDER ALLEIN IN DER UNRUHIGEN DUNKELHEIT.

KAPITEL 2

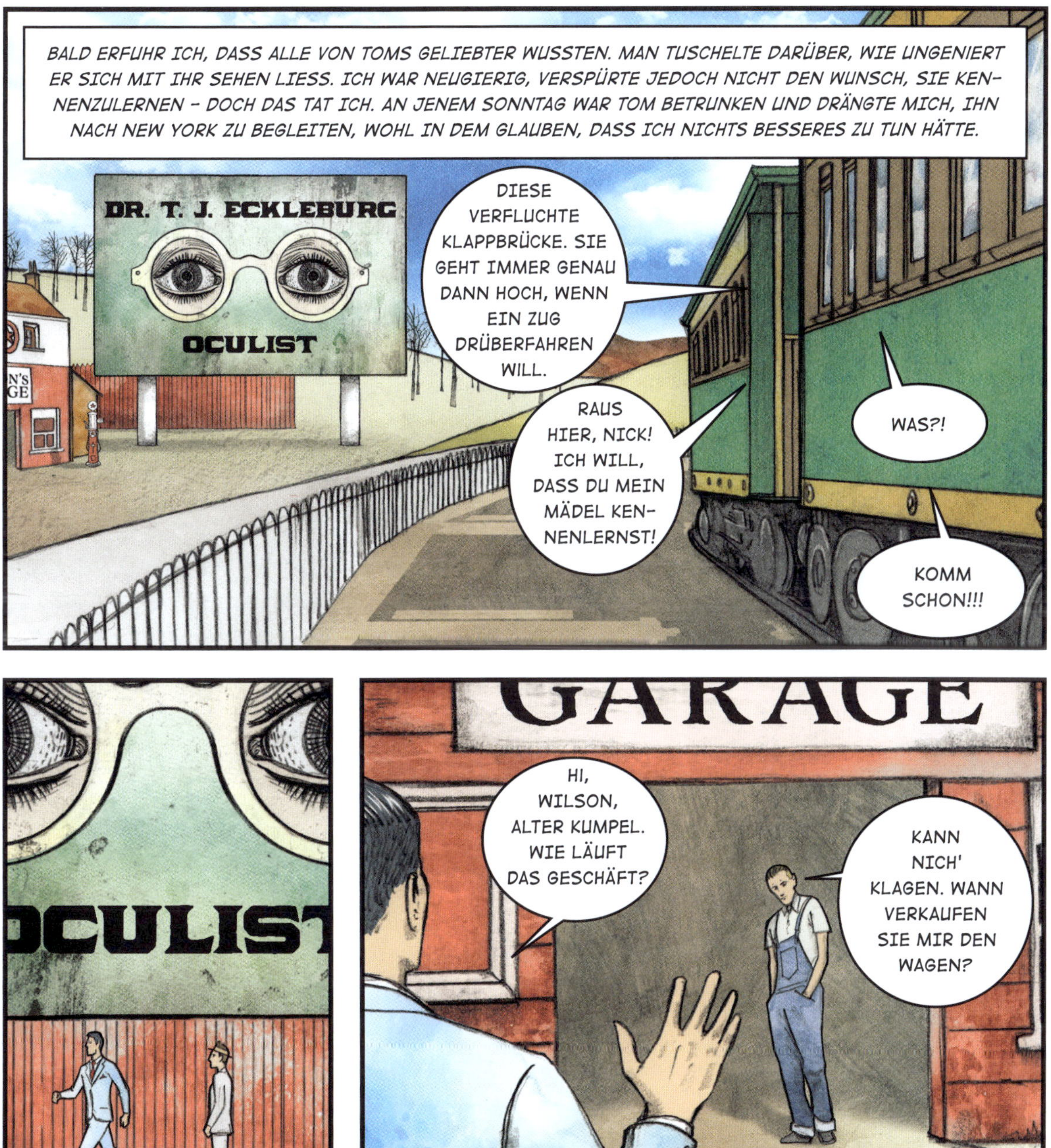
BALD ERFUHR ICH, DASS ALLE VON TOMS GELIEBTER WUSSTEN. MAN TUSCHELTE DARÜBER, WIE UNGENIERT ER SICH MIT IHR SEHEN LIESS. ICH WAR NEUGIERIG, VERSPÜRTE JEDOCH NICHT DEN WUNSCH, SIE KENNENZULERNEN – DOCH DAS TAT ICH. AN JENEM SONNTAG WAR TOM BETRUNKEN UND DRÄNGTE MICH, IHN NACH NEW YORK ZU BEGLEITEN, WOHL IN DEM GLAUBEN, DASS ICH NICHTS BESSERES ZU TUN HÄTTE.
DR. T. J. ECKLEBURG
OCULIST
DIESE VERFLUCHTE KLAPPBRÜCKE. SIE GEHT IMMER GENAU DANN HOCH, WENN EIN ZUG DRÜBERFAHREN WILL.
RAUS HIER, NICK! ICH WILL, DASS DU MEIN MÄDEL KENNENLERNST!
WAS?!
KOMM SCHON!!!
OCULIST
GARAGE
HI, WILSON, ALTER KUMPEL. WIE LÄUFT DAS GESCHÄFT?
KANN NICH' KLAGEN. WANN VERKAUFEN SIE MIR DEN WAGEN?

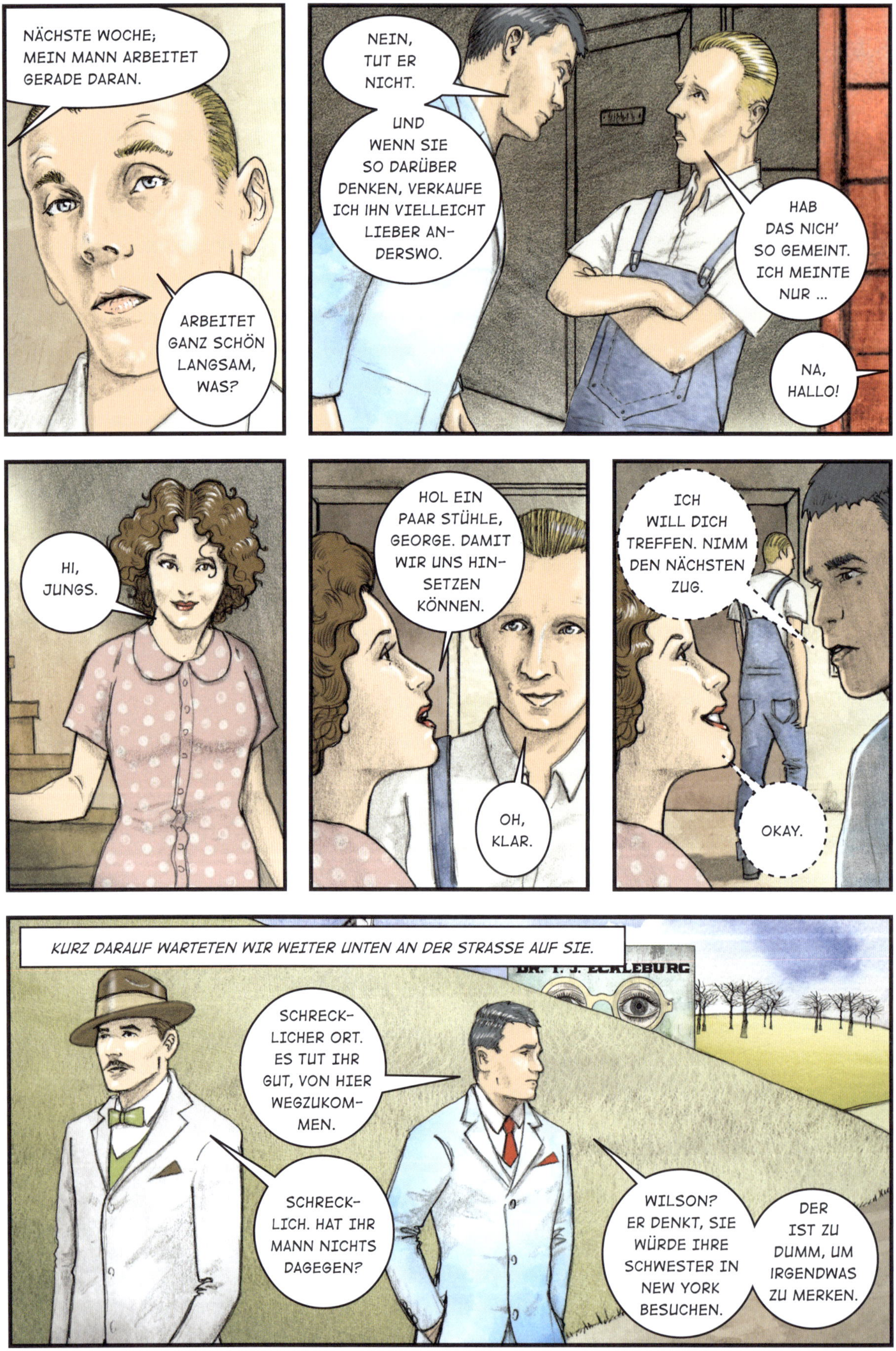
NÄCHSTE WOCHE; MEIN MANN ARBEITET GERADE DARAN.
ARBEITET GANZ SCHÖN LANGSAM, WAS?
NEIN, TUT ER NICHT.
UND WENN SIE SO DARÜBER DENKEN, VERKAUFE ICH IHN VIELLEICHT LIEBER ANDERSWO.
HAB DAS NICH' SO GEMEINT. ICH MEINTE NUR ...
NA, HALLO!
HI, JUNGS.
HOL EIN PAAR STÜHLE, GEORGE. DAMIT WIR UNS HINSETZEN KÖNNEN.
OH, KLAR.
ICH WILL DICH TREFFEN. NIMM DEN NÄCHSTEN ZUG.
OKAY.
KURZ DARAUF WARTETEN WIR WEITER UNTEN AN DER STRASSE AUF SIE.
SCHRECKLICHER ORT. ES TUT IHR GUT, VON HIER WEGZUKOMMEN.
SCHRECKLICH. HAT IHR MANN NICHTS DAGEGEN?
WILSON? ER DENKT, SIE WÜRDE IHRE SCHWESTER IN NEW YORK BESUCHEN.
DER IST ZU DUMM, UM IRGENDWAS ZU MERKEN.

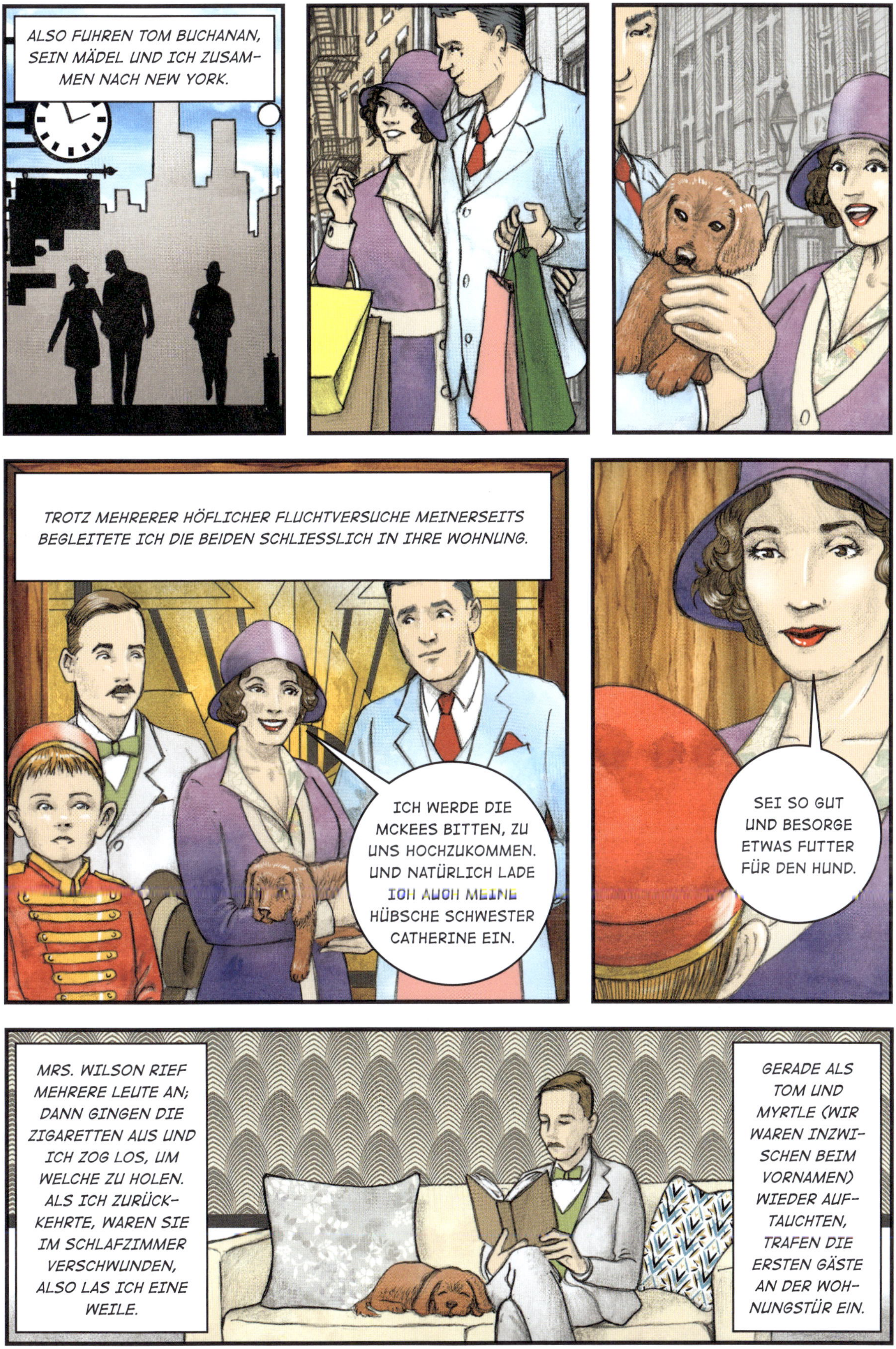
ALSO FUHREN TOM BUCHANAN, SEIN MÄDEL UND ICH ZUSAMMEN NACH NEW YORK.
TROTZ MEHRERER HÖFLICHER FLUCHTVERSUCHE MEINERSEITS BEGLEITETE ICH DIE BEIDEN SCHLIESSLICH IN IHRE WOHNUNG.
ICH WERDE DIE MCKEES BITTEN, ZU UNS HOCHZUKOMMEN. UND NATÜRLICH LADE ICH AUCH MEINE HÜBSCHE SCHWESTER CATHERINE EIN.
SEI SO GUT UND BESORGE ETWAS FUTTER FÜR DEN HUND.
MRS. WILSON RIEF MEHRERE LEUTE AN; DANN GINGEN DIE ZIGARETTEN AUS UND ICH ZOG LOS, UM WELCHE ZU HOLEN. ALS ICH ZURÜCKKEHRTE, WAREN SIE IM SCHLAFZIMMER VERSCHWUNDEN, ALSO LAS ICH EINE WEILE.
GERADE ALS TOM UND MYRTLE (WIR WAREN INZWISCHEN BEIM VORNAMEN) WIEDER AUFTAUCHTEN, TRAFEN DIE ERSTEN GÄSTE AN DER WOHNUNGSTÜR EIN.

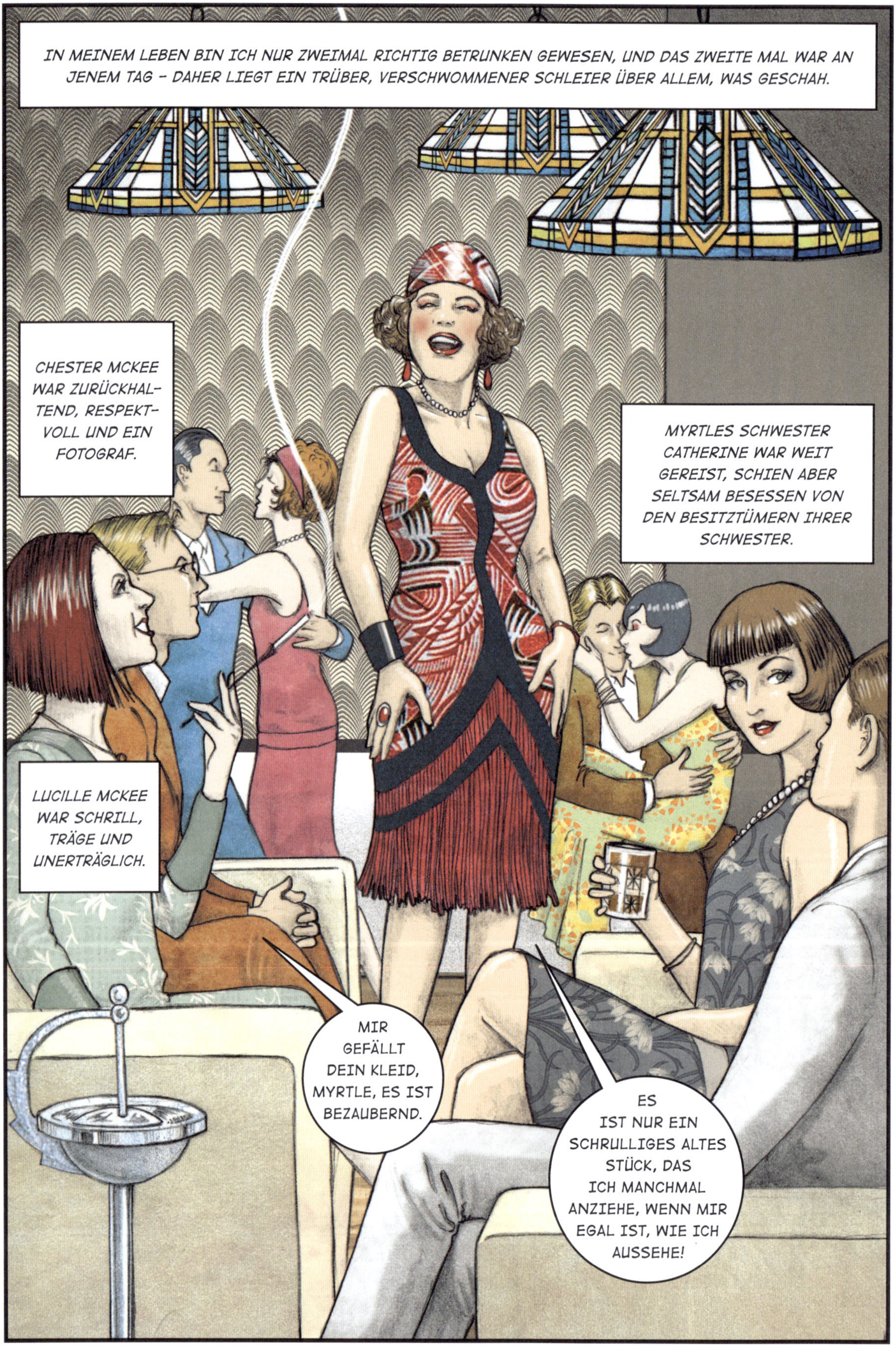
IN MEINEM LEBEN BIN ICH NUR ZWEIMAL RICHTIG BETRUNKEN GEWESEN, UND DAS ZWEITE MAL WAR AN JENEM TAG – DAHER LIEGT EIN TRÜBER, VERSCHWOMMENER SCHLEIER ÜBER ALLEM, WAS GESCHAH.
CHESTER MCKEE WAR ZURÜCKHALTEND, RESPEKTVOLL UND EIN FOTOGRAF.
MYRTLES SCHWESTER CATHERINE WAR WEIT GEREIST, SCHIEN ABER SELTSAM BESESSEN VON DEN BESITZTÜMERN IHRER SCHWESTER.
LUCILLE MCKEE WAR SCHRILL, TRÄGE UND UNERTRÄGLICH.
MIR GEFÄLLT DEIN KLEID, MYRTLE, ES IST BEZAUBERND.
ES IST NUR EIN SCHRULLIGES ALTES STÜCK, DAS ICH MANCHMAL ANZIEHE, WENN MIR EGAL IST, WIE ICH AUSSEHE!

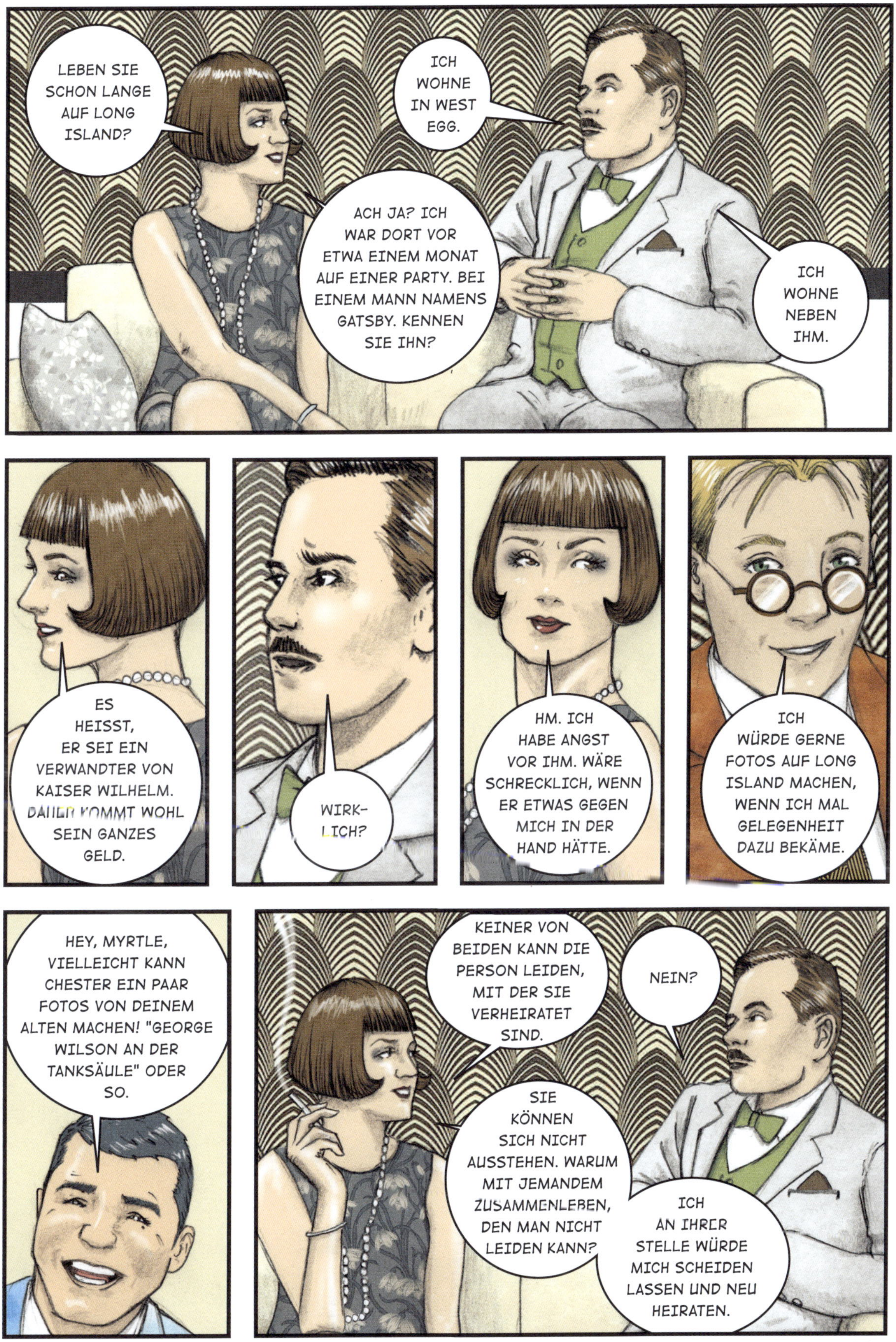
LEBEN SIE SCHON LANGE AUF LONG ISLAND?
ICH WOHNE IN WEST EGG.
ACH JA? ICH WAR DORT VOR ETWA EINEM MONAT AUF EINER PARTY. BEI EINEM MANN NAMENS GATSBY. KENNEN SIE IHN?
ICH WOHNE NEBEN IHM.
ES HEISST, ER SEI EIN VERWANDTER VON KAISER WILHELM. DAHER KOMMT WOHL SEIN GANZES GELD.
WIRK-LICH?
HM. ICH HABE ANGST VOR IHM. WÄRE SCHRECKLICH, WENN ER ETWAS GEGEN MICH IN DER HAND HÄTTE.
ICH WÜRDE GERNE FOTOS AUF LONG ISLAND MACHEN, WENN ICH MAL GELEGENHEIT DAZU BEKÄME.
HEY, MYRTLE, VIELLEICHT KANN CHESTER EIN PAAR FOTOS VON DEINEM ALTEN MACHEN! "GEORGE WILSON AN DER TANKSÄULE" ODER SO.
KEINER VON BEIDEN KANN DIE PERSON LEIDEN, MIT DER SIE VERHEIRATET SIND.
NEIN?
SIE KÖNNEN SICH NICHT AUSSTEHEN. WARUM MIT JEMANDEM ZUSAMMENLEBEN, DEN MAN NICHT LEIDEN KANN?
ICH AN IHRER STELLE WÜRDE MICH SCHEIDEN LASSEN UND NEU HEIRATEN.

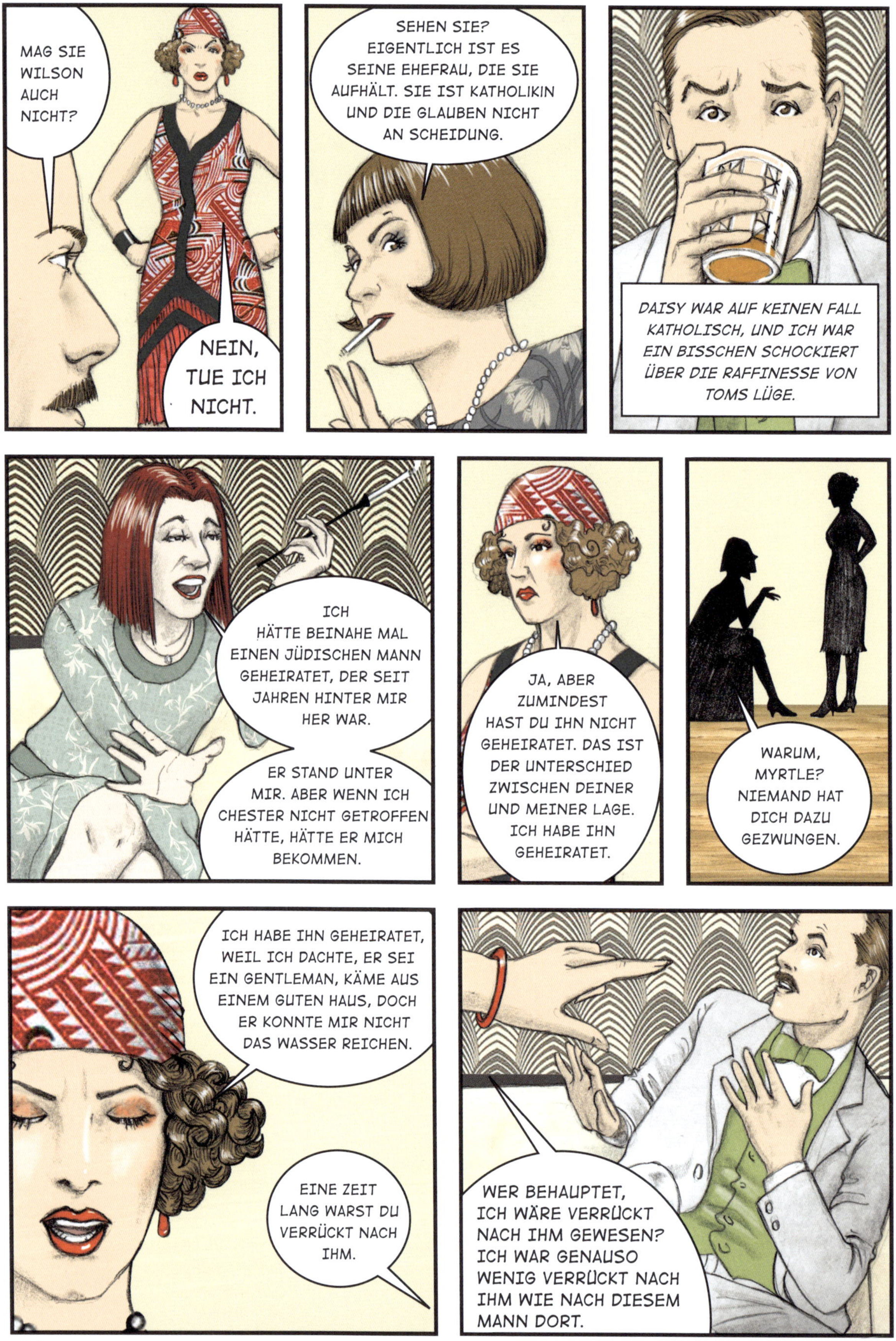
MAG SIE WILSON AUCH NICHT?
NEIN, TUE ICH NICHT.
SEHEN SIE? EIGENTLICH IST ES SEINE EHEFRAU, DIE SIE AUFHÄLT. SIE IST KATHOLIKIN UND DIE GLAUBEN NICHT AN SCHEIDUNG.
DAISY WAR AUF KEINEN FALL KATHOLISCH, UND ICH WAR EIN BISSCHEN SCHOCKIERT ÜBER DIE RAFFINESSE VON TOMS LÜGE.
ICH HÄTTE BEINAHE MAL EINEN JÜDISCHEN MANN GEHEIRATET, DER SEIT JAHREN HINTER MIR HER WAR.
ER STAND UNTER MIR. ABER WENN ICH CHESTER NICHT GETROFFEN HÄTTE, HÄTTE ER MICH BEKOMMEN.
JA, ABER ZUMINDEST HAST DU IHN NICHT GEHEIRATET. DAS IST DER UNTERSCHIED ZWISCHEN DEINER UND MEINER LAGE. ICH HABE IHN GEHEIRATET.
WARUM, MYRTLE? NIEMAND HAT DICH DAZU GEZWUNGEN.
ICH HABE IHN GEHEIRATET, WEIL ICH DACHTE, ER SEI EIN GENTLEMAN, KÄME AUS EINEM GUTEN HAUS, DOCH ER KONNTE MIR NICHT DAS WASSER REICHEN.
EINE ZEIT LANG WARST DU VERRÜCKT NACH IHM.
WER BEHAUPTET, ICH WÄRE VERRÜCKT NACH IHM GEWESEN? ICH WAR GENAUSO WENIG VERRÜCKT NACH IHM WIE NACH DIESEM MANN DORT.

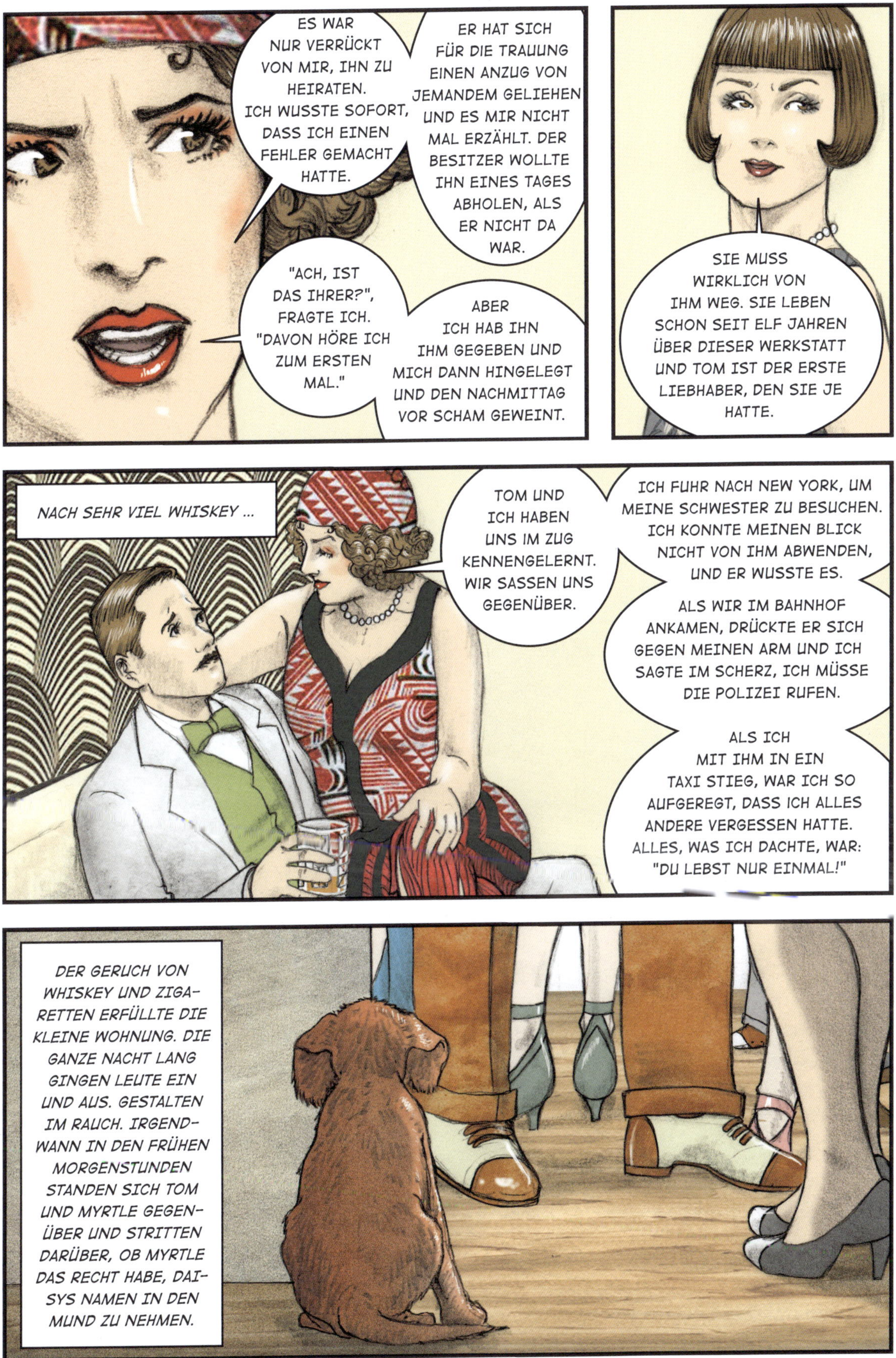

ES WAR NUR VERRÜCKT VON MIR, IHN ZU HEIRATEN. ICH WUSSTE SOFORT, DASS ICH EINEN FEHLER GEMACHT HATTE.
ER HAT SICH FÜR DIE TRAUUNG EINEN ANZUG VON JEMANDEM GELIEHEN UND ES MIR NICHT MAL ERZÄHLT. DER BESITZER WOLLTE IHN EINES TAGES ABHOLEN, ALS ER NICHT DA WAR.
"ACH, IST DAS IHRER?", FRAGTE ICH. "DAVON HÖRE ICH ZUM ERSTEN MAL."
ABER ICH HAB IHN IHM GEGEBEN UND MICH DANN HINGELEGT UND DEN NACHMITTAG VOR SCHAM GEWEINT.
SIE MUSS WIRKLICH VON IHM WEG. SIE LEBEN SCHON SEIT ELF JAHREN ÜBER DIESER WERKSTATT UND TOM IST DER ERSTE LIEBHABER, DEN SIE JE HATTE.
NACH SEHR VIEL WHISKEY ...
TOM UND ICH HABEN UNS IM ZUG KENNENGELERNT. WIR SASSEN UNS GEGENÜBER.
ICH FUHR NACH NEW YORK, UM MEINE SCHWESTER ZU BESUCHEN. ICH KONNTE MEINEN BLICK NICHT VON IHM ABWENDEN, UND ER WUSSTE ES.
ALS WIR IM BAHNHOF ANKAMEN, DRÜCKTE ER SICH GEGEN MEINEN ARM UND ICH SAGTE IM SCHERZ, ICH MÜSSE DIE POLIZEI RUFEN.
ALS ICH MIT IHM IN EIN TAXI STIEG, WAR ICH SO AUFGEREGT, DASS ICH ALLES ANDERE VERGESSEN HATTE. ALLES, WAS ICH DACHTE, WAR: "DU LEBST NUR EINMAL!"
DER GERUCH VON WHISKEY UND ZIGARETTEN ERFÜLLTE DIE KLEINE WOHNUNG. DIE GANZE NACHT LANG GINGEN LEUTE EIN UND AUS. GESTALTEN IM RAUCH. IRGENDWANN IN DEN FRÜHEN MORGENSTUNDEN STANDEN SICH TOM UND MYRTLE GEGENÜBER UND STRITTEN DARÜBER, OB MYRTLE DAS RECHT HABE, DAISYS NAMEN IN DEN MUND ZU NEHMEN.

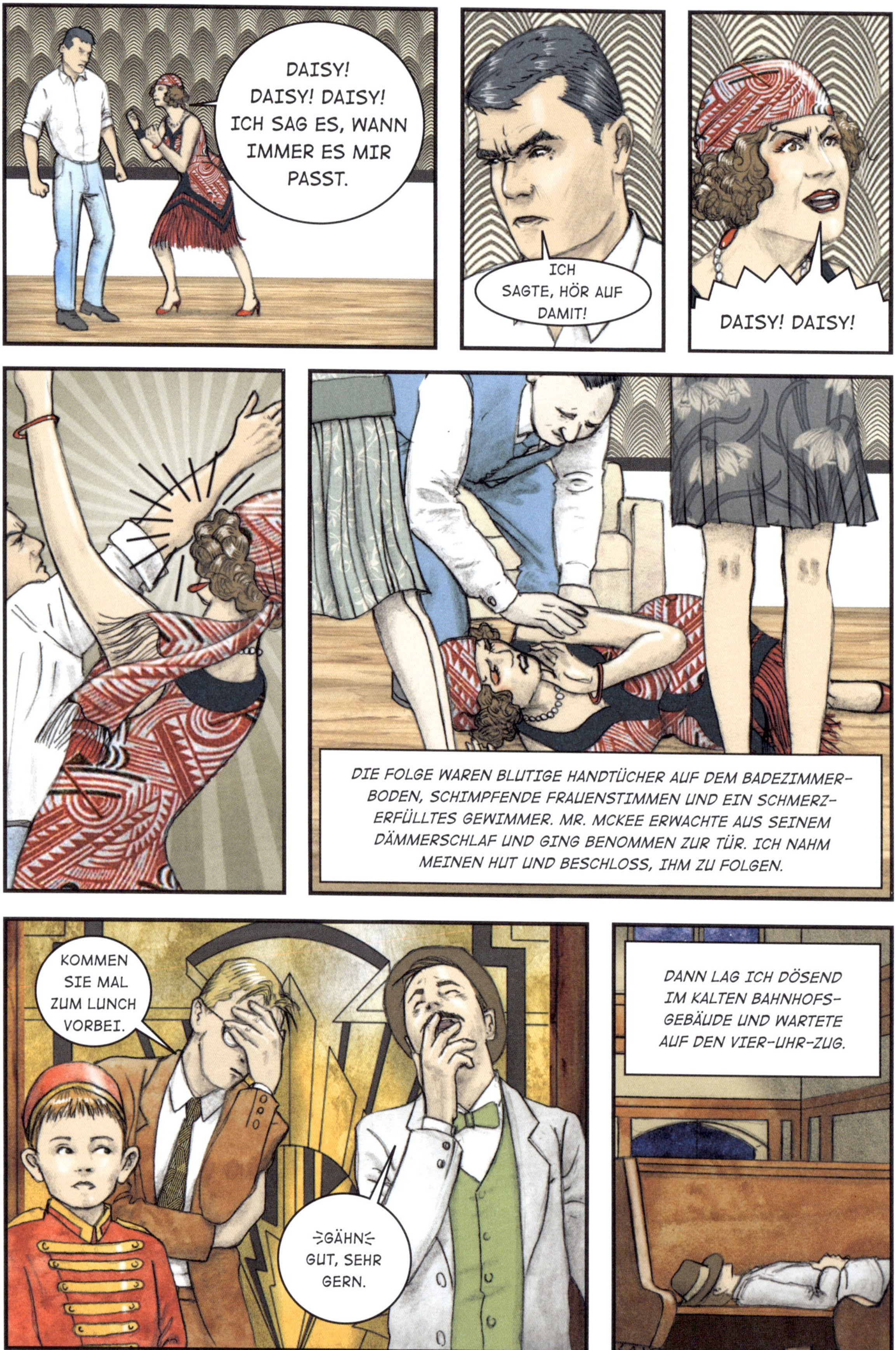
DAISY! DAISY! DAISY! ICH SAG ES, WANN IMMER ES MIR PASST.
ICH SAGTE, HÖR AUF DAMIT!
DAISY! DAISY!
DIE FOLGE WAREN BLUTIGE HANDTÜCHER AUF DEM BADEZIMMERBODEN, SCHIMPFENDE FRAUENSTIMMEN UND EIN SCHMERZERFÜLLTES GEWIMMER. MR. MCKEE ERWACHTE AUS SEINEM DÄMMERSCHLAF UND GING BENOMMEN ZUR TÜR. ICH NAHM MEINEN HUT UND BESCHLOSS, IHM ZU FOLGEN.
KOMMEN SIE MAL ZUM LUNCH VORBEI.
GÄHN GUT, SEHR GERN.
DANN LAG ICH DÖSEND IM KALTEN BAHNHOFSGEBÄUDE UND WARTETE AUF DEN VIER-UHR-ZUG.

KAPITEL 3

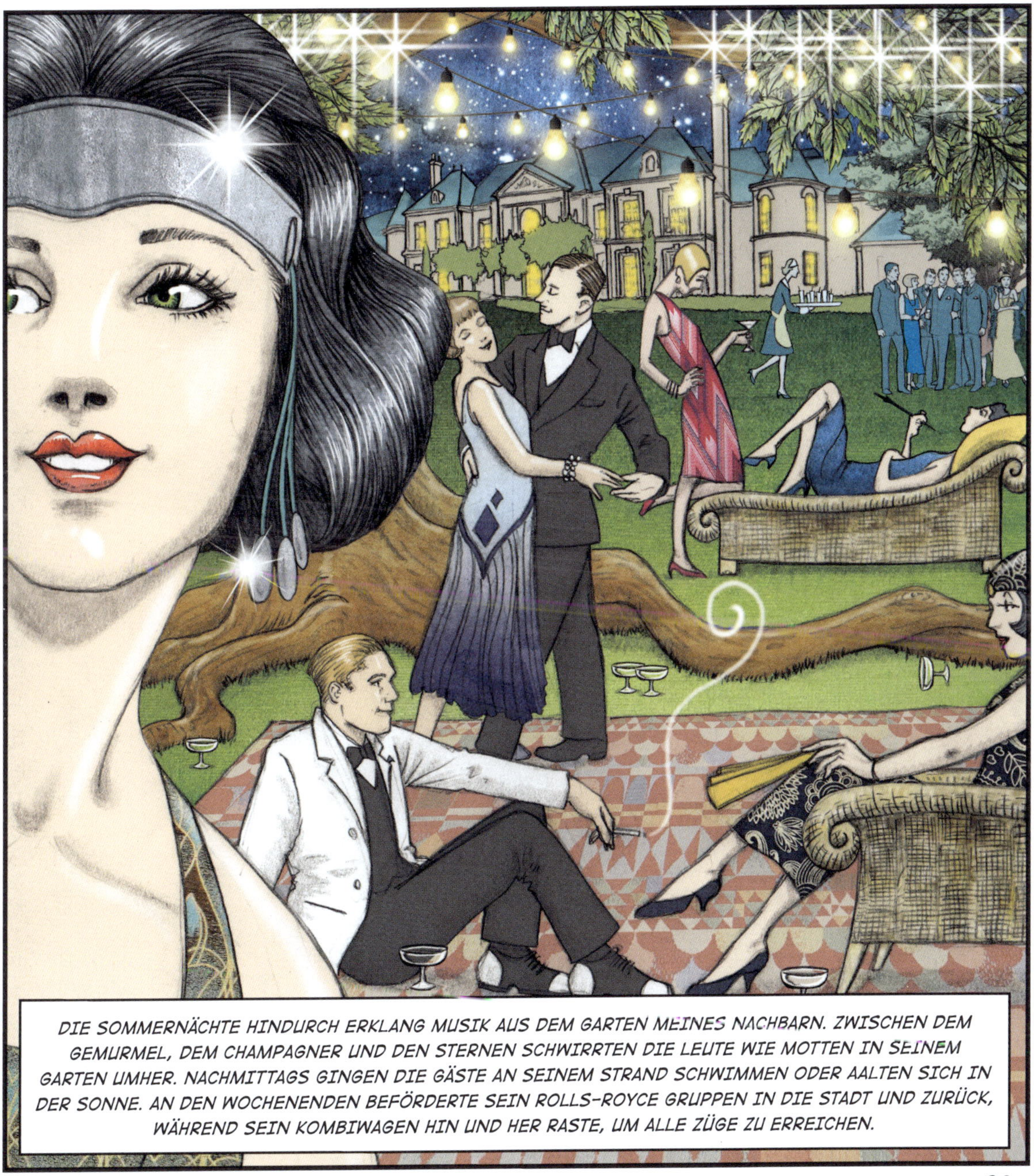
DIE SOMMERNÄCHTE HINDURCH ERKLANG MUSIK AUS DEM GARTEN MEINES NACHBARN. ZWISCHEN DEM GEMURMEL, DEM CHAMPAGNER UND DEN STERNEN SCHWIRRTEN DIE LEUTE WIE MOTTEN IN SEINEM GARTEN UMHER. NACHMITTAGS GINGEN DIE GÄSTE AN SEINEM STRAND SCHWIMMEN ODER AALTEN SICH IN DER SONNE. AN DEN WOCHENENDEN BEFÖRDERTE SEIN ROLLS-ROYCE GRUPPEN IN DIE STADT UND ZURÜCK, WÄHREND SEIN KOMBIWAGEN HIN UND HER RASTE, UM ALLE ZÜGE ZU ERREICHEN.

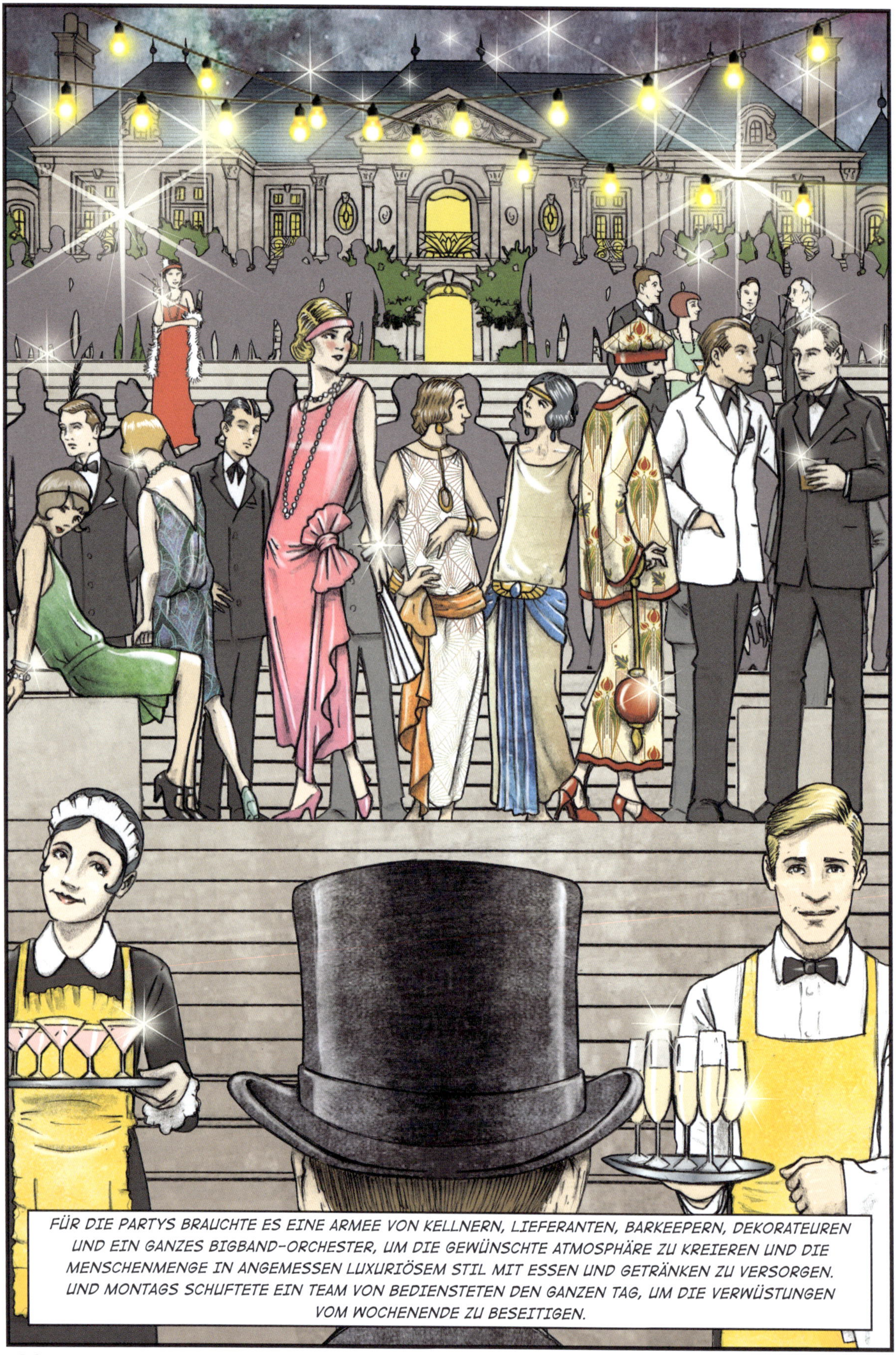
FÜR DIE PARTYS BRAUCHTE ES EINE ARMEE VON KELLNERN, LIEFERANTEN, BARKEEPERN, DEKORATEUREN UND EIN GANZES BIGBAND-ORCHESTER, UM DIE GEWÜNSCHTE ATMOSPHÄRE ZU KREIEREN UND DIE MENSCHENMENGE IN ANGEMESSEN LUXURIÖSEM STIL MIT ESSEN UND GETRÄNKEN ZU VERSORGEN. UND MONTAGS SCHUFTETE EIN TEAM VON BEDIENSTETEN DEN GANZEN TAG, UM DIE VERWÜSTUNGEN VOM WOCHENENDE ZU BESEITIGEN.

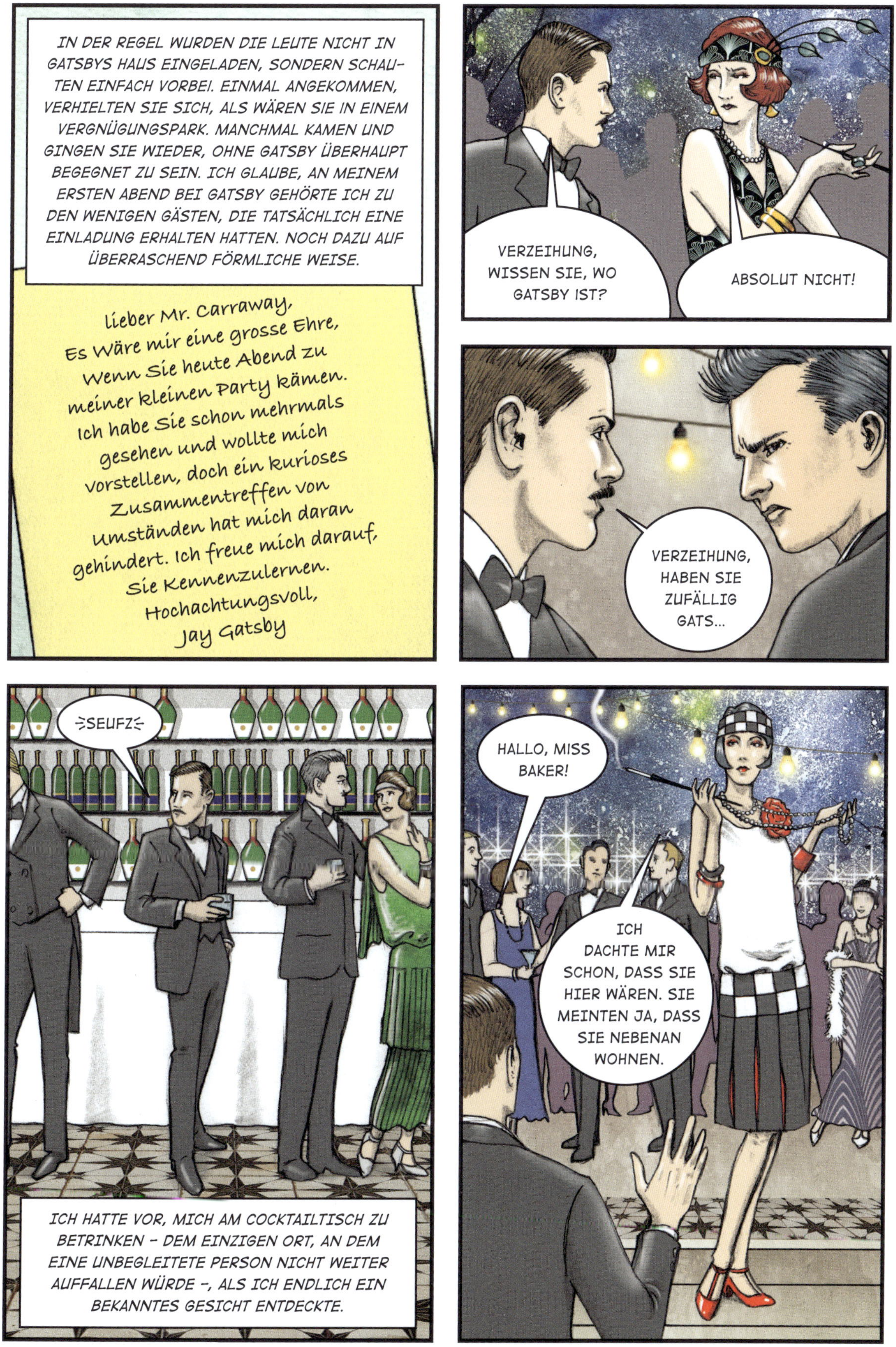
IN DER REGEL WURDEN DIE LEUTE NICHT IN GATSBYS HAUS EINGELADEN, SONDERN SCHAUTEN EINFACH VORBEI. EINMAL ANGEKOMMEN, VERHIELTEN SIE SICH, ALS WÄREN SIE IN EINEM VERGNÜGUNGSPARK. MANCHMAL KAMEN UND GINGEN SIE WIEDER, OHNE GATSBY ÜBERHAUPT BEGEGNET ZU SEIN. ICH GLAUBE, AN MEINEM ERSTEN ABEND BEI GATSBY GEHÖRTE ICH ZU DEN WENIGEN GÄSTEN, DIE TATSÄCHLICH EINE EINLADUNG ERHALTEN HATTEN. NOCH DAZU AUF ÜBERRASCHEND FÖRMLICHE WEISE.
lieber Mr. Carraway, Es Wäre mir eine grosse Ehre, Wenn Sie heute Abend zu meiner kleinen Party kämen. Ich habe Sie schon mehrmals gesehen und wollte mich vorstellen, doch ein kurioses Zusammentreffen von Umständen hat mich daran gehindert. Ich freue mich darauf, Sie Kennenzulernen. Hochachtungsvoll, Jay Gatsby
VERZEIHUNG, WISSEN SIE, WO GATSBY IST?
ABSOLUT NICHT!
VERZEIHUNG, HABEN SIE ZUFÄLLIG GATS...
SEUFZ
ICH HATTE VOR, MICH AM COCKTAILTISCH ZU BETRINKEN – DEM EINZIGEN ORT, AN DEM EINE UNBEGLEITETE PERSON NICHT WEITER AUFFALLEN WÜRDE –, ALS ICH ENDLICH EIN BEKANNTES GESICHT ENTDECKTE.
HALLO, MISS BAKER!
ICH DACHTE MIR SCHON, DASS SIE HIER WÄREN. SIE MEINTEN JA, DASS SIE NEBENAN WOHNEN.

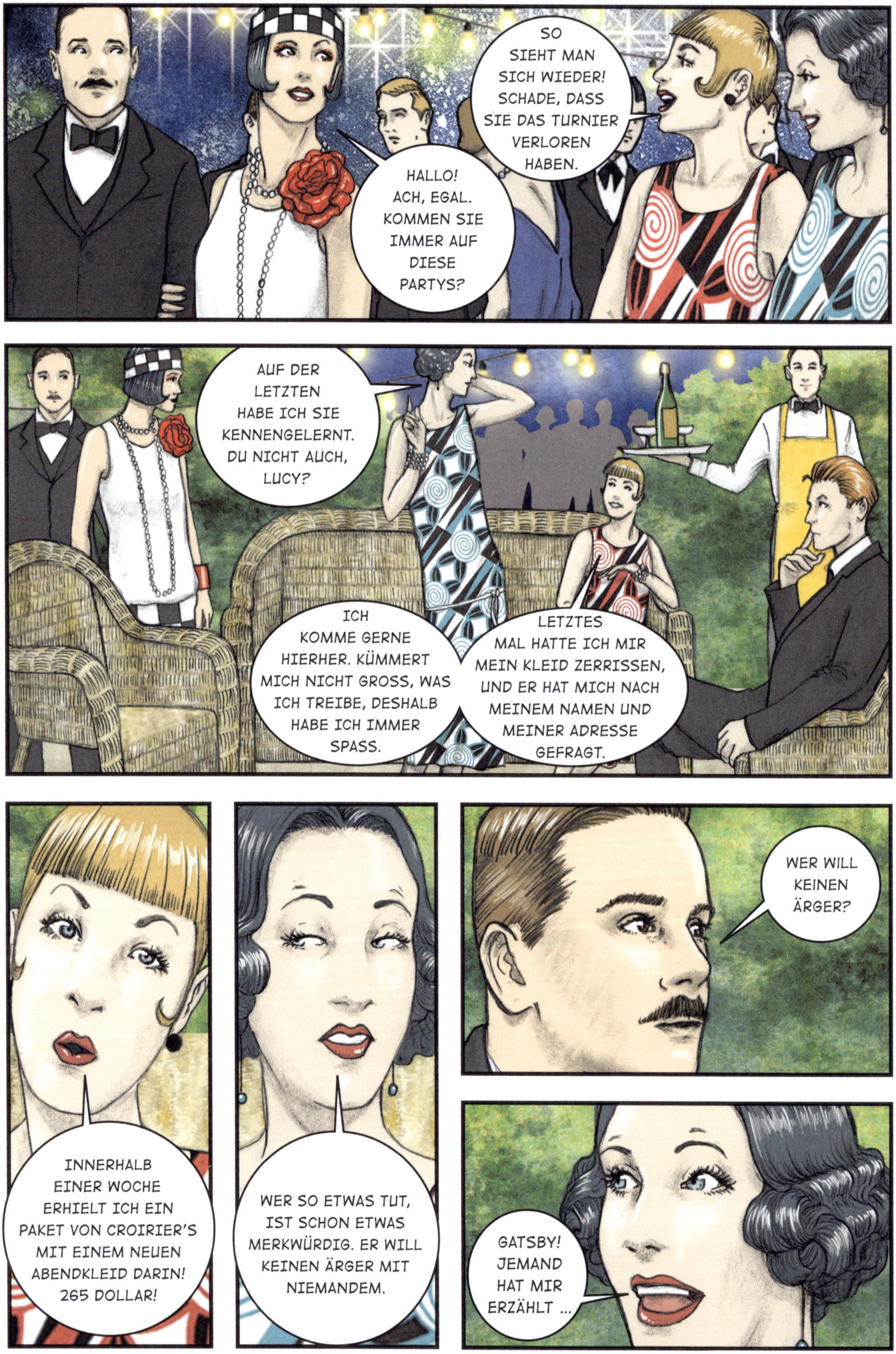
SO SIEHT MAN SICH WIEDER! SCHADE, DASS SIE DAS TURNIER VERLOREN HABEN.
HALLO! ACH, EGAL. KOMMEN SIE IMMER AUF DIESE PARTYS?
AUF DER LETZTEN HABE ICH SIE KENNENGELERNT. DU NICHT AUCH, LUCY?
ICH KOMME GERNE HIERHER. KÜMMERT MICH NICHT GROSS, WAS ICH TREIBE, DESHALB HABE ICH IMMER SPASS.
LETZTES MAL HATTE ICH MIR MEIN KLEID ZERRISSEN, UND ER HAT MICH NACH MEINEM NAMEN UND MEINER ADRESSE GEFRAGT.
INNERHALB EINER WOCHE ERHIELT ICH EIN PAKET VON CROIRIER'S MIT EINEM NEUEN ABENDKLEID DARIN! 265 DOLLAR!
WER SO ETWAS TUT, IST SCHON ETWAS MERKWÜRDIG. ER WILL KEINEN ÄRGER MIT NIEMANDEM.
WER WILL KEINEN ÄRGER?
GATSBY! JEMAND HAT MIR ERZÄHLT ...

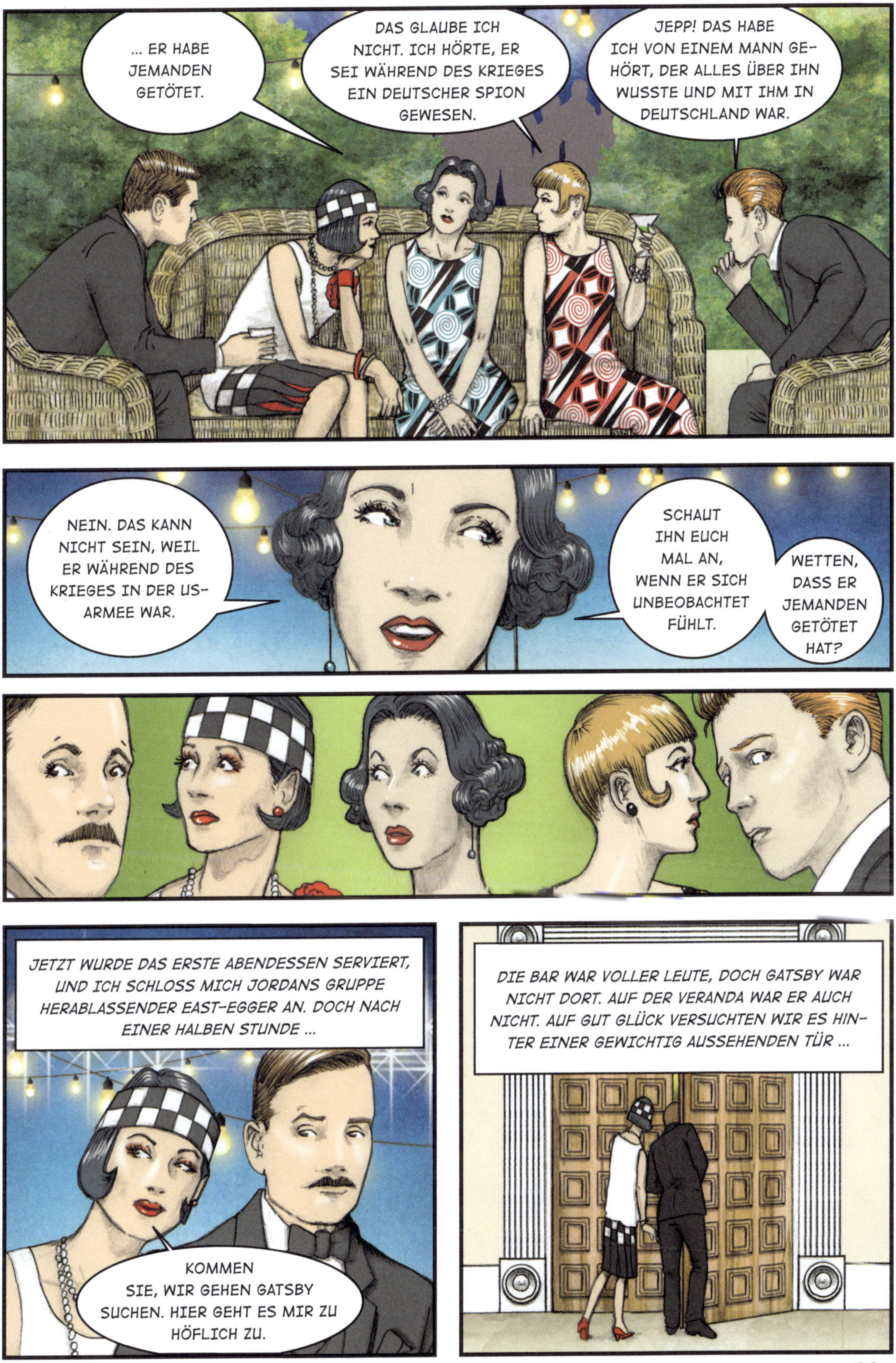
... ER HABE JEMANDEN GETÖTET.
DAS GLAUBE ICH NICHT. ICH HÖRTE, ER SEI WÄHREND DES KRIEGES EIN DEUTSCHER SPION GEWESEN.
JEPP! DAS HABE ICH VON EINEM MANN GEHÖRT, DER ALLES ÜBER IHN WUSSTE UND MIT IHM IN DEUTSCHLAND WAR.
NEIN. DAS KANN NICHT SEIN, WEIL ER WÄHREND DES KRIEGES IN DER US-ARMEE WAR.
SCHAUT IHN EUCH MAL AN, WENN ER SICH UNBEOBACHTET FÜHLT.
WETTEN, DASS ER JEMANDEN GETÖTET HAT?
JETZT WURDE DAS ERSTE ABENDESSEN SERVIERT, UND ICH SCHLOSS MICH JORDANS GRUPPE HERABLASSENDER EAST-EGGER AN. DOCH NACH EINER HALBEN STUNDE ...
KOMMEN SIE, WIR GEHEN GATSBY SUCHEN. HIER GEHT ES MIR ZU HÖFLICH ZU.
DIE BAR WAR VOLLER LEUTE, DOCH GATSBY WAR NICHT DORT. AUF DER VERANDA WAR ER AUCH NICHT. AUF GUT GLÜCK VERSUCHTEN WIR ES HINTER EINER GEWICHTIG AUSSEHENDEN TÜR ...

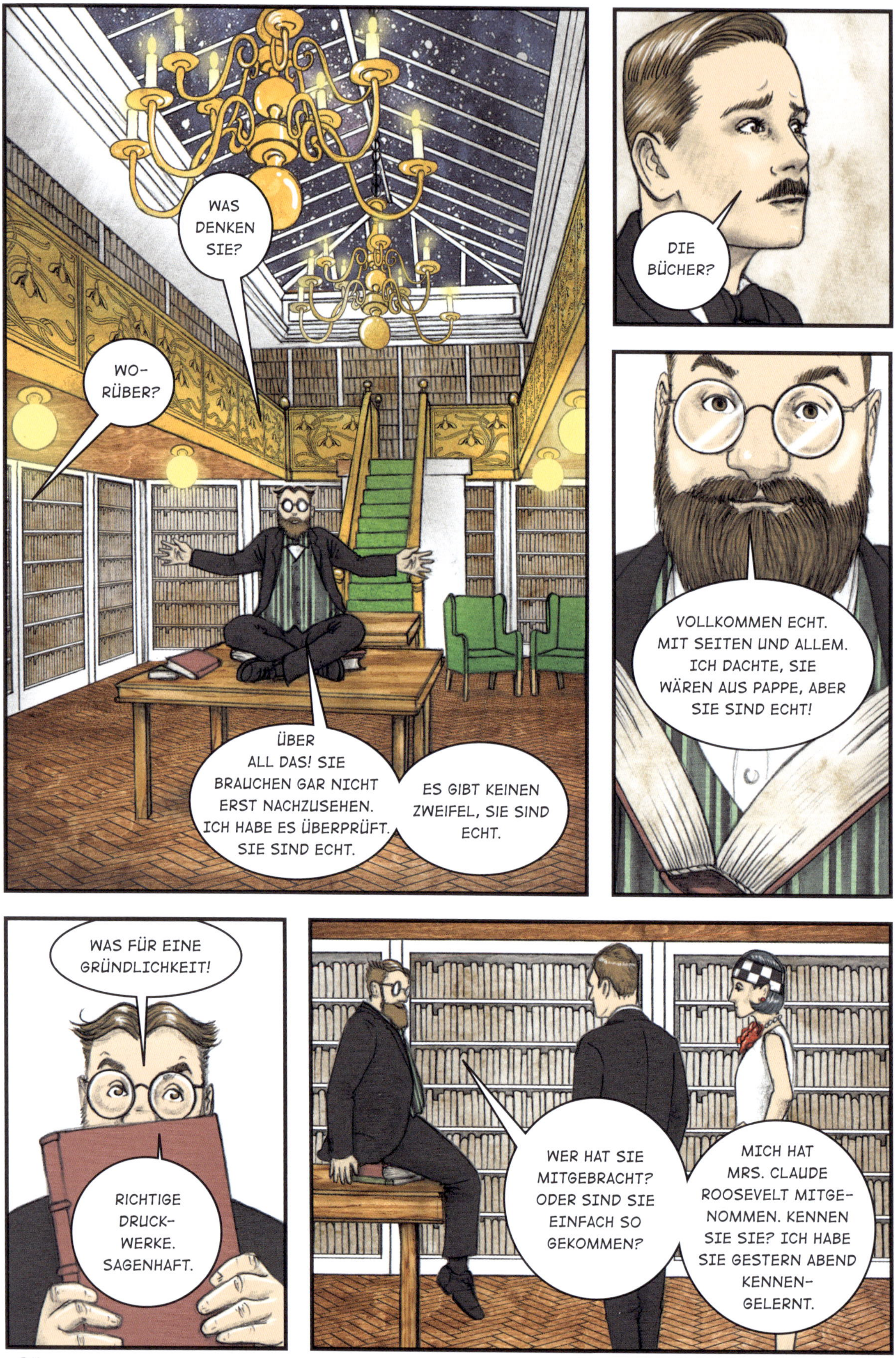
WAS DENKEN SIE?
WO-RÜBER?
ÜBER ALL DAS! SIE BRAUCHEN GAR NICHT ERST NACHZUSEHEN. ICH HABE ES ÜBERPRÜFT. SIE SIND ECHT.
ES GIBT KEINEN ZWEIFEL, SIE SIND ECHT.
DIE BÜCHER?
VOLLKOMMEN ECHT. MIT SEITEN UND ALLEM. ICH DACHTE, SIE WÄREN AUS PAPPE, ABER SIE SIND ECHT!
WAS FÜR EINE GRÜNDLICHKEIT!
RICHTIGE DRUCK-WERKE. SAGENHAFT.
WER HAT SIE MITGEBRACHT? ODER SIND SIE EINFACH SO GEKOMMEN?
MICH HAT MRS. CLAUDE ROOSEVELT MITGE-NOMMEN. KENNEN SIE SIE? ICH HABE SIE GESTERN ABEND KENNEN-GELERNT.

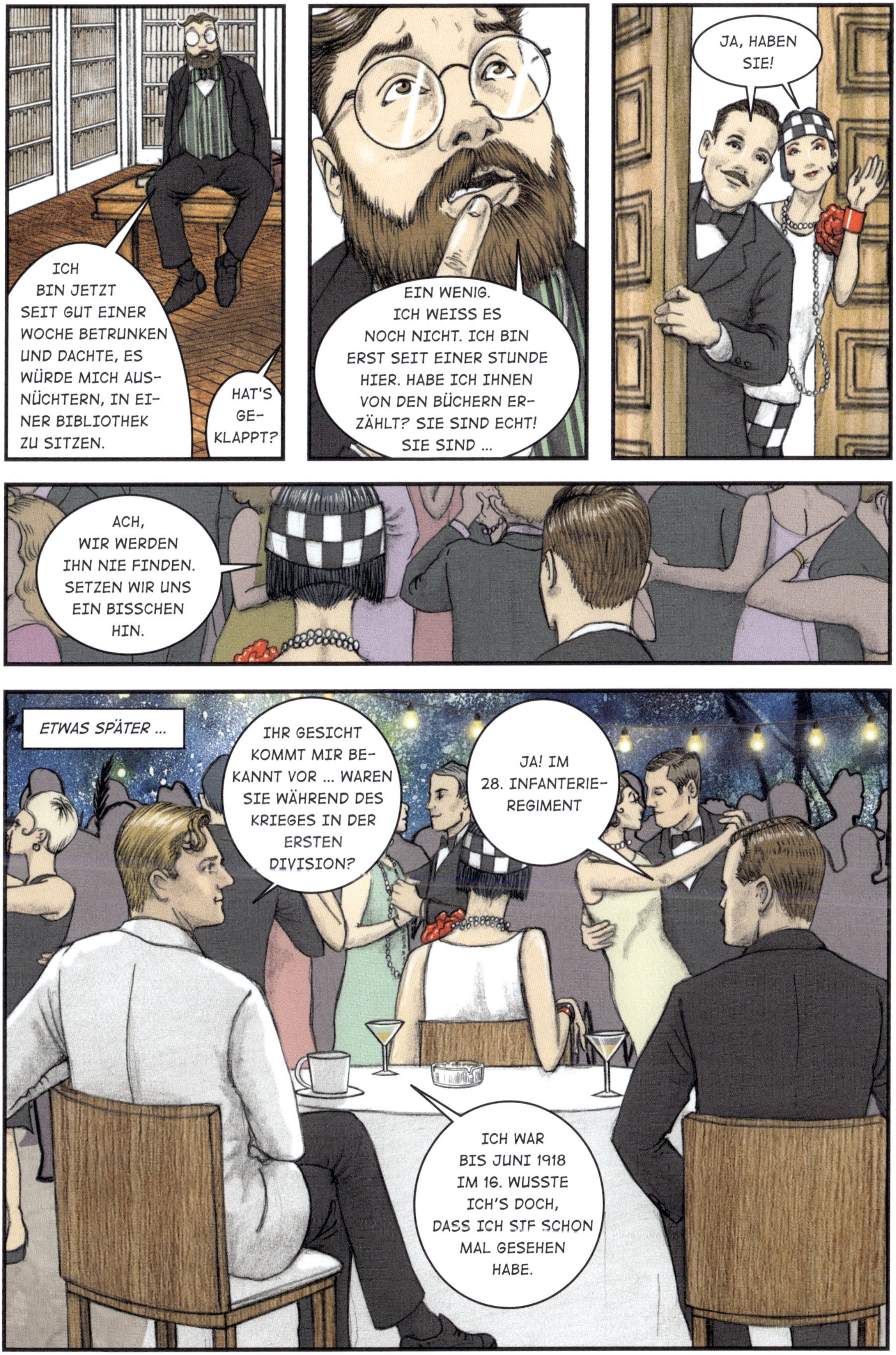
ICH BIN JETZT SEIT GUT EINER WOCHE BETRUNKEN UND DACHTE, ES WÜRDE MICH AUSNÜCHTERN, IN EINER BIBLIOTHEK ZU SITZEN.
HAT'S GEKLAPPT?
EIN WENIG. ICH WEISS ES NOCH NICHT. ICH BIN ERST SEIT EINER STUNDE HIER. HABE ICH IHNEN VON DEN BÜCHERN ERZÄHLT? SIE SIND ECHT! SIE SIND ...
JA, HABEN SIE!
ACH, WIR WERDEN IHN NIE FINDEN. SETZEN WIR UNS EIN BISSCHEN HIN.
ETWAS SPÄTER ...
IHR GESICHT KOMMT MIR BEKANNT VOR ... WAREN SIE WÄHREND DES KRIEGES IN DER ERSTEN DIVISION?
JA! IM 28. INFANTERIE-REGIMENT
ICH WAR BIS JUNI 1918 IM 16. WUSSTE ICH'S DOCH, DASS ICH SIE SCHON MAL GESEHEN HABE.

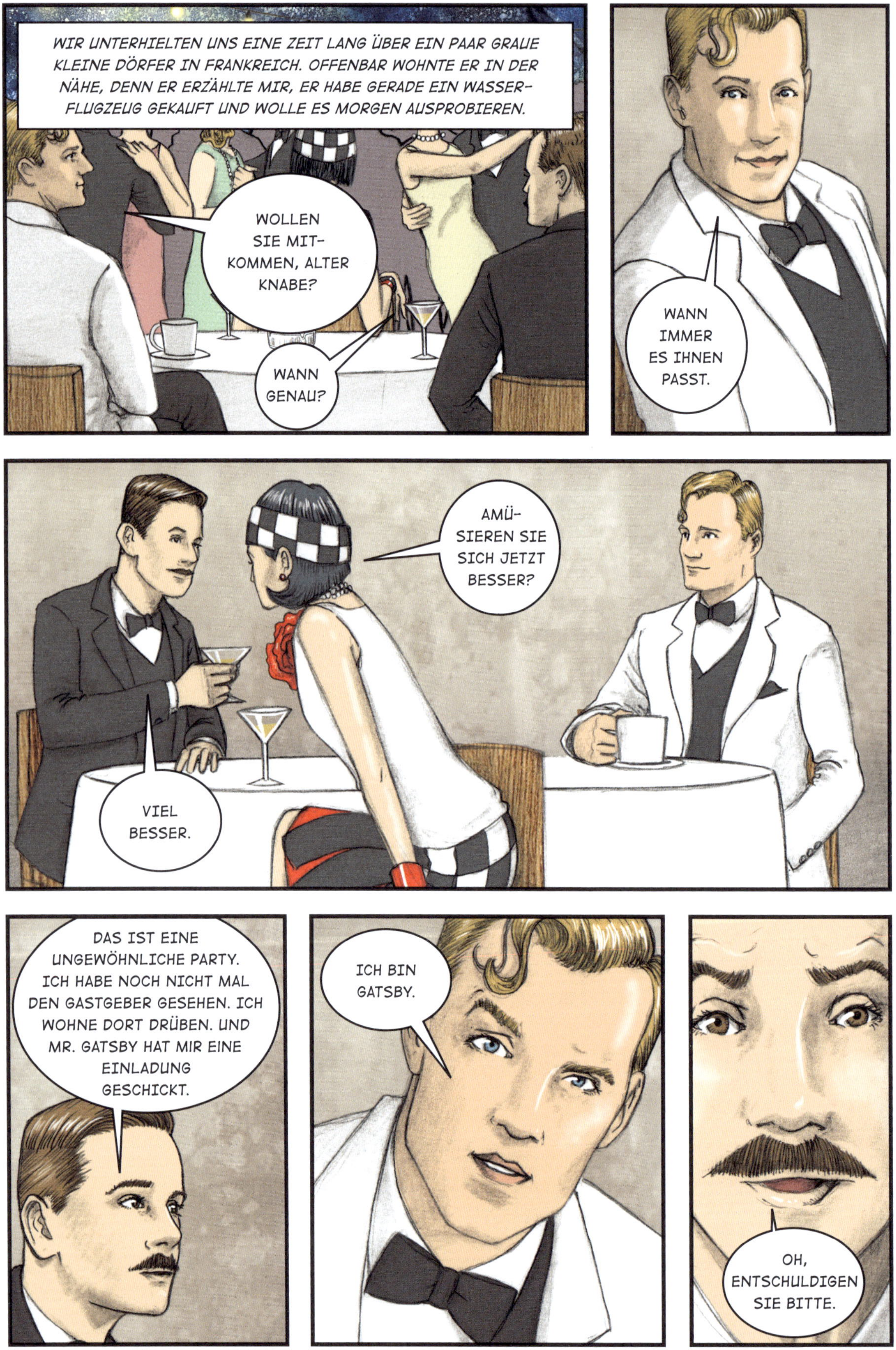
WIR UNTERHIELTEN UNS EINE ZEIT LANG ÜBER EIN PAAR GRAUE KLEINE DÖRFER IN FRANKREICH. OFFENBAR WOHNTE ER IN DER NÄHE, DENN ER ERZÄHLTE MIR, ER HABE GERADE EIN WASSER-FLUGZEUG GEKAUFT UND WOLLE ES MORGEN AUSPROBIEREN.
WOLLEN SIE MIT-KOMMEN, ALTER KNABE?
WANN GENAU?
WANN IMMER ES IHNEN PASST.
AMÜ-SIEREN SIE SICH JETZT BESSER?
VIEL BESSER.
DAS IST EINE UNGEWÖHNLICHE PARTY. ICH HABE NOCH NICHT MAL DEN GASTGEBER GESEHEN. ICH WOHNE DORT DRÜBEN. UND MR. GATSBY HAT MIR EINE EINLADUNG GESCHICKT.
ICH BIN GATSBY.
OH, ENTSCHULDIGEN SIE BITTE.

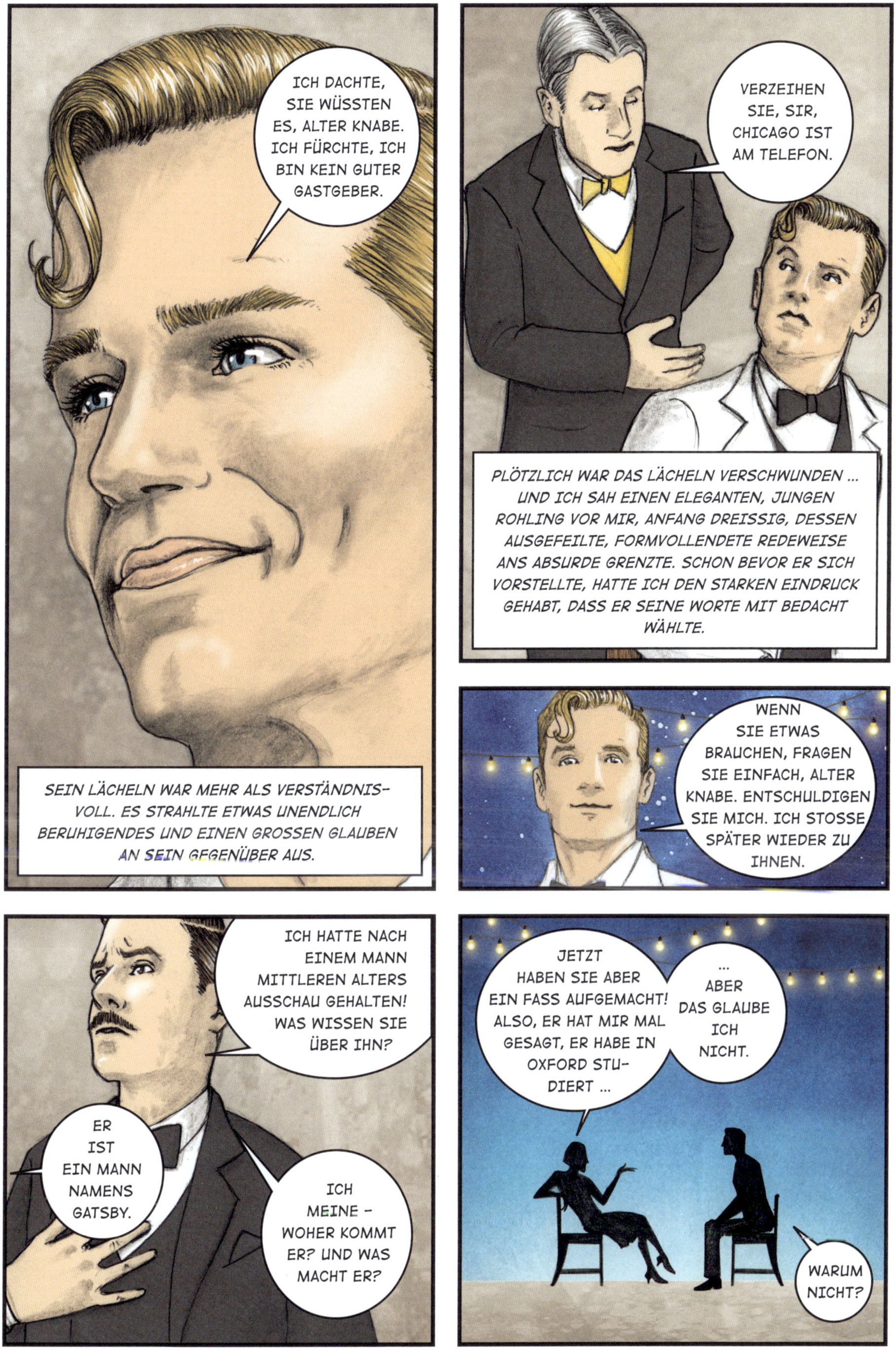
ICH DACHTE, SIE WÜSSTEN ES, ALTER KNABE. ICH FÜRCHTE, ICH BIN KEIN GUTER GASTGEBER.
SEIN LÄCHELN WAR MEHR ALS VERSTÄNDNIS-VOLL. ES STRAHLTE ETWAS UNENDLICH BERUHIGENDES UND EINEN GROSSEN GLAUBEN AN SEIN GEGENÜBER AUS.
VERZEIHEN SIE, SIR, CHICAGO IST AM TELEFON.
PLÖTZLICH WAR DAS LÄCHELN VERSCHWUNDEN ... UND ICH SAH EINEN ELEGANTEN, JUNGEN ROHLING VOR MIR, ANFANG DREISSIG, DESSEN AUSGEFEILTE, FORMVOLLENDETE REDEWEISE ANS ABSURDE GRENZTE. SCHON BEVOR ER SICH VORSTELLTE, HATTE ICH DEN STARKEN EINDRUCK GEHABT, DASS ER SEINE WORTE MIT BEDACHT WÄHLTE.
WENN SIE ETWAS BRAUCHEN, FRAGEN SIE EINFACH, ALTER KNABE. ENTSCHULDIGEN SIE MICH. ICH STOSSE SPÄTER WIEDER ZU IHNEN.
ICH HATTE NACH EINEM MANN MITTLEREN ALTERS AUSSCHAU GEHALTEN! WAS WISSEN SIE ÜBER IHN?
ER IST EIN MANN NAMENS GATSBY.
ICH MEINE – WOHER KOMMT ER? UND WAS MACHT ER?
JETZT HABEN SIE ABER EIN FASS AUFGEMACHT! ALSO, ER HAT MIR MAL GESAGT, ER HABE IN OXFORD STU-DIERT ...
... ABER DAS GLAUBE ICH NICHT.
WARUM NICHT?

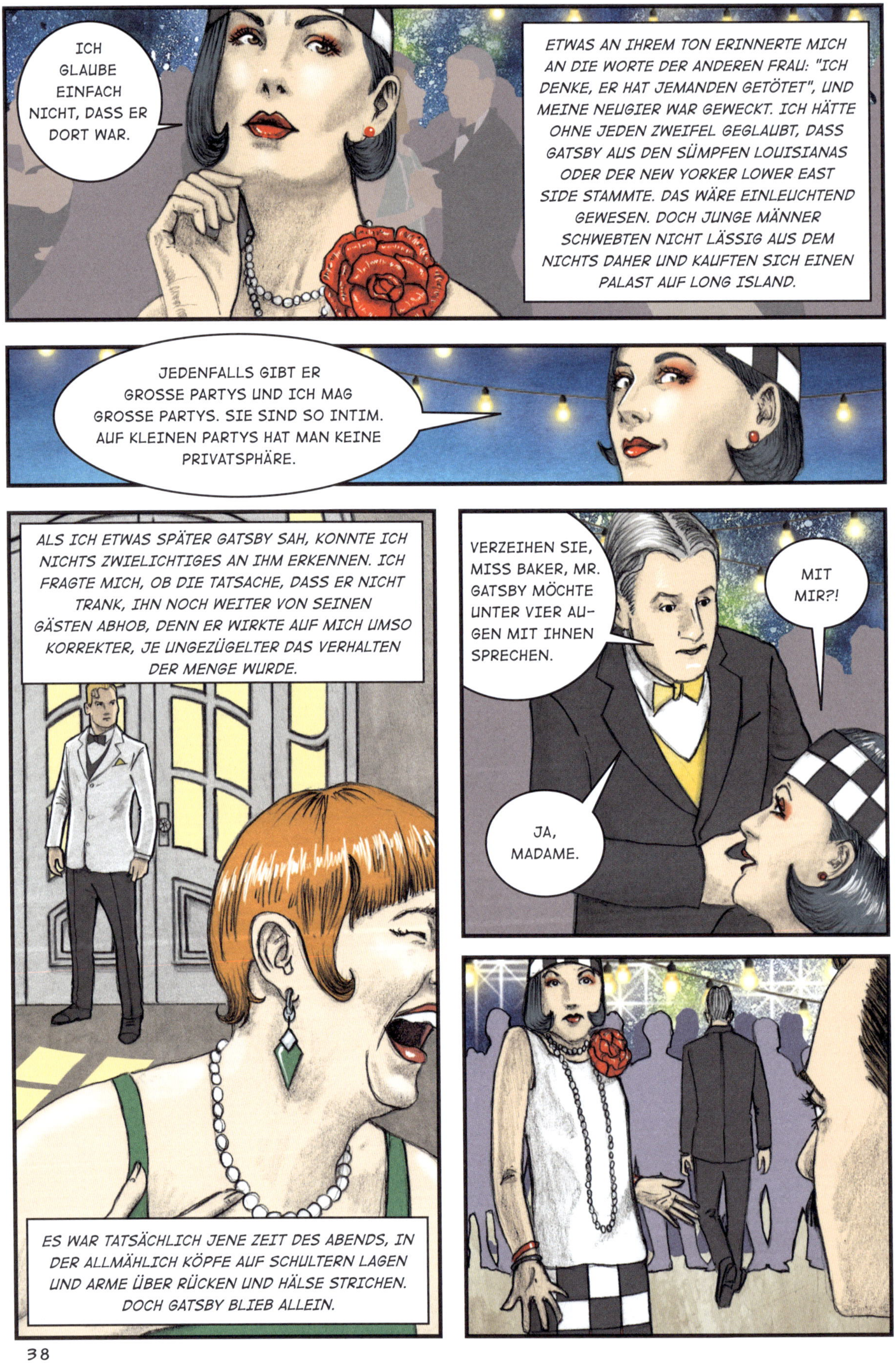
ICH GLAUBE EINFACH NICHT, DASS ER DORT WAR.
ETWAS AN IHREM TON ERINNERTE MICH AN DIE WORTE DER ANDEREN FRAU: "ICH DENKE, ER HAT JEMANDEN GETÖTET", UND MEINE NEUGIER WAR GEWECKT. ICH HÄTTE OHNE JEDEN ZWEIFEL GEGLAUBT, DASS GATSBY AUS DEN SÜMPFEN LOUISIANAS ODER DER NEW YORKER LOWER EAST SIDE STAMMTE. DAS WÄRE EINLEUCHTEND GEWESEN. DOCH JUNGE MÄNNER SCHWEBTEN NICHT LÄSSIG AUS DEM NICHTS DAHER UND KAUFTEN SICH EINEN PALAST AUF LONG ISLAND.
JEDENFALLS GIBT ER GROSSE PARTYS UND ICH MAG GROSSE PARTYS. SIE SIND SO INTIM. AUF KLEINEN PARTYS HAT MAN KEINE PRIVATSPHÄRE.
ALS ICH ETWAS SPÄTER GATSBY SAH, KONNTE ICH NICHTS ZWIELICHTIGES AN IHM ERKENNEN. ICH FRAGTE MICH, OB DIE TATSACHE, DASS ER NICHT TRANK, IHN NOCH WEITER VON SEINEN GÄSTEN ABHOB, DENN ER WIRKTE AUF MICH UMSO KORREKTER, JE UNGEZÜGELTER DAS VERHALTEN DER MENGE WURDE.
ES WAR TATSÄCHLICH JENE ZEIT DES ABENDS, IN DER ALLMÄHLICH KÖPFE AUF SCHULTERN LAGEN UND ARME ÜBER RÜCKEN UND HÄLSE STRICHEN. DOCH GATSBY BLIEB ALLEIN.
VERZEIHEN SIE, MISS BAKER, MR. GATSBY MÖCHTE UNTER VIER AUGEN MIT IHNEN SPRECHEN.
MIT MIR?!
JA, MADAME.

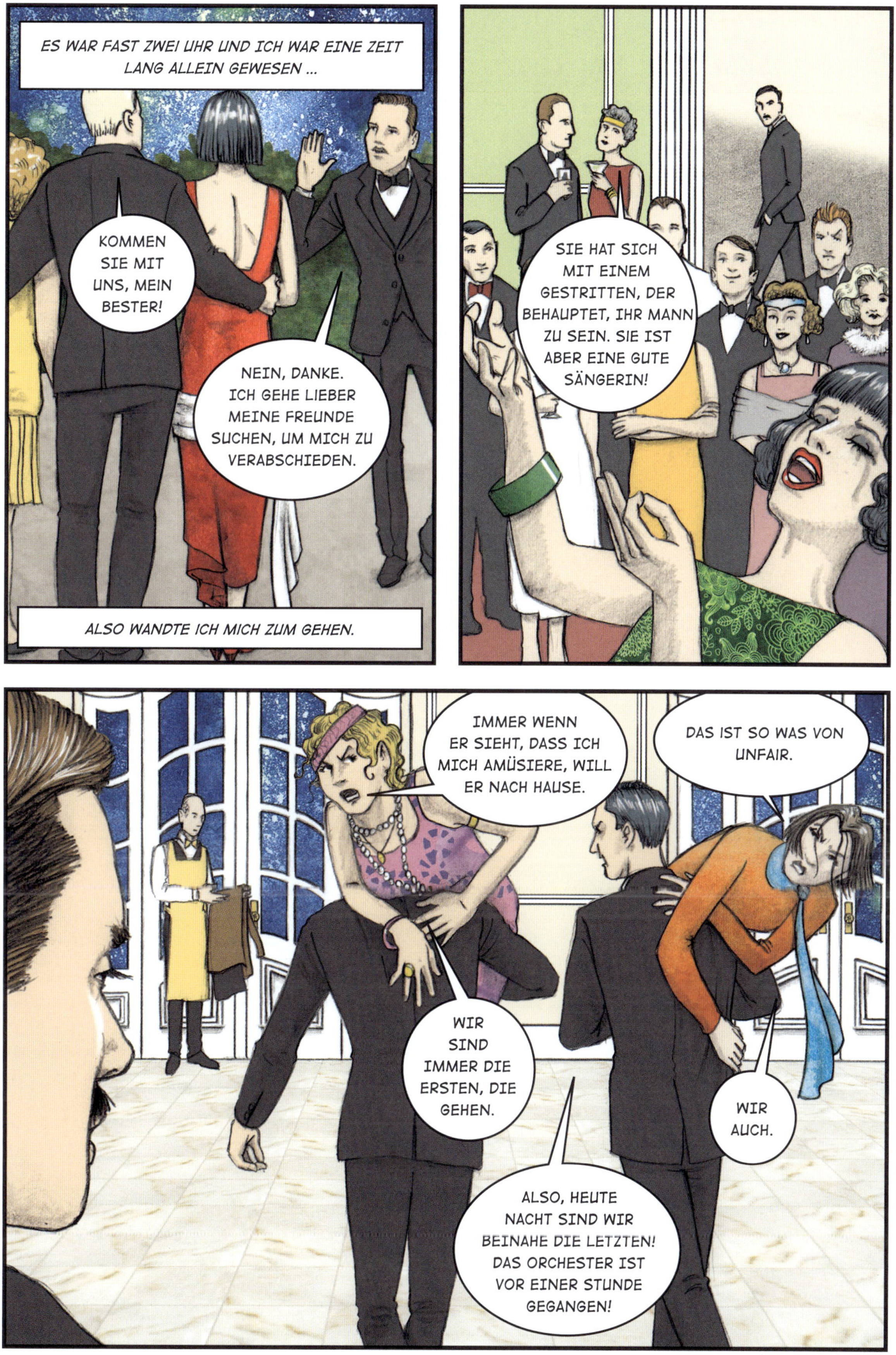
ES WAR FAST ZWEI UHR UND ICH WAR EINE ZEIT LANG ALLEIN GEWESEN ...
KOMMEN SIE MIT UNS, MEIN BESTER!
NEIN, DANKE. ICH GEHE LIEBER MEINE FREUNDE SUCHEN, UM MICH ZU VERABSCHIEDEN.
ALSO WANDTE ICH MICH ZUM GEHEN.
SIE HAT SICH MIT EINEM GESTRITTEN, DER BEHAUPTET, IHR MANN ZU SEIN. SIE IST ABER EINE GUTE SÄNGERIN!
IMMER WENN ER SIEHT, DASS ICH MICH AMÜSIERE, WILL ER NACH HAUSE.
DAS IST SO WAS VON UNFAIR.
WIR SIND IMMER DIE ERSTEN, DIE GEHEN.
WIR AUCH.
ALSO, HEUTE NACHT SIND WIR BEINAHE DIE LETZTEN! DAS ORCHESTER IST VOR EINER STUNDE GEGANGEN!

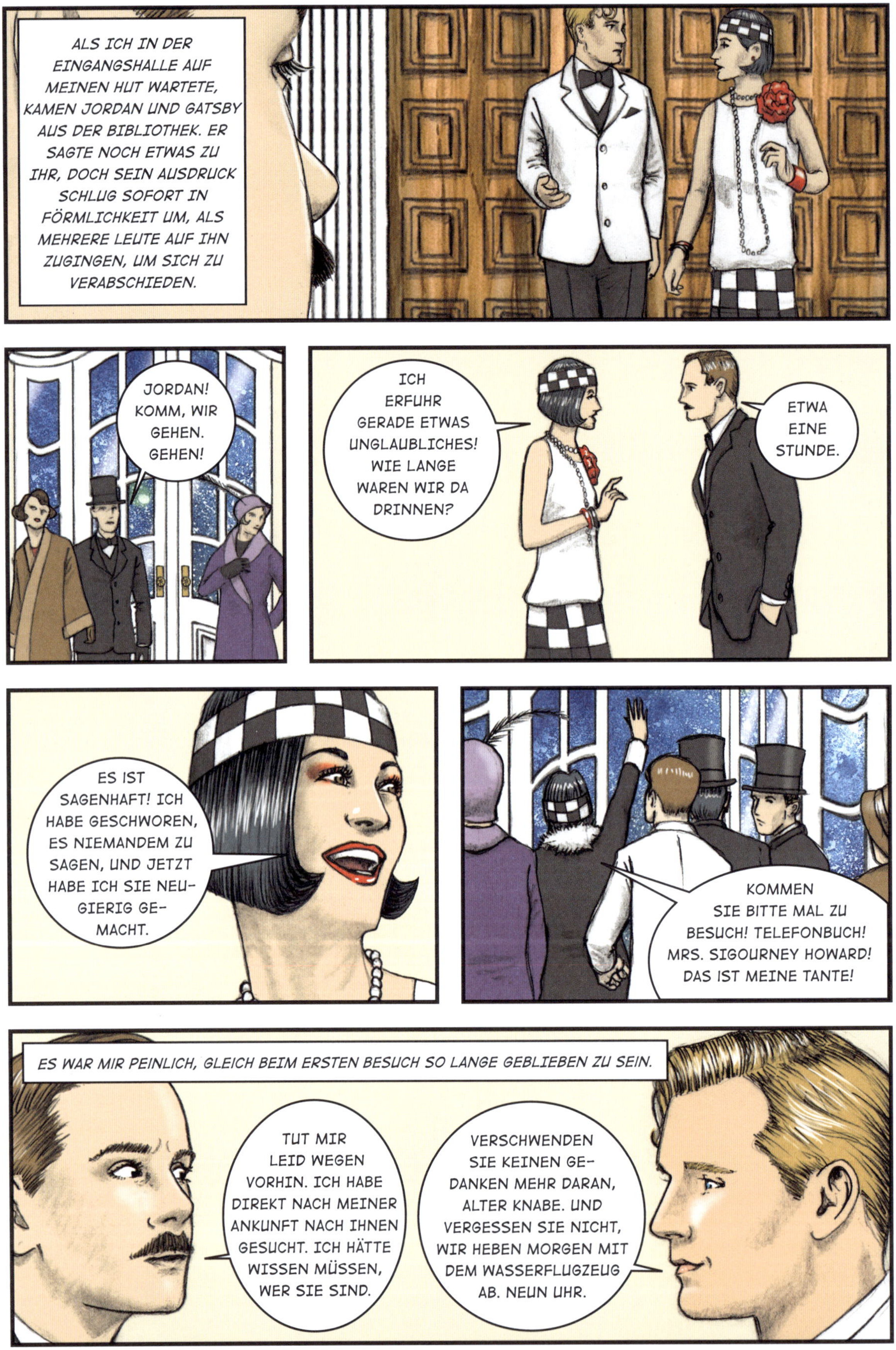

ALS ICH IN DER EINGANGSHALLE AUF MEINEN HUT WARTETE, KAMEN JORDAN UND GATSBY AUS DER BIBLIOTHEK. ER SAGTE NOCH ETWAS ZU IHR, DOCH SEIN AUSDRUCK SCHLUG SOFORT IN FÖRMLICHKEIT UM, ALS MEHRERE LEUTE AUF IHN ZUGINGEN, UM SICH ZU VERABSCHIEDEN.
JORDAN! KOMM, WIR GEHEN. GEHEN!
ICH ERFUHR GERADE ETWAS UNGLAUBLICHES! WIE LANGE WAREN WIR DA DRINNEN?
ETWA EINE STUNDE.
ES IST SAGENHAFT! ICH HABE GESCHWOREN, ES NIEMANDEM ZU SAGEN, UND JETZT HABE ICH SIE NEU-GIERIG GE-MACHT.
KOMMEN SIE BITTE MAL ZU BESUCH! TELEFONBUCH! MRS. SIGOURNEY HOWARD! DAS IST MEINE TANTE!
ES WAR MIR PEINLICH, GLEICH BEIM ERSTEN BESUCH SO LANGE GEBLIEBEN ZU SEIN.
TUT MIR LEID WEGEN VORHIN. ICH HABE DIREKT NACH MEINER ANKUNFT NACH IHNEN GESUCHT. ICH HÄTTE WISSEN MÜSSEN, WER SIE SIND.
VERSCHWENDEN SIE KEINEN GE-DANKEN MEHR DARAN, ALTER KNABE. UND VERGESSEN SIE NICHT, WIR HEBEN MORGEN MIT DEM WASSERFLUGZEUG AB. NEUN UHR.

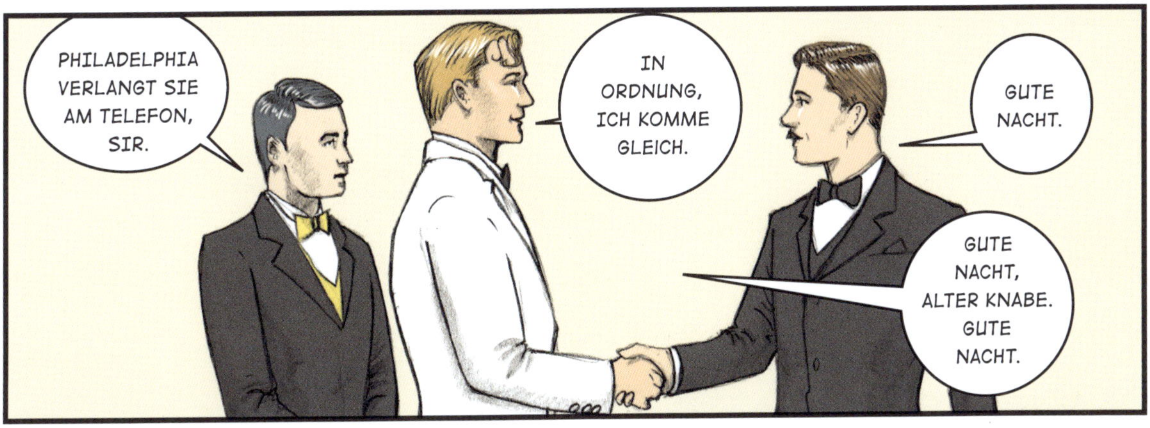
PHILADELPHIA VERLANGT SIE AM TELEFON, SIR.
IN ORDNUNG, ICH KOMME GLEICH.
GUTE NACHT.
GUTE NACHT, ALTER KNABE. GUTE NACHT.

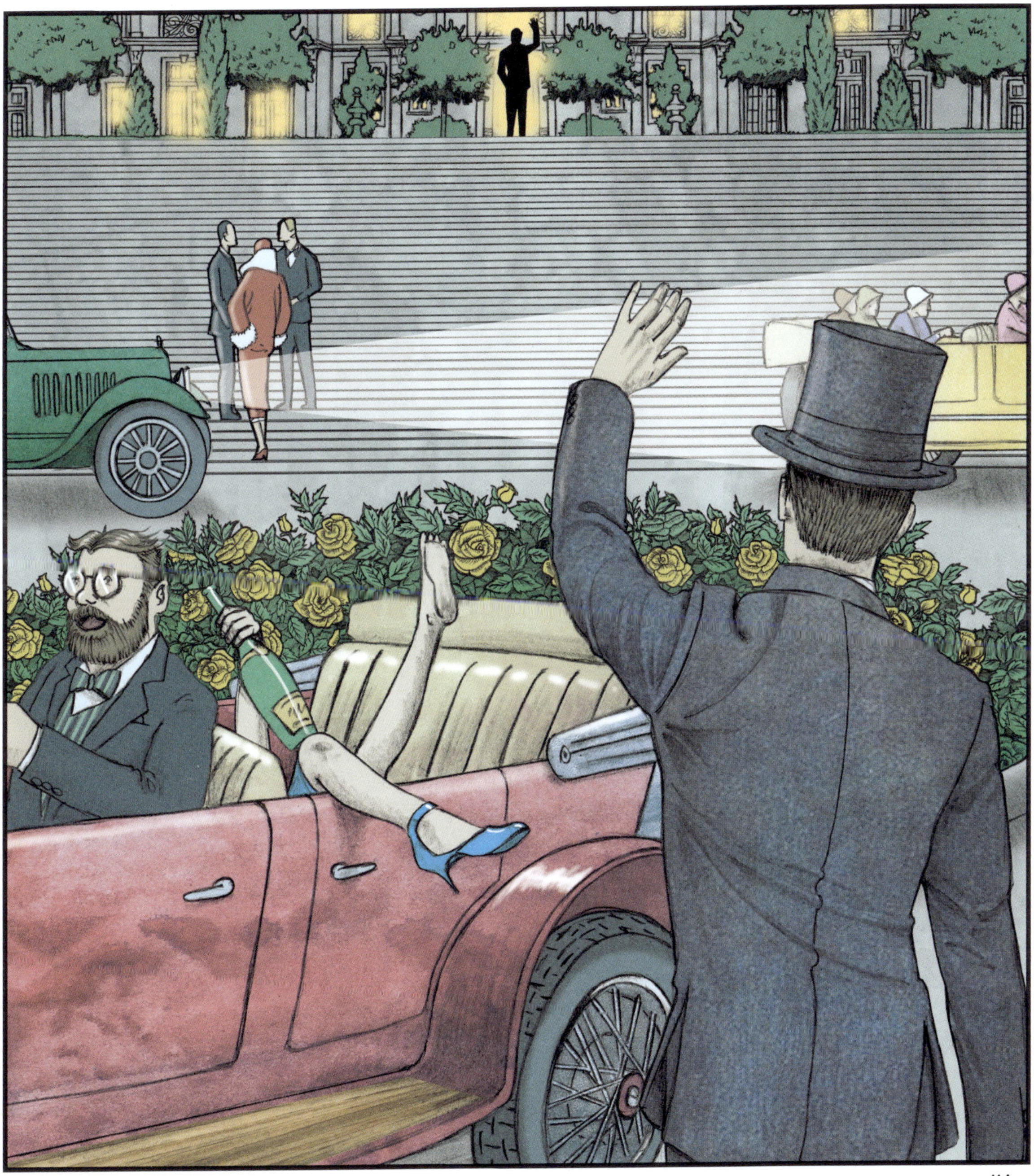

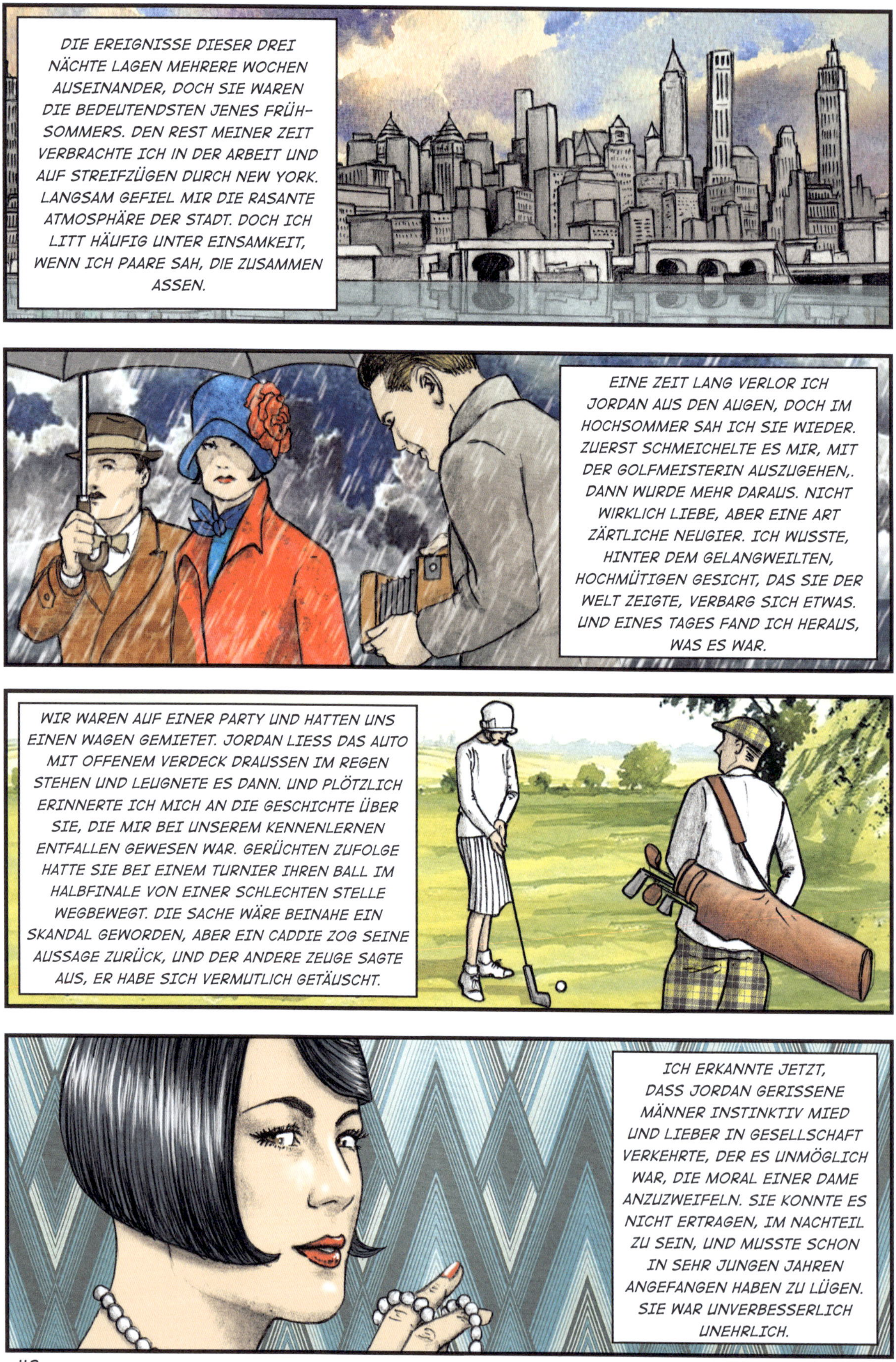
DIE EREIGNISSE DIESER DREI NÄCHTE LAGEN MEHRERE WOCHEN AUSEINANDER, DOCH SIE WAREN DIE BEDEUTENDSTEN JENES FRÜH-SOMMERS. DEN REST MEINER ZEIT VERBRACHTE ICH IN DER ARBEIT UND AUF STREIFZÜGEN DURCH NEW YORK. LANGSAM GEFIEL MIR DIE RASANTE ATMOSPHÄRE DER STADT. DOCH ICH LITT HÄUFIG UNTER EINSAMKEIT, WENN ICH PAARE SAH, DIE ZUSAMMEN ASSEN.
EINE ZEIT LANG VERLOR ICH JORDAN AUS DEN AUGEN, DOCH IM HOCHSOMMER SAH ICH SIE WIEDER. ZUERST SCHMEICHELTE ES MIR, MIT DER GOLFMEISTERIN AUSZUGEHEN,. DANN WURDE MEHR DARAUS. NICHT WIRKLICH LIEBE, ABER EINE ART ZÄRTLICHE NEUGIER. ICH WUSSTE, HINTER DEM GELANGWEILTEN, HOCHMÜTIGEN GESICHT, DAS SIE DER WELT ZEIGTE, VERBARG SICH ETWAS. UND EINES TAGES FAND ICH HERAUS, WAS ES WAR.
WIR WAREN AUF EINER PARTY UND HATTEN UNS EINEN WAGEN GEMIETET. JORDAN LIESS DAS AUTO MIT OFFENEM VERDECK DRAUSSEN IM REGEN STEHEN UND LEUGNETE ES DANN. UND PLÖTZLICH ERINNERTE ICH MICH AN DIE GESCHICHTE ÜBER SIE, DIE MIR BEI UNSEREM KENNENLERNEN ENTFALLEN GEWESEN WAR. GERÜCHTEN ZUFOLGE HATTE SIE BEI EINEM TURNIER IHREN BALL IM HALBFINALE VON EINER SCHLECHTEN STELLE WEGBEWEGT. DIE SACHE WÄRE BEINAHE EIN SKANDAL GEWORDEN, ABER EIN CADDIE ZOG SEINE AUSSAGE ZURÜCK, UND DER ANDERE ZEUGE SAGTE AUS, ER HABE SICH VERMUTLICH GETÄUSCHT.
ICH ERKANNTE JETZT, DASS JORDAN GERISSENE MÄNNER INSTINKTIV MIED UND LIEBER IN GESELLSCHAFT VERKEHRTE, DER ES UNMÖGLICH WAR, DIE MORAL EINER DAME ANZUZWEIFELN. SIE KONNTE ES NICHT ERTRAGEN, IM NACHTEIL ZU SEIN, UND MUSSTE SCHON IN SEHR JUNGEN JAHREN ANGEFANGEN HABEN ZU LÜGEN. SIE WAR UNVERBESSERLICH UNEHRLICH.

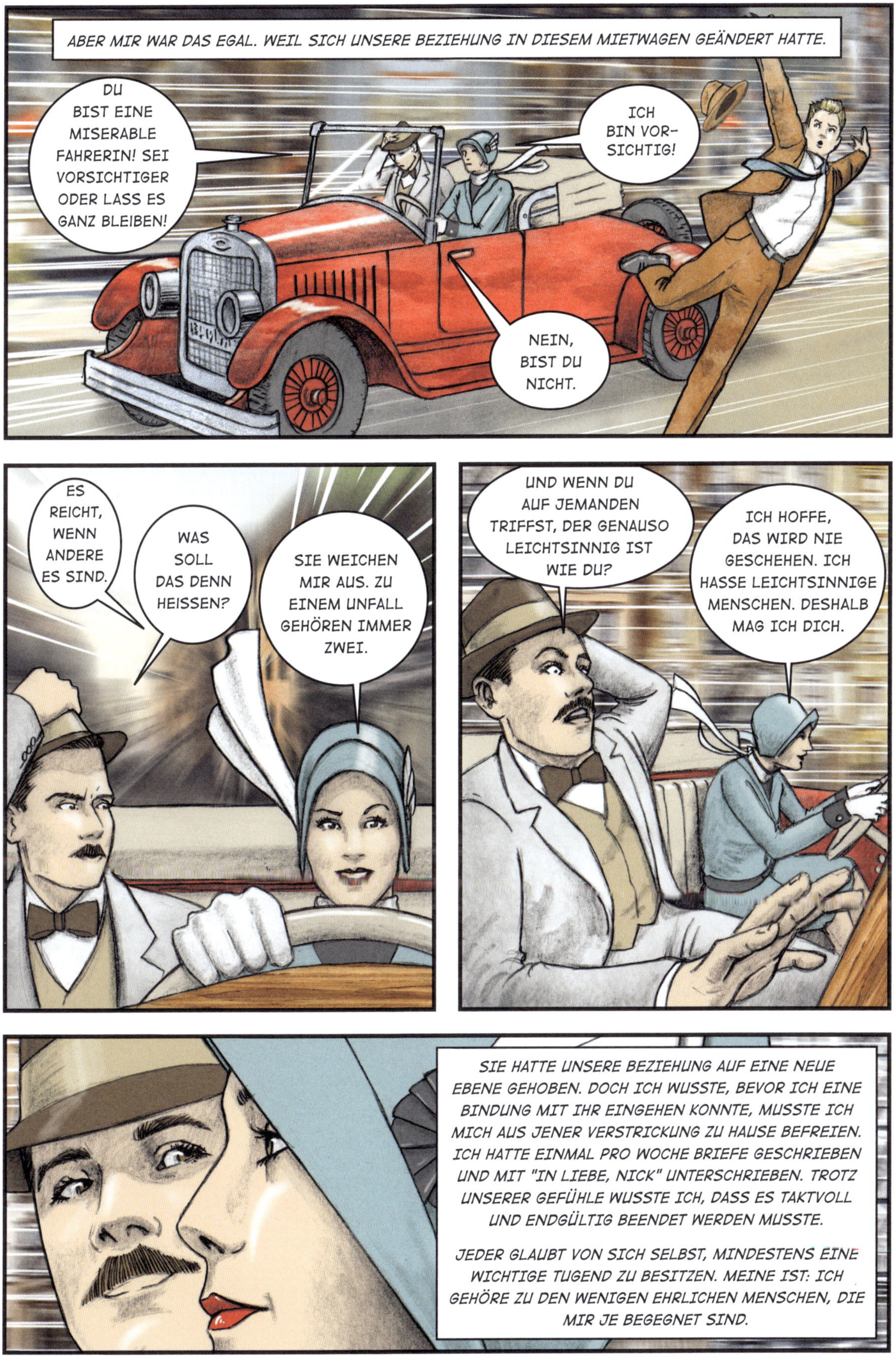
ABER MIR WAR DAS EGAL. WEIL SICH UNSERE BEZIEHUNG IN DIESEM MIETWAGEN GEÄNDERT HATTE.
DU BIST EINE MISERABLE FAHRERIN! SEI VORSICHTIGER ODER LASS ES GANZ BLEIBEN!
ICH BIN VORSICHTIG!
NEIN, BIST DU NICHT.
ES REICHT, WENN ANDERE ES SIND.
WAS SOLL DAS DENN HEISSEN?
SIE WEICHEN MIR AUS. ZU EINEM UNFALL GEHÖREN IMMER ZWEI.
UND WENN DU AUF JEMANDEN TRIFFST, DER GENAUSO LEICHTSINNIG IST WIE DU?
ICH HOFFE, DAS WIRD NIE GESCHEHEN. ICH HASSE LEICHTSINNIGE MENSCHEN. DESHALB MAG ICH DICH.
SIE HATTE UNSERE BEZIEHUNG AUF EINE NEUE EBENE GEHOBEN. DOCH ICH WUSSTE, BEVOR ICH EINE BINDUNG MIT IHR EINGEHEN KONNTE, MUSSTE ICH MICH AUS JENER VERSTRICKUNG ZU HAUSE BEFREIEN. ICH HATTE EINMAL PRO WOCHE BRIEFE GESCHRIEBEN UND MIT "IN LIEBE, NICK" UNTERSCHRIEBEN. TROTZ UNSERER GEFÜHLE WUSSTE ICH, DASS ES TAKTVOLL UND ENDGÜLTIG BEENDET WERDEN MUSSTE.
JEDER GLAUBT VON SICH SELBST, MINDESTENS EINE WICHTIGE TUGEND ZU BESITZEN. MEINE IST: ICH GEHÖRE ZU DEN WENIGEN EHRLICHEN MENSCHEN, DIE MIR JE BEGEGNET SIND.

KAPITEL 4

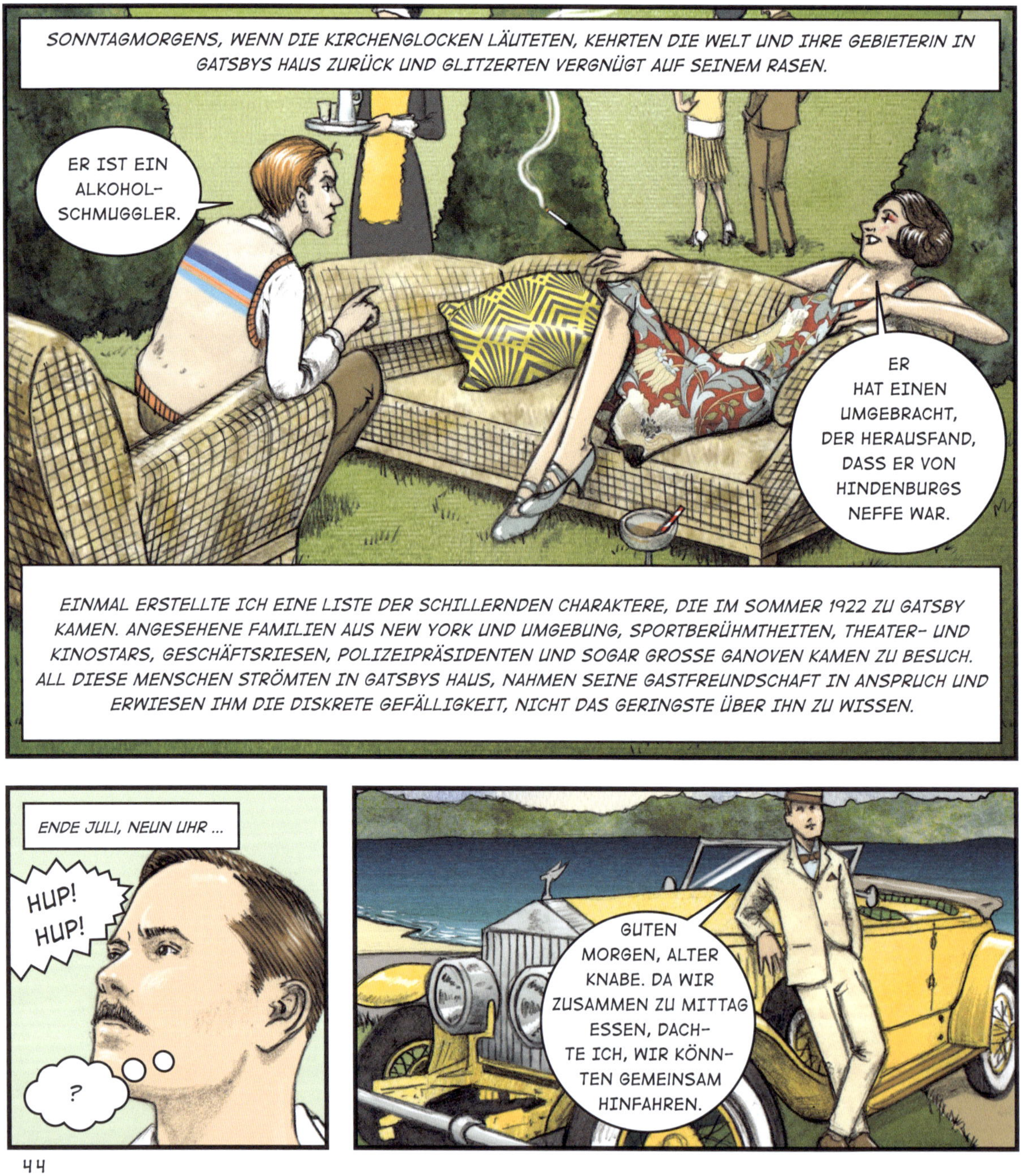
SONNTAGMORGENS, WENN DIE KIRCHENGLOCKEN LÄUTETEN, KEHRTEN DIE WELT UND IHRE GEBIETERIN IN GATSBYS HAUS ZURÜCK UND GLITZERTEN VERGNÜGT AUF SEINEM RASEN.
ER IST EIN ALKOHOL-SCHMUGGLER.
ER HAT EINEN UMGEBRACHT, DER HERAUSFAND, DASS ER VON HINDENBURGS NEFFE WAR.
EINMAL ERSTELLTE ICH EINE LISTE DER SCHILLERNDEN CHARAKTERE, DIE IM SOMMER 1922 ZU GATSBY KAMEN. ANGESEHENE FAMILIEN AUS NEW YORK UND UMGEBUNG, SPORTBERÜHMTHEITEN, THEATER- UND KINOSTARS, GESCHÄFTSRIESEN, POLIZEIPRÄSIDENTEN UND SOGAR GROSSE GANOVEN KAMEN ZU BESUCH. ALL DIESE MENSCHEN STRÖMTEN IN GATSBYS HAUS, NAHMEN SEINE GASTFREUNDSCHAFT IN ANSPRUCH UND ERWIESEN IHM DIE DISKRETE GEFÄLLIGKEIT, NICHT DAS GERINGSTE ÜBER IHN ZU WISSEN.
ENDE JULI, NEUN UHR ...
HUP! HUP!
?
GUTEN MORGEN, ALTER KNABE. DA WIR ZUSAMMEN ZU MITTAG ESSEN, DACHTE ICH, WIR KÖNNTEN GEMEINSAM HINFAHREN.

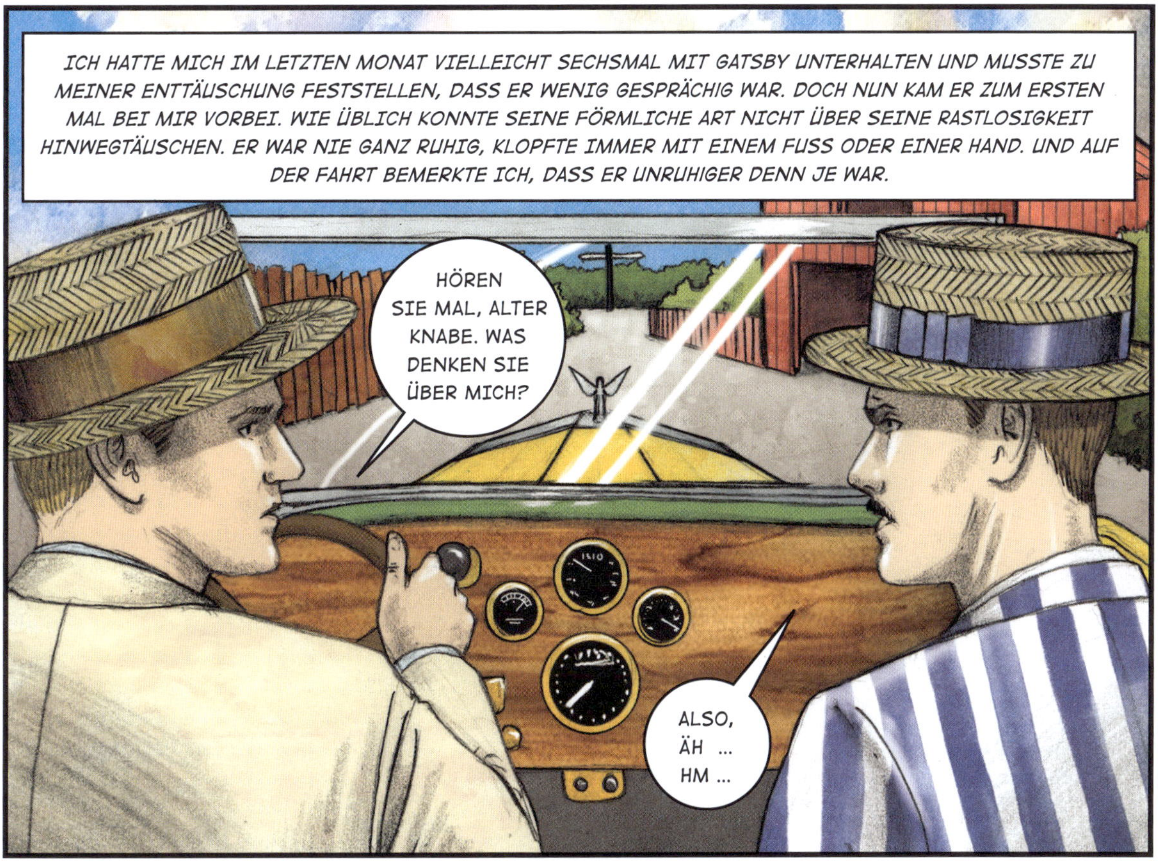
ICH HATTE MICH IM LETZTEN MONAT VIELLEICHT SECHSMAL MIT GATSBY UNTERHALTEN UND MUSSTE ZU MEINER ENTTÄUSCHUNG FESTSTELLEN, DASS ER WENIG GESPRÄCHIG WAR. DOCH NUN KAM ER ZUM ERSTEN MAL BEI MIR VORBEI. WIE ÜBLICH KONNTE SEINE FÖRMLICHE ART NICHT ÜBER SEINE RASTLOSIGKEIT HINWEGTÄUSCHEN. ER WAR NIE GANZ RUHIG, KLOPFTE IMMER MIT EINEM FUSS ODER EINER HAND. UND AUF DER FAHRT BEMERKTE ICH, DASS ER UNRUHIGER DENN JE WAR.
HÖREN SIE MAL, ALTER KNABE. WAS DENKEN SIE ÜBER MICH?
ALSO, ÄH ... HM ...

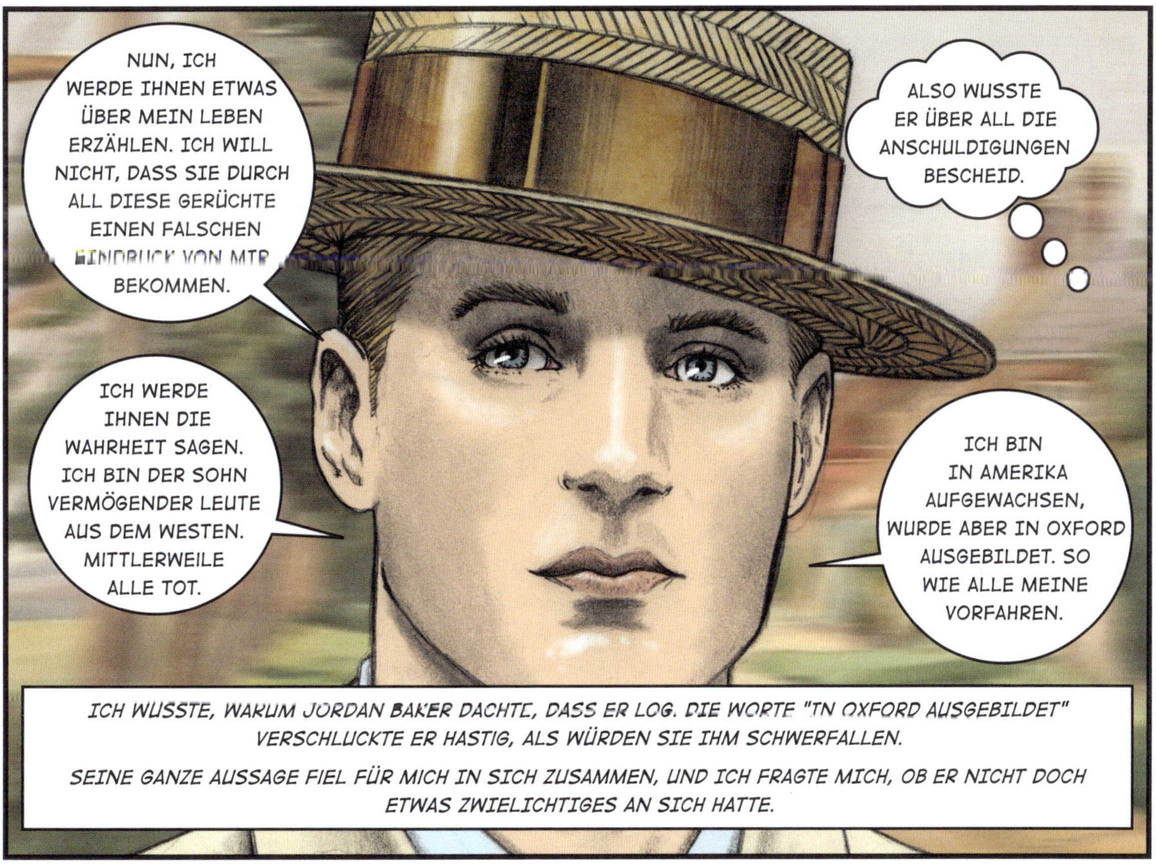
NUN, ICH WERDE IHNEN ETWAS ÜBER MEIN LEBEN ERZÄHLEN. ICH WILL NICHT, DASS SIE DURCH ALL DIESE GERÜCHTE EINEN FALSCHEN EINDRUCK VON MIR BEKOMMEN.
ALSO WUSSTE ER ÜBER ALL DIE ANSCHULDIGUNGEN BESCHEID.
ICH WERDE IHNEN DIE WAHRHEIT SAGEN. ICH BIN DER SOHN VERMÖGENDER LEUTE AUS DEM WESTEN. MITTLERWEILE ALLE TOT.
ICH BIN IN AMERIKA AUFGEWACHSEN, WURDE ABER IN OXFORD AUSGEBILDET. SO WIE ALLE MEINE VORFAHREN.
ICH WUSSTE, WARUM JORDAN BAKER DACHTE, DASS ER LOG. DIE WORTE "IN OXFORD AUSGEBILDET" VERSCHLUCKTE ER HASTIG, ALS WÜRDEN SIE IHM SCHWERFALLEN.
SEINE GANZE AUSSAGE FIEL FÜR MICH IN SICH ZUSAMMEN, UND ICH FRAGTE MICH, OB ER NICHT DOCH ETWAS ZWIELICHTIGES AN SICH HATTE.

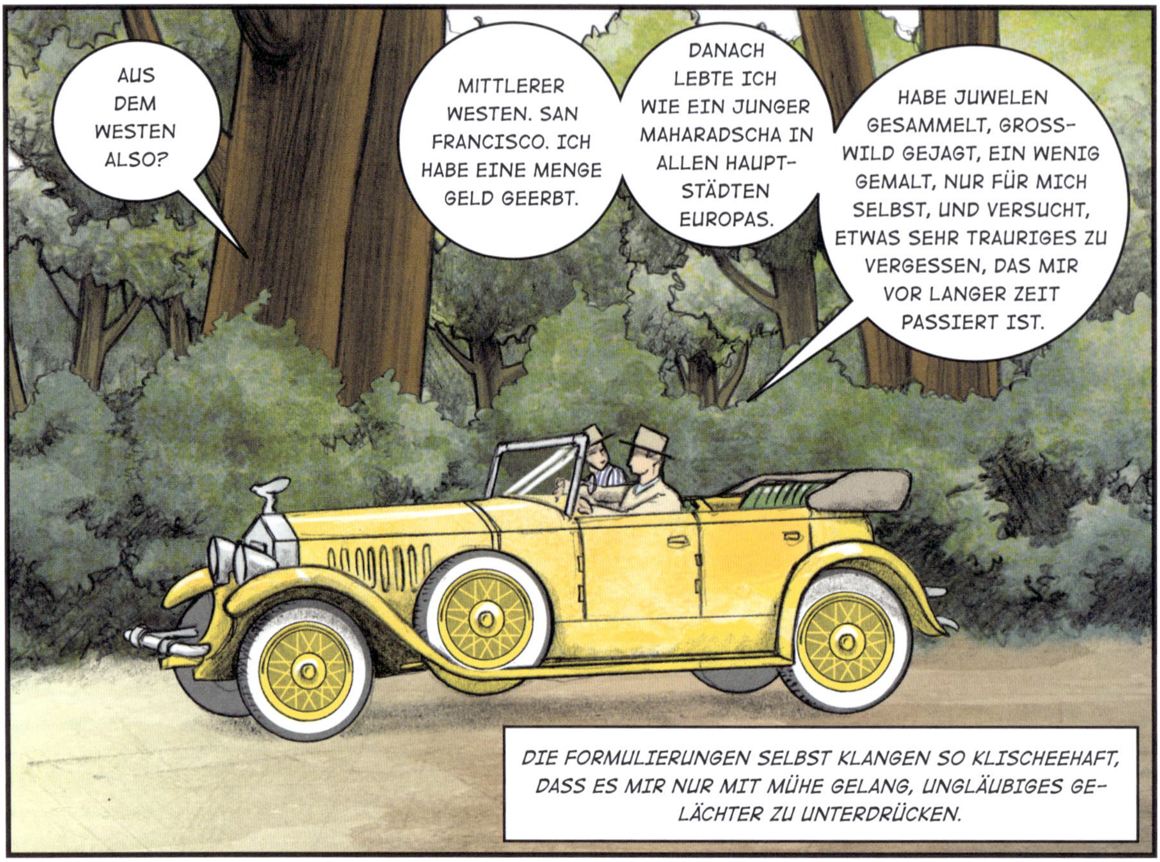
AUS DEM WESTEN ALSO?
MITTLERER WESTEN. SAN FRANCISCO. ICH HABE EINE MENGE GELD GEERBT.
DANACH LEBTE ICH WIE EIN JUNGER MAHARADSCHA IN ALLEN HAUPTSTÄDTEN EUROPAS.
HABE JUWELEN GESAMMELT, GROSSWILD GEJAGT, EIN WENIG GEMALT, NUR FÜR MICH SELBST, UND VERSUCHT, ETWAS SEHR TRAURIGES ZU VERGESSEN, DAS MIR VOR LANGER ZEIT PASSIERT IST.
DIE FORMULIERUNGEN SELBST KLANGEN SO KLISCHEEHAFT, DASS ES MIR NUR MIT MÜHE GELANG, UNGLÄUBIGES GELÄCHTER ZU UNTERDRÜCKEN.

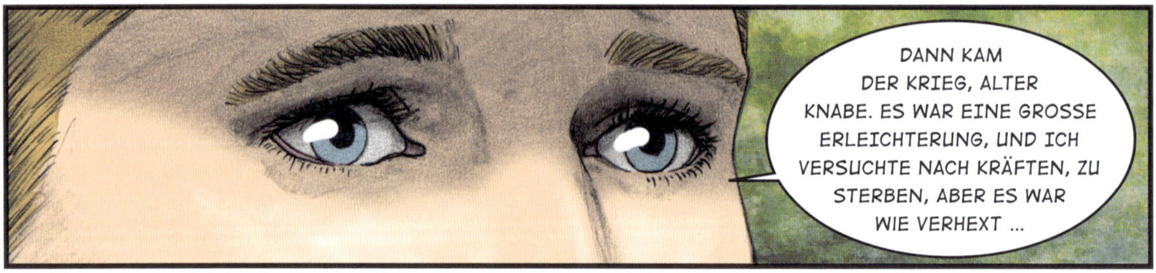
DANN KAM DER KRIEG, ALTER KNABE. ES WAR EINE GROSSE ERLEICHTERUNG, UND ICH VERSUCHTE NACH KRÄFTEN, ZU STERBEN, ABER ES WAR WIE VERHEXT …

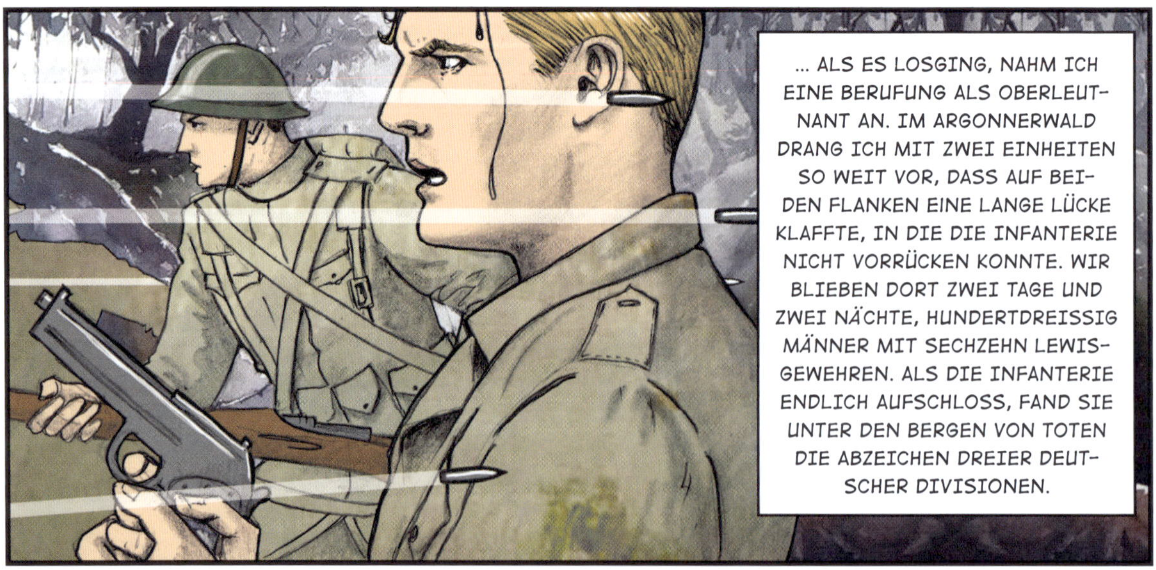
… ALS ES LOSGING, NAHM ICH EINE BERUFUNG ALS OBERLEUTNANT AN. IM ARGONNERWALD DRANG ICH MIT ZWEI EINHEITEN SO WEIT VOR, DASS AUF BEIDEN FLANKEN EINE LANGE LÜCKE KLAFFTE, IN DIE DIE INFANTERIE NICHT VORRÜCKEN KONNTE. WIR BLIEBEN DORT ZWEI TAGE UND ZWEI NÄCHTE, HUNDERTDREISSIG MÄNNER MIT SECHZEHN LEWISGEWEHREN. ALS DIE INFANTERIE ENDLICH AUFSCHLOSS, FAND SIE UNTER DEN BERGEN VON TOTEN DIE ABZEICHEN DREIER DEUTSCHER DIVISIONEN.

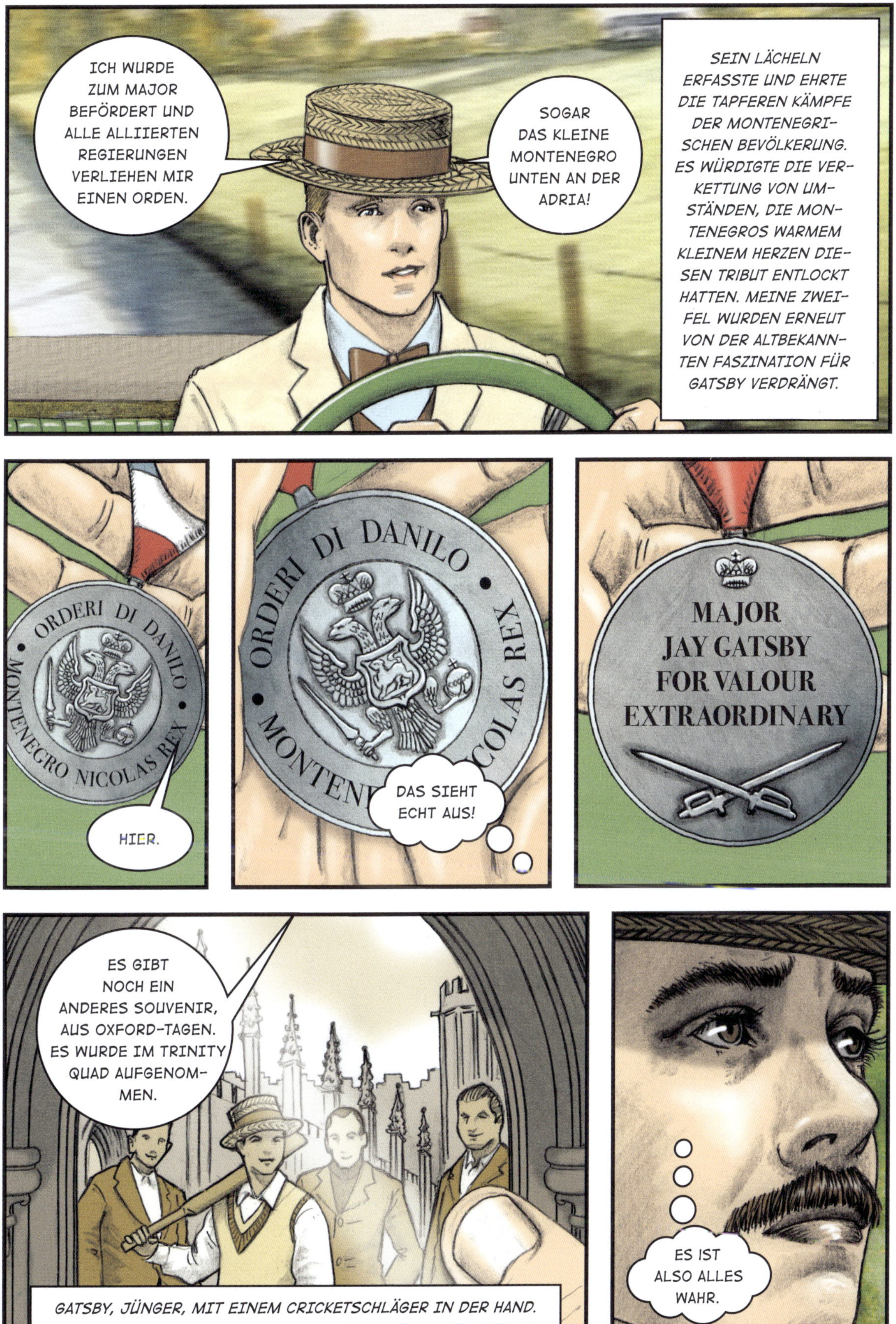
ICH WURDE ZUM MAJOR BEFÖRDERT UND ALLE ALLIIERTEN REGIERUNGEN VERLIEHEN MIR EINEN ORDEN.
SOGAR DAS KLEINE MONTENEGRO UNTEN AN DER ADRIA!
SEIN LÄCHELN ERFASSTE UND EHRTE DIE TAPFEREN KÄMPFE DER MONTENEGRI-SCHEN BEVÖLKERUNG. ES WÜRDIGTE DIE VER-KETTUNG VON UM-STÄNDEN, DIE MON-TENEGROS WARMEM KLEINEM HERZEN DIE-SEN TRIBUT ENTLOCKT HATTEN. MEINE ZWEI-FEL WURDEN ERNEUT VON DER ALTBEKANN-TEN FASZINATION FÜR GATSBY VERDRÄNGT.
ORDERI DI DANILO MONTENEGRO NICOLAS REX
HIER.
ORDERI DI DANILO
DAS SIEHT ECHT AUS!
MAJOR JAY GATSBY FOR VALOUR EXTRAORDINARY
ES GIBT NOCH EIN ANDERES SOUVENIR, AUS OXFORD-TAGEN. ES WURDE IM TRINITY QUAD AUFGENOM-MEN.
GATSBY, JÜNGER, MIT EINEM CRICKETSCHLÄGER IN DER HAND.
ES IST ALSO ALLES WAHR.

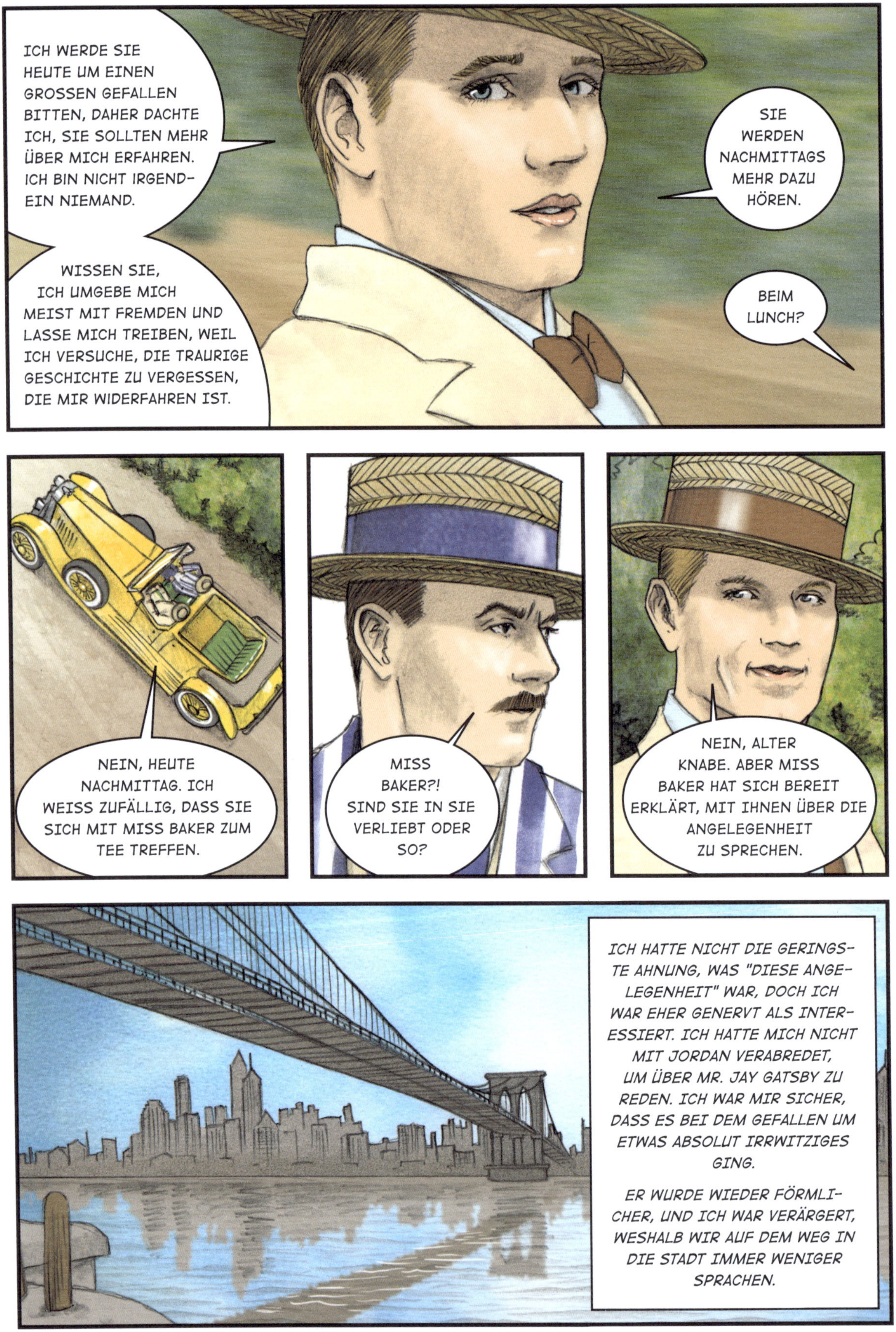
ICH WERDE SIE HEUTE UM EINEN GROSSEN GEFALLEN BITTEN, DAHER DACHTE ICH, SIE SOLLTEN MEHR ÜBER MICH ERFAHREN. ICH BIN NICHT IRGEND-EIN NIEMAND.
WISSEN SIE, ICH UMGEBE MICH MEIST MIT FREMDEN UND LASSE MICH TREIBEN, WEIL ICH VERSUCHE, DIE TRAURIGE GESCHICHTE ZU VERGESSEN, DIE MIR WIDERFAHREN IST.
SIE WERDEN NACHMITTAGS MEHR DAZU HÖREN.
BEIM LUNCH?
NEIN, HEUTE NACHMITTAG. ICH WEISS ZUFÄLLIG, DASS SIE SICH MIT MISS BAKER ZUM TEE TREFFEN.
MISS BAKER?! SIND SIE IN SIE VERLIEBT ODER SO?
NEIN, ALTER KNABE. ABER MISS BAKER HAT SICH BEREIT ERKLÄRT, MIT IHNEN ÜBER DIE ANGELEGENHEIT ZU SPRECHEN.
ICH HATTE NICHT DIE GERINGSTE AHNUNG, WAS "DIESE ANGELEGENHEIT" WAR, DOCH ICH WAR EHER GENERVT ALS INTERESSIERT. ICH HATTE MICH NICHT MIT JORDAN VERABREDET, UM ÜBER MR. JAY GATSBY ZU REDEN. ICH WAR MIR SICHER, DASS ES BEI DEM GEFALLEN UM ETWAS ABSOLUT IRRWITZIGES GING.
ER WURDE WIEDER FÖRMLICHER, UND ICH WAR VERÄRGERT, WESHALB WIR AUF DEM WEG IN DIE STADT IMMER WENIGER SPRACHEN.

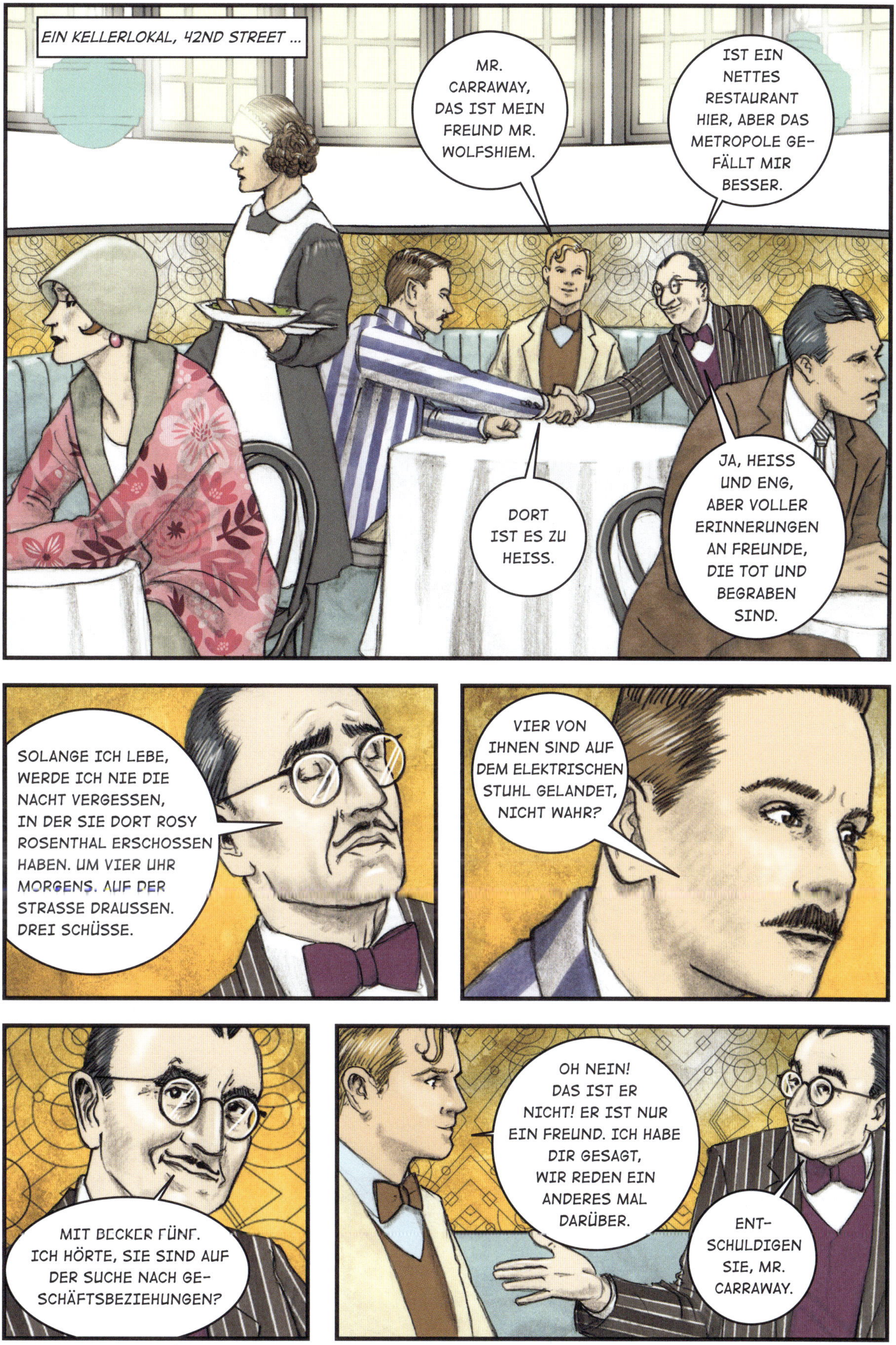
EIN KELLERLOKAL, 42ND STREET ...
MR. CARRAWAY, DAS IST MEIN FREUND MR. WOLFSHIEM.
IST EIN NETTES RESTAURANT HIER, ABER DAS METROPOLE GEFÄLLT MIR BESSER.
DORT IST ES ZU HEISS.
JA, HEISS UND ENG, ABER VOLLER ERINNERUNGEN AN FREUNDE, DIE TOT UND BEGRABEN SIND.
SOLANGE ICH LEBE, WERDE ICH NIE DIE NACHT VERGESSEN, IN DER SIE DORT ROSY ROSENTHAL ERSCHOSSEN HABEN. UM VIER UHR MORGENS. AUF DER STRASSE DRAUSSEN. DREI SCHÜSSE.
VIER VON IHNEN SIND AUF DEM ELEKTRISCHEN STUHL GELANDET, NICHT WAHR?
MIT BECKER FÜNF. ICH HÖRTE, SIE SIND AUF DER SUCHE NACH GESCHÄFTSBEZIEHUNGEN?
OH NEIN! DAS IST ER NICHT! ER IST NUR EIN FREUND. ICH HABE DIR GESAGT, WIR REDEN EIN ANDERES MAL DARÜBER.
ENTSCHULDIGEN SIE, MR. CARRAWAY.

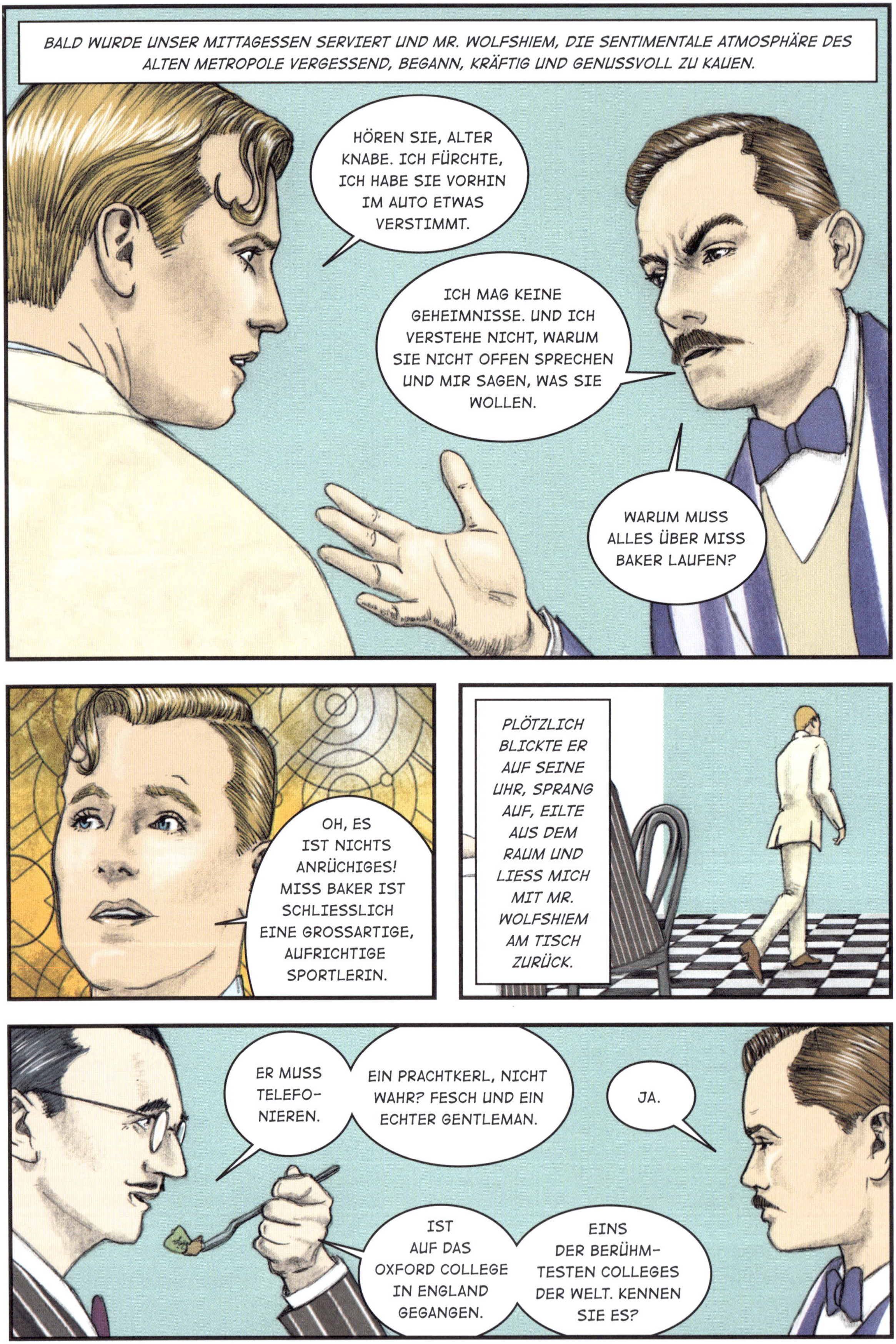
BALD WURDE UNSER MITTAGESSEN SERVIERT UND MR. WOLFSHIEM, DIE SENTIMENTALE ATMOSPHÄRE DES ALTEN METROPOLE VERGESSEND, BEGANN, KRÄFTIG UND GENUSSVOLL ZU KAUEN.
HÖREN SIE, ALTER KNABE. ICH FÜRCHTE, ICH HABE SIE VORHIN IM AUTO ETWAS VERSTIMMT.
ICH MAG KEINE GEHEIMNISSE. UND ICH VERSTEHE NICHT, WARUM SIE NICHT OFFEN SPRECHEN UND MIR SAGEN, WAS SIE WOLLEN.
WARUM MUSS ALLES ÜBER MISS BAKER LAUFEN?
OH, ES IST NICHTS ANRÜCHIGES! MISS BAKER IST SCHLIESSLICH EINE GROSSARTIGE, AUFRICHTIGE SPORTLERIN.
PLÖTZLICH BLICKTE ER AUF SEINE UHR, SPRANG AUF, EILTE AUS DEM RAUM UND LIESS MICH MIT MR. WOLFSHIEM AM TISCH ZURÜCK.
ER MUSS TELEFO-NIEREN.
EIN PRACHTKERL, NICHT WAHR? FESCH UND EIN ECHTER GENTLEMAN.
JA.
IST AUF DAS OXFORD COLLEGE IN ENGLAND GEGANGEN.
EINS DER BERÜHM-TESTEN COLLEGES DER WELT. KENNEN SIE ES?

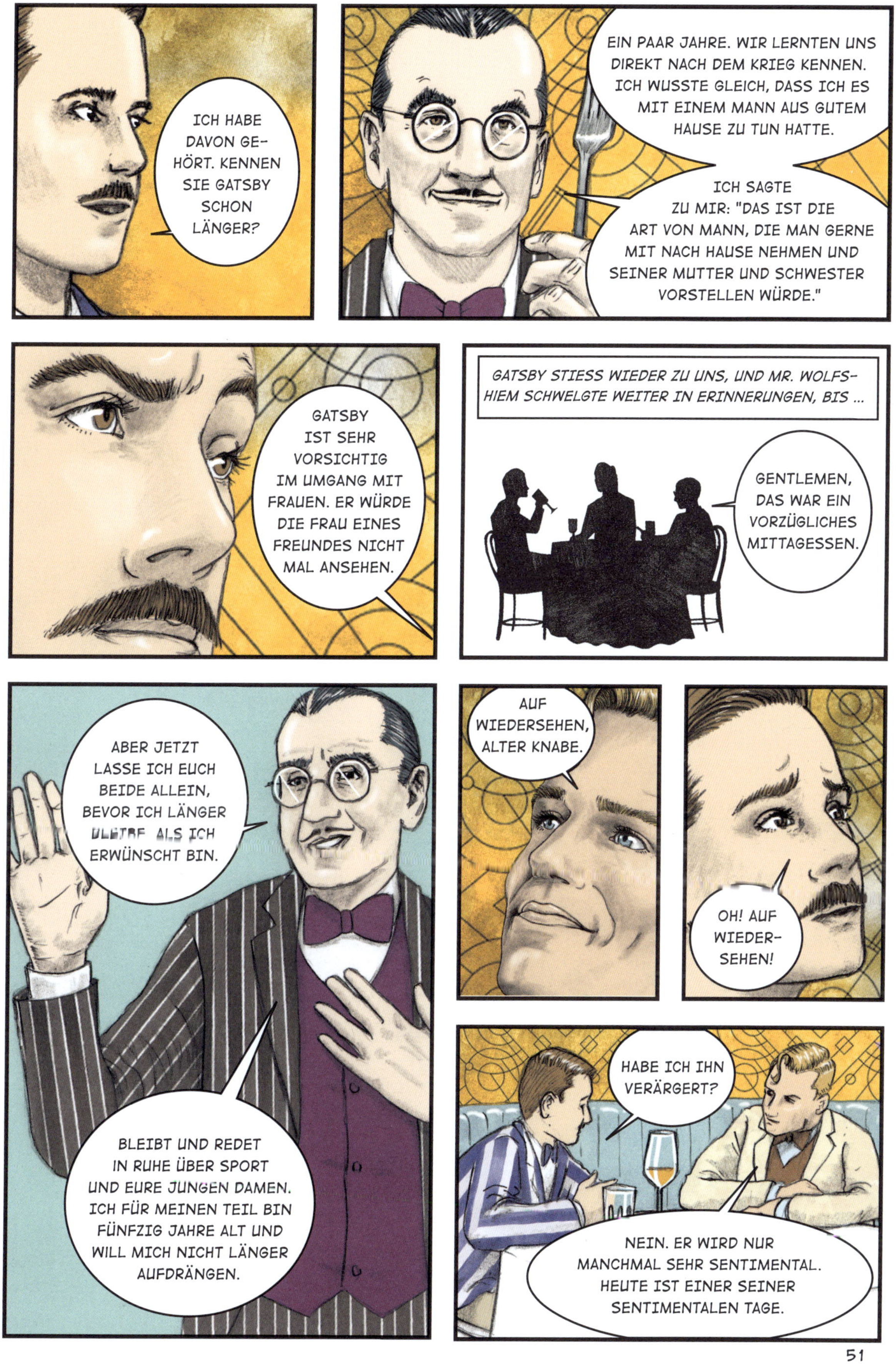
ICH HABE DAVON GEHÖRT. KENNEN SIE GATSBY SCHON LÄNGER?
EIN PAAR JAHRE. WIR LERNTEN UNS DIREKT NACH DEM KRIEG KENNEN. ICH WUSSTE GLEICH, DASS ICH ES MIT EINEM MANN AUS GUTEM HAUSE ZU TUN HATTE.
ICH SAGTE ZU MIR: "DAS IST DIE ART VON MANN, DIE MAN GERNE MIT NACH HAUSE NEHMEN UND SEINER MUTTER UND SCHWESTER VORSTELLEN WÜRDE."
GATSBY IST SEHR VORSICHTIG IM UMGANG MIT FRAUEN. ER WÜRDE DIE FRAU EINES FREUNDES NICHT MAL ANSEHEN.
GATSBY STIESS WIEDER ZU UNS, UND MR. WOLFSHIEM SCHWELGTE WEITER IN ERINNERUNGEN, BIS ...
GENTLEMEN, DAS WAR EIN VORZÜGLICHES MITTAGESSEN.
ABER JETZT LASSE ICH EUCH BEIDE ALLEIN, BEVOR ICH LÄNGER BLEIBE ALS ICH ERWÜNSCHT BIN.
BLEIBT UND REDET IN RUHE ÜBER SPORT UND EURE JUNGEN DAMEN. ICH FÜR MEINEN TEIL BIN FÜNFZIG JAHRE ALT UND WILL MICH NICHT LÄNGER AUFDRÄNGEN.
AUF WIEDERSEHEN, ALTER KNABE.
OH! AUF WIEDERSEHEN!
HABE ICH IHN VERÄRGERT?
NEIN. ER WIRD NUR MANCHMAL SEHR SENTIMENTAL. HEUTE IST EINER SEINER SENTIMENTALEN TAGE.

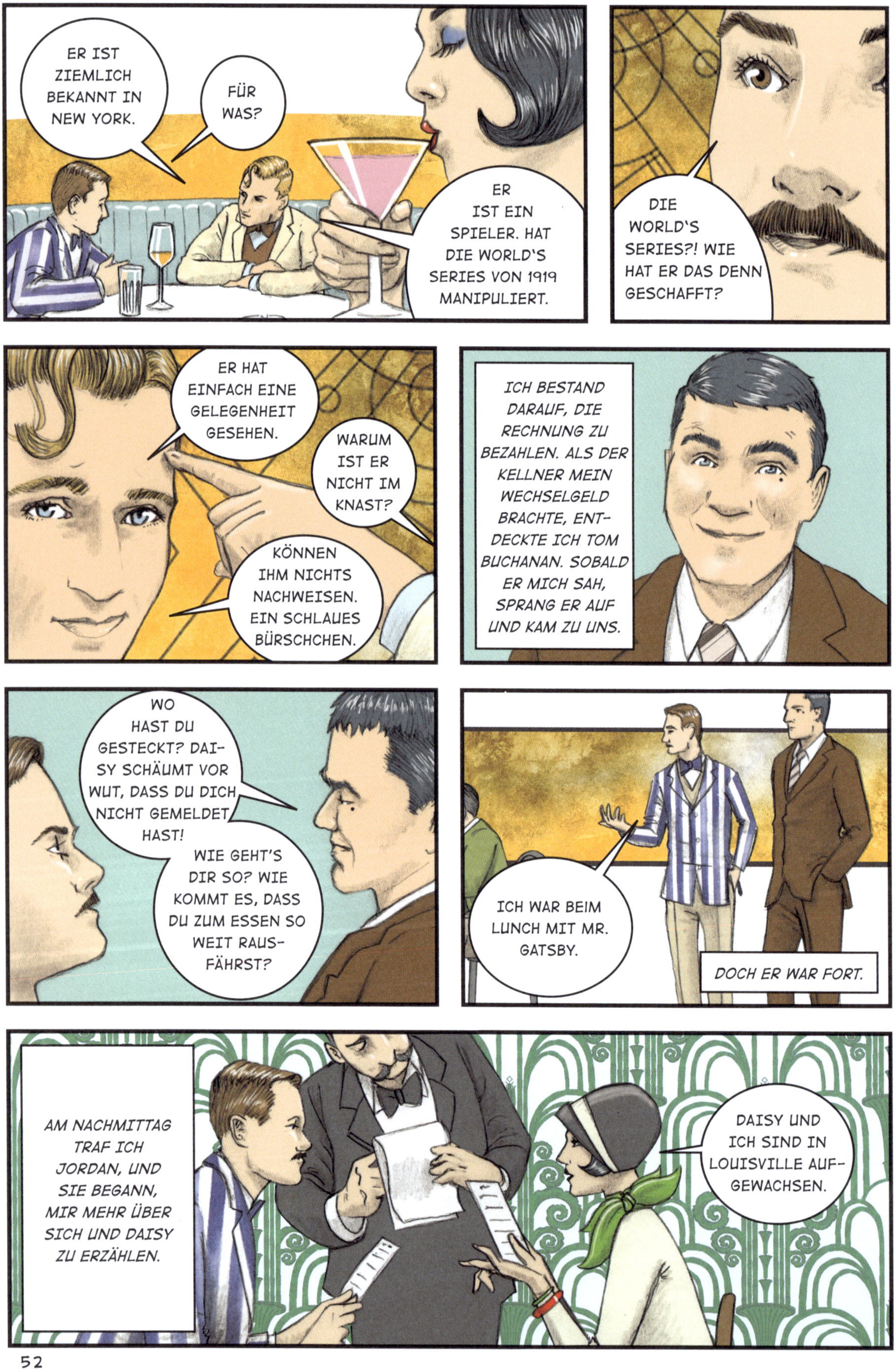
ER IST ZIEMLICH BEKANNT IN NEW YORK.
FÜR WAS?
ER IST EIN SPIELER. HAT DIE WORLD'S SERIES VON 1919 MANIPULIERT.
DIE WORLD'S SERIES?! WIE HAT ER DAS DENN GESCHAFFT?
ER HAT EINFACH EINE GELEGENHEIT GESEHEN.
WARUM IST ER NICHT IM KNAST?
KÖNNEN IHM NICHTS NACHWEISEN. EIN SCHLAUES BÜRSCHCHEN.
ICH BESTAND DARAUF, DIE RECHNUNG ZU BEZAHLEN. ALS DER KELLNER MEIN WECHSELGELD BRACHTE, ENTDECKTE ICH TOM BUCHANAN. SOBALD ER MICH SAH, SPRANG ER AUF UND KAM ZU UNS.
WO HAST DU GESTECKT? DAISY SCHÄUMT VOR WUT, DASS DU DICH NICHT GEMELDET HAST!
WIE GEHT'S DIR SO? WIE KOMMT ES, DASS DU ZUM ESSEN SO WEIT RAUSFÄHRST?
ICH WAR BEIM LUNCH MIT MR. GATSBY.
DOCH ER WAR FORT.
AM NACHMITTAG TRAF ICH JORDAN, UND SIE BEGANN, MIR MEHR ÜBER SICH UND DAISY ZU ERZÄHLEN.
DAISY UND ICH SIND IN LOUISVILLE AUFGEWACHSEN.

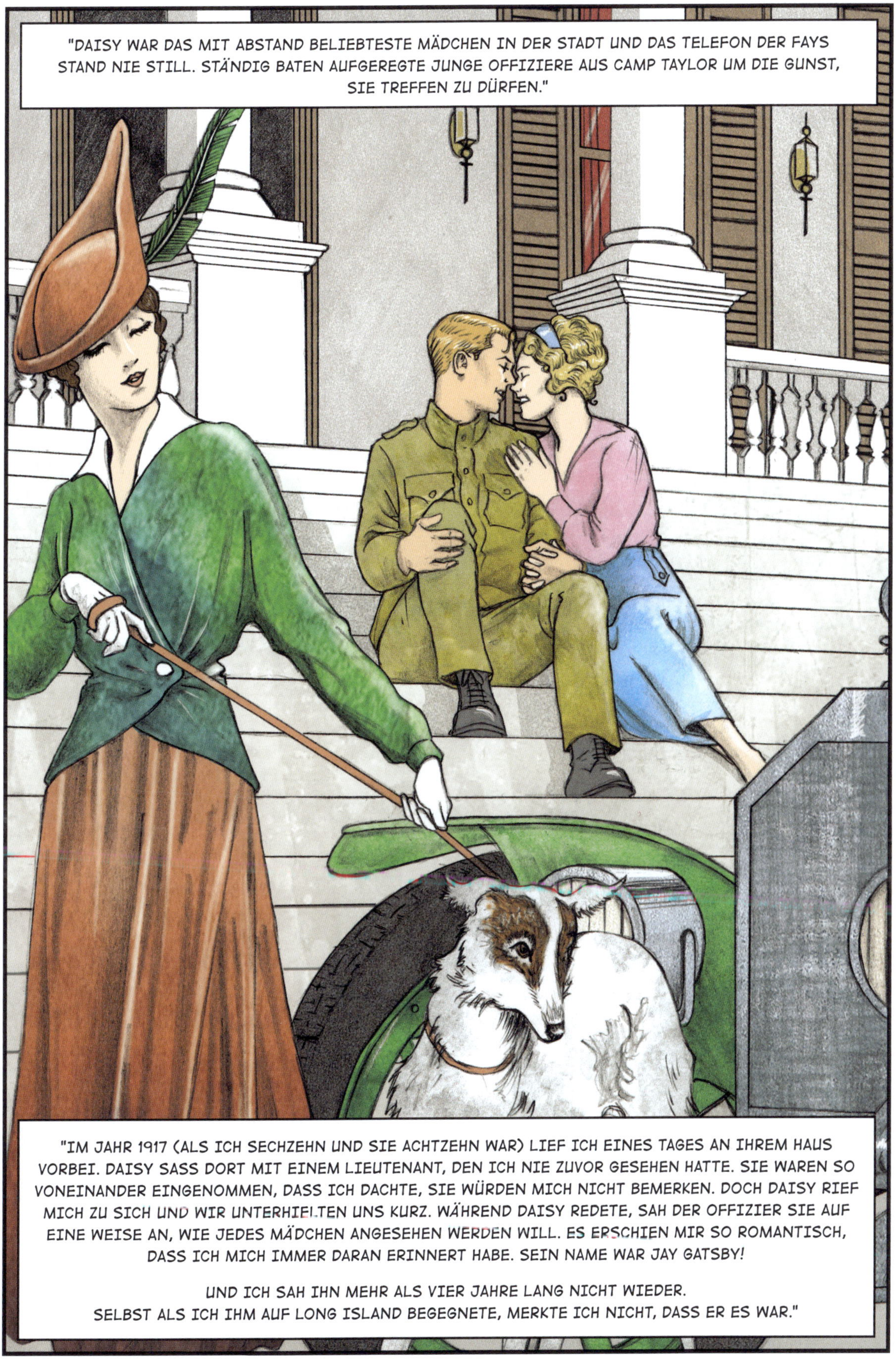
"DAISY WAR DAS MIT ABSTAND BELIEBTESTE MÄDCHEN IN DER STADT UND DAS TELEFON DER FAYS STAND NIE STILL. STÄNDIG BATEN AUFGEREGTE JUNGE OFFIZIERE AUS CAMP TAYLOR UM DIE GUNST, SIE TREFFEN ZU DÜRFEN."
"IM JAHR 1917 (ALS ICH SECHZEHN UND SIE ACHTZEHN WAR) LIEF ICH EINES TAGES AN IHREM HAUS VORBEI. DAISY SASS DORT MIT EINEM LIEUTENANT, DEN ICH NIE ZUVOR GESEHEN HATTE. SIE WAREN SO VONEINANDER EINGENOMMEN, DASS ICH DACHTE, SIE WÜRDEN MICH NICHT BEMERKEN. DOCH DAISY RIEF MICH ZU SICH UND WIR UNTERHIELTEN UNS KURZ. WÄHREND DAISY REDETE, SAH DER OFFIZIER SIE AUF EINE WEISE AN, WIE JEDES MÄDCHEN ANGESEHEN WERDEN WILL. ES ERSCHIEN MIR SO ROMANTISCH, DASS ICH MICH IMMER DARAN ERINNERT HABE. SEIN NAME WAR JAY GATSBY!
UND ICH SAH IHN MEHR ALS VIER JAHRE LANG NICHT WIEDER. SELBST ALS ICH IHM AUF LONG ISLAND BEGEGNETE, MERKTE ICH NICHT, DASS ER ES WAR."

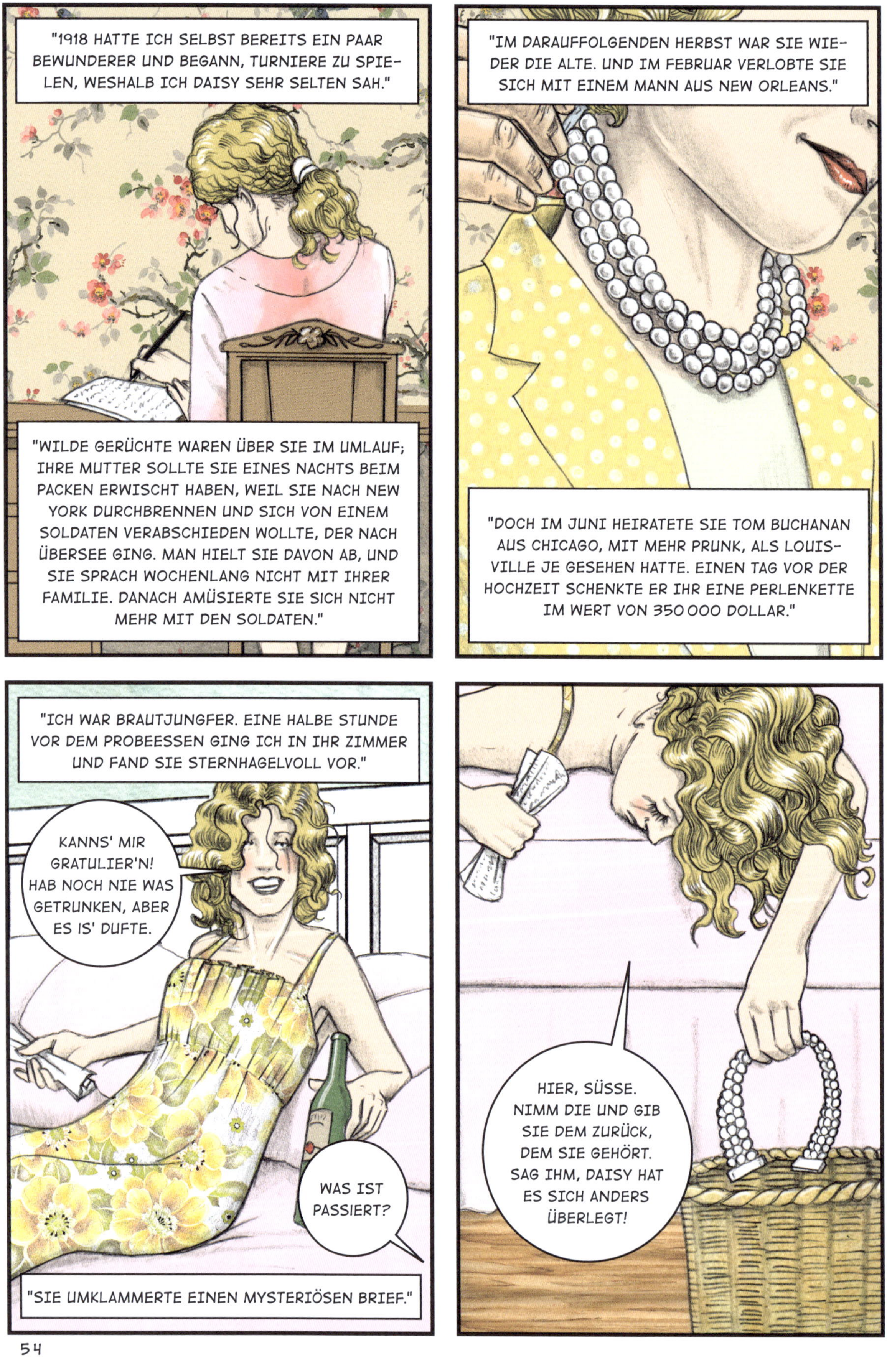
"1918 HATTE ICH SELBST BEREITS EIN PAAR BEWUNDERER UND BEGANN, TURNIERE ZU SPIELEN, WESHALB ICH DAISY SEHR SELTEN SAH."
"WILDE GERÜCHTE WAREN ÜBER SIE IM UMLAUF; IHRE MUTTER SOLLTE SIE EINES NACHTS BEIM PACKEN ERWISCHT HABEN, WEIL SIE NACH NEW YORK DURCHBRENNEN UND SICH VON EINEM SOLDATEN VERABSCHIEDEN WOLLTE, DER NACH ÜBERSEE GING. MAN HIELT SIE DAVON AB, UND SIE SPRACH WOCHENLANG NICHT MIT IHRER FAMILIE. DANACH AMÜSIERTE SIE SICH NICHT MEHR MIT DEN SOLDATEN."
"IM DARAUFFOLGENDEN HERBST WAR SIE WIEDER DIE ALTE. UND IM FEBRUAR VERLOBTE SIE SICH MIT EINEM MANN AUS NEW ORLEANS."
"DOCH IM JUNI HEIRATETE SIE TOM BUCHANAN AUS CHICAGO, MIT MEHR PRUNK, ALS LOUISVILLE JE GESEHEN HATTE. EINEN TAG VOR DER HOCHZEIT SCHENKTE ER IHR EINE PERLENKETTE IM WERT VON 350 000 DOLLAR."
"ICH WAR BRAUTJUNGFER. EINE HALBE STUNDE VOR DEM PROBEESSEN GING ICH IN IHR ZIMMER UND FAND SIE STERNHAGELVOLL VOR."
KANNS' MIR GRATULIER'N! HAB NOCH NIE WAS GETRUNKEN, ABER ES IS' DUFTE.
WAS IST PASSIERT?
"SIE UMKLAMMERTE EINEN MYSTERIÖSEN BRIEF."
HIER, SÜSSE. NIMM DIE UND GIB SIE DEM ZURÜCK, DEM SIE GEHÖRT. SAG IHM, DAISY HAT ES SICH ANDERS ÜBERLEGT!

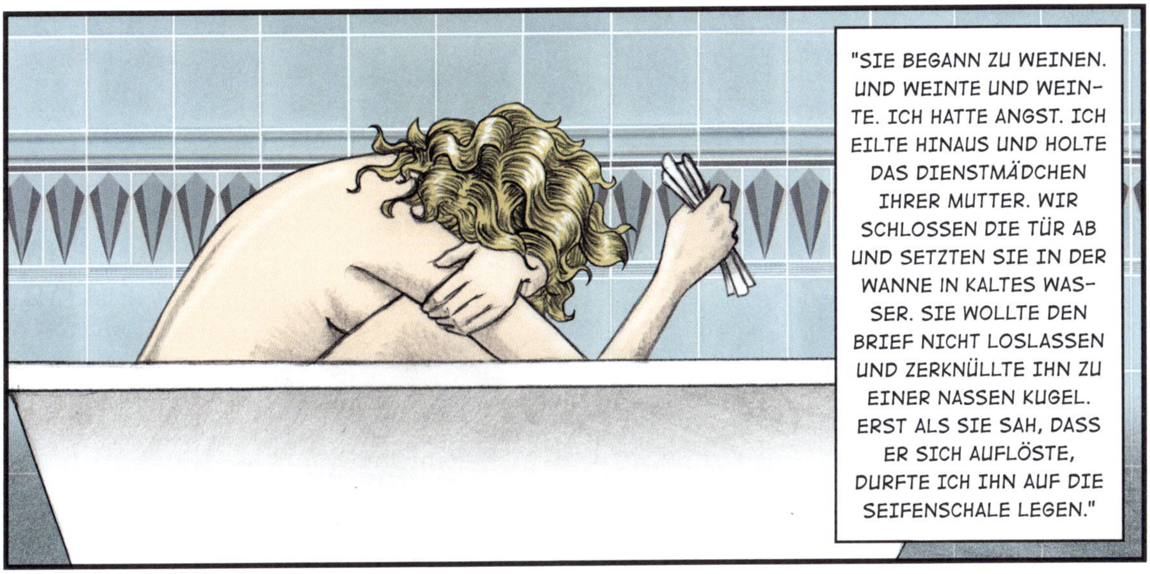
"SIE BEGANN ZU WEINEN. UND WEINTE UND WEINTE. ICH HATTE ANGST. ICH EILTE HINAUS UND HOLTE DAS DIENSTMÄDCHEN IHRER MUTTER. WIR SCHLOSSEN DIE TÜR AB UND SETZTEN SIE IN DER WANNE IN KALTES WASSER. SIE WOLLTE DEN BRIEF NICHT LOSLASSEN UND ZERKNÜLLTE IHN ZU EINER NASSEN KUGEL. ERST ALS SIE SAH, DASS ER SICH AUFLÖSTE, DURFTE ICH IHN AUF DIE SEIFENSCHALE LEGEN."

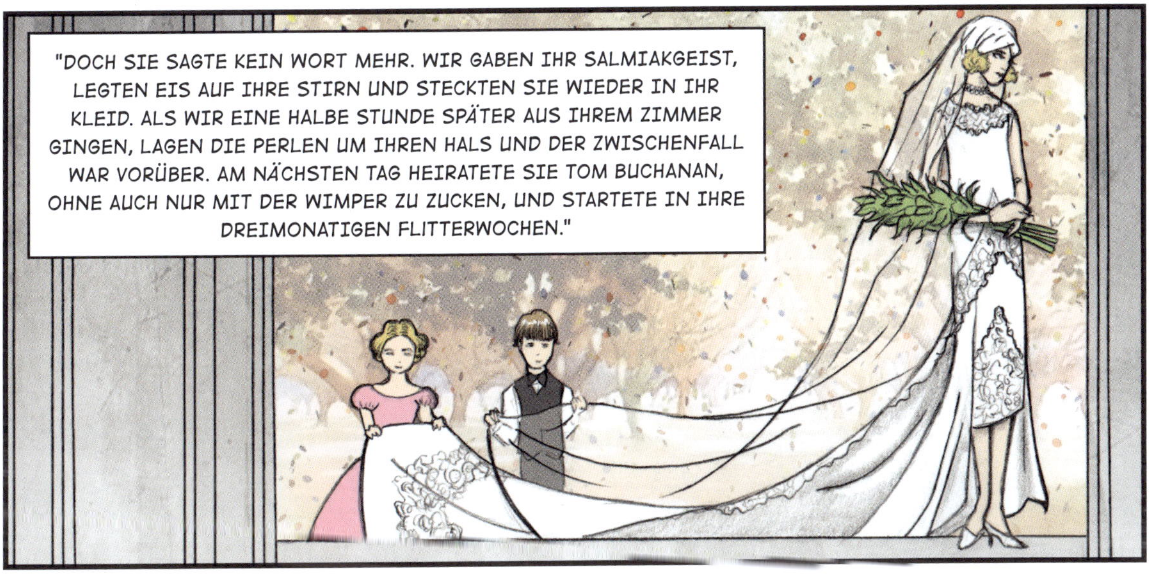
"DOCH SIE SAGTE KEIN WORT MEHR. WIR GABEN IHR SALMIAKGEIST, LEGTEN EIS AUF IHRE STIRN UND STECKTEN SIE WIEDER IN IHR KLEID. ALS WIR EINE HALBE STUNDE SPÄTER AUS IHREM ZIMMER GINGEN, LAGEN DIE PERLEN UM IHREN HALS UND DER ZWISCHENFALL WAR VORÜBER. AM NÄCHSTEN TAG HEIRATETE SIE TOM BUCHANAN, OHNE AUCH NUR MIT DER WIMPER ZU ZUCKEN, UND STARTETE IN IHRE DREIMONATIGEN FLITTERWOCHEN."

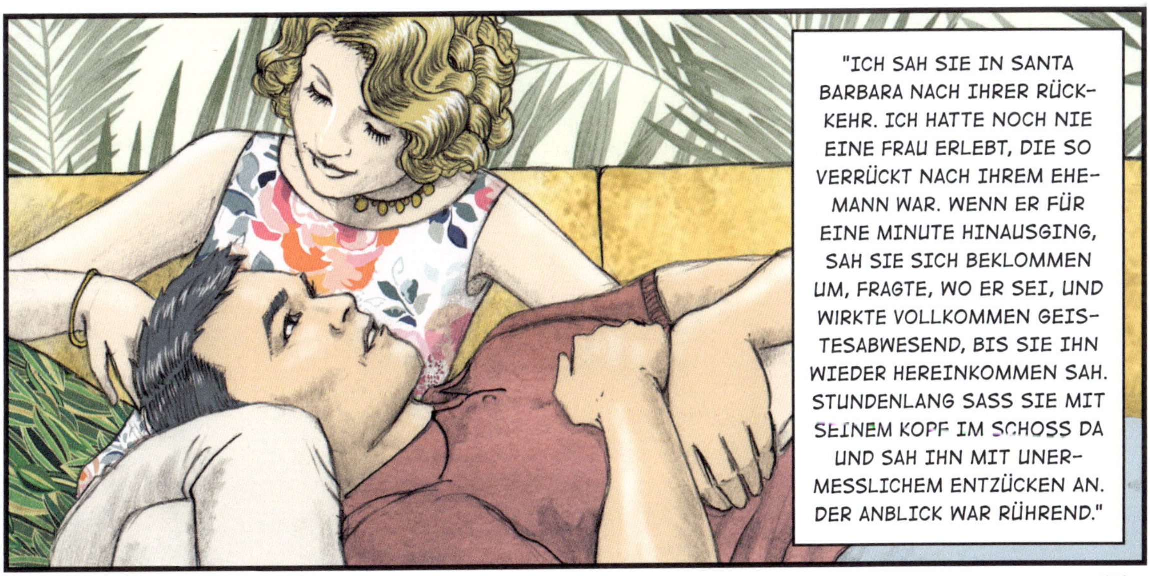
"ICH SAH SIE IN SANTA BARBARA NACH IHRER RÜCKKEHR. ICH HATTE NOCH NIE EINE FRAU ERLEBT, DIE SO VERRÜCKT NACH IHREM EHEMANN WAR. WENN ER FÜR EINE MINUTE HINAUSGING, SAH SIE SICH BEKLOMMEN UM, FRAGTE, WO ER SEI, UND WIRKTE VOLLKOMMEN GEISTESABWESEND, BIS SIE IHN WIEDER HEREINKOMMEN SAH. STUNDENLANG SASS SIE MIT SEINEM KOPF IM SCHOSS DA UND SAH IHN MIT UNERMESSLICHEM ENTZÜCKEN AN. DER ANBLICK WAR RÜHREND."

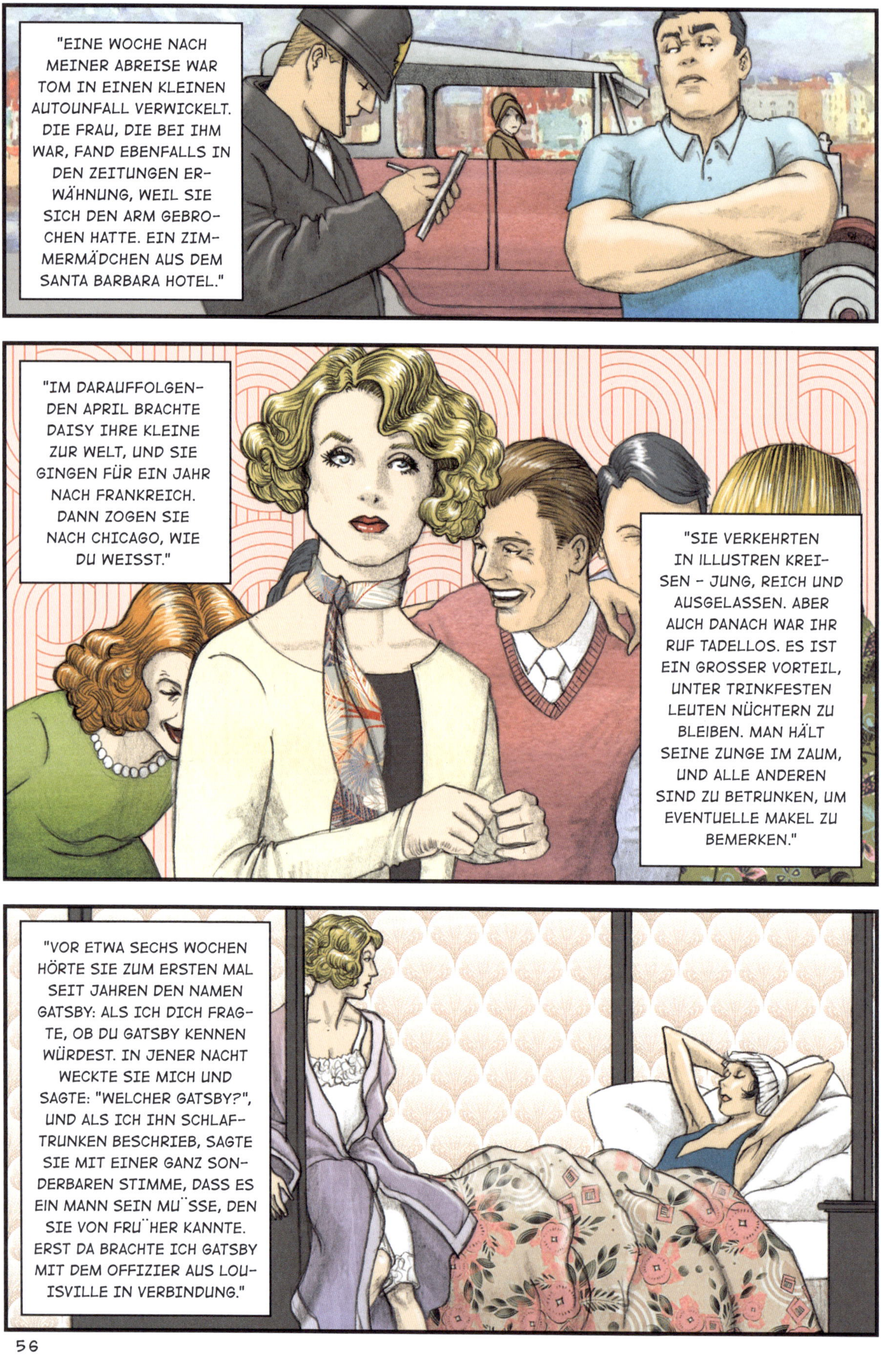
"EINE WOCHE NACH MEINER ABREISE WAR TOM IN EINEN KLEINEN AUTOUNFALL VERWICKELT. DIE FRAU, DIE BEI IHM WAR, FAND EBENFALLS IN DEN ZEITUNGEN ERWÄHNUNG, WEIL SIE SICH DEN ARM GEBROCHEN HATTE. EIN ZIMMERMÄDCHEN AUS DEM SANTA BARBARA HOTEL."
"IM DARAUFFOLGENDEN APRIL BRACHTE DAISY IHRE KLEINE ZUR WELT, UND SIE GINGEN FÜR EIN JAHR NACH FRANKREICH. DANN ZOGEN SIE NACH CHICAGO, WIE DU WEISST."
"SIE VERKEHRTEN IN ILLUSTREN KREISEN – JUNG, REICH UND AUSGELASSEN. ABER AUCH DANACH WAR IHR RUF TADELLOS. ES IST EIN GROSSER VORTEIL, UNTER TRINKFESTEN LEUTEN NÜCHTERN ZU BLEIBEN. MAN HÄLT SEINE ZUNGE IM ZAUM, UND ALLE ANDEREN SIND ZU BETRUNKEN, UM EVENTUELLE MAKEL ZU BEMERKEN."
"VOR ETWA SECHS WOCHEN HÖRTE SIE ZUM ERSTEN MAL SEIT JAHREN DEN NAMEN GATSBY: ALS ICH DICH FRAGTE, OB DU GATSBY KENNEN WÜRDEST. IN JENER NACHT WECKTE SIE MICH UND SAGTE: "WELCHER GATSBY?", UND ALS ICH IHN SCHLAFTRUNKEN BESCHRIEB, SAGTE SIE MIT EINER GANZ SONDERBAREN STIMME, DASS ES EIN MANN SEIN MU¨SSE, DEN SIE VON FRU¨HER KANNTE. ERST DA BRACHTE ICH GATSBY MIT DEM OFFIZIER AUS LOUISVILLE IN VERBINDUNG."

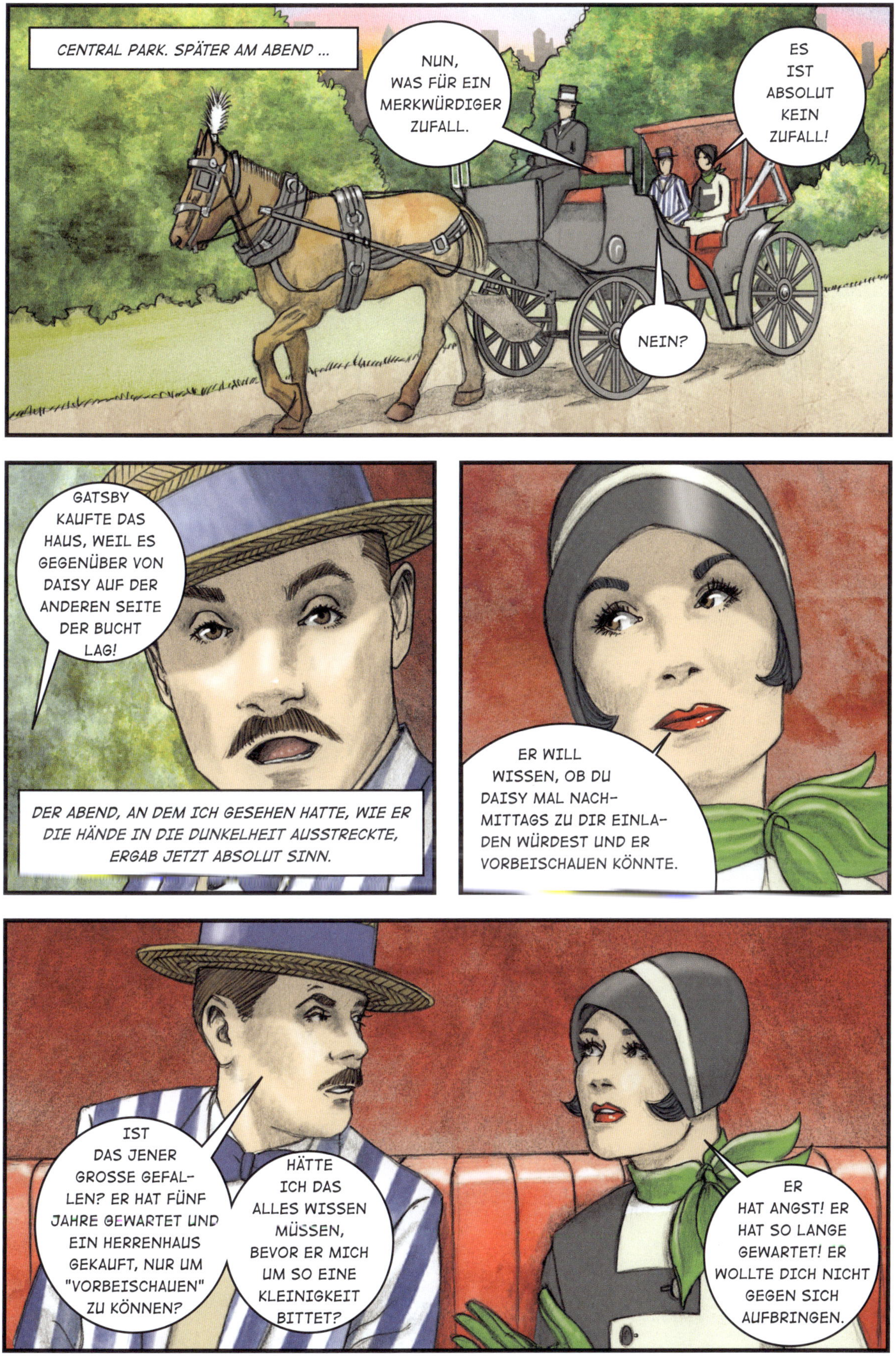
CENTRAL PARK. SPÄTER AM ABEND ...
NUN, WAS FÜR EIN MERKWÜRDIGER ZUFALL.
ES IST ABSOLUT KEIN ZUFALL!
NEIN?
GATSBY KAUFTE DAS HAUS, WEIL ES GEGENÜBER VON DAISY AUF DER ANDEREN SEITE DER BUCHT LAG!
DER ABEND, AN DEM ICH GESEHEN HATTE, WIE ER DIE HÄNDE IN DIE DUNKELHEIT AUSSTRECKTE, ERGAB JETZT ABSOLUT SINN.
ER WILL WISSEN, OB DU DAISY MAL NACH-MITTAGS ZU DIR EINLA-DEN WÜRDEST UND ER VORBEISCHAUEN KÖNNTE.
IST DAS JENER GROSSE GEFAL-LEN? ER HAT FÜNF JAHRE GEWARTET UND EIN HERRENHAUS GEKAUFT, NUR UM "VORBEISCHAUEN" ZU KÖNNEN?
HÄTTE ICH DAS ALLES WISSEN MÜSSEN, BEVOR ER MICH UM SO EINE KLEINIGKEIT BITTET?
ER HAT ANGST! ER HAT SO LANGE GEWARTET! ER WOLLTE DICH NICHT GEGEN SICH AUFBRINGEN.

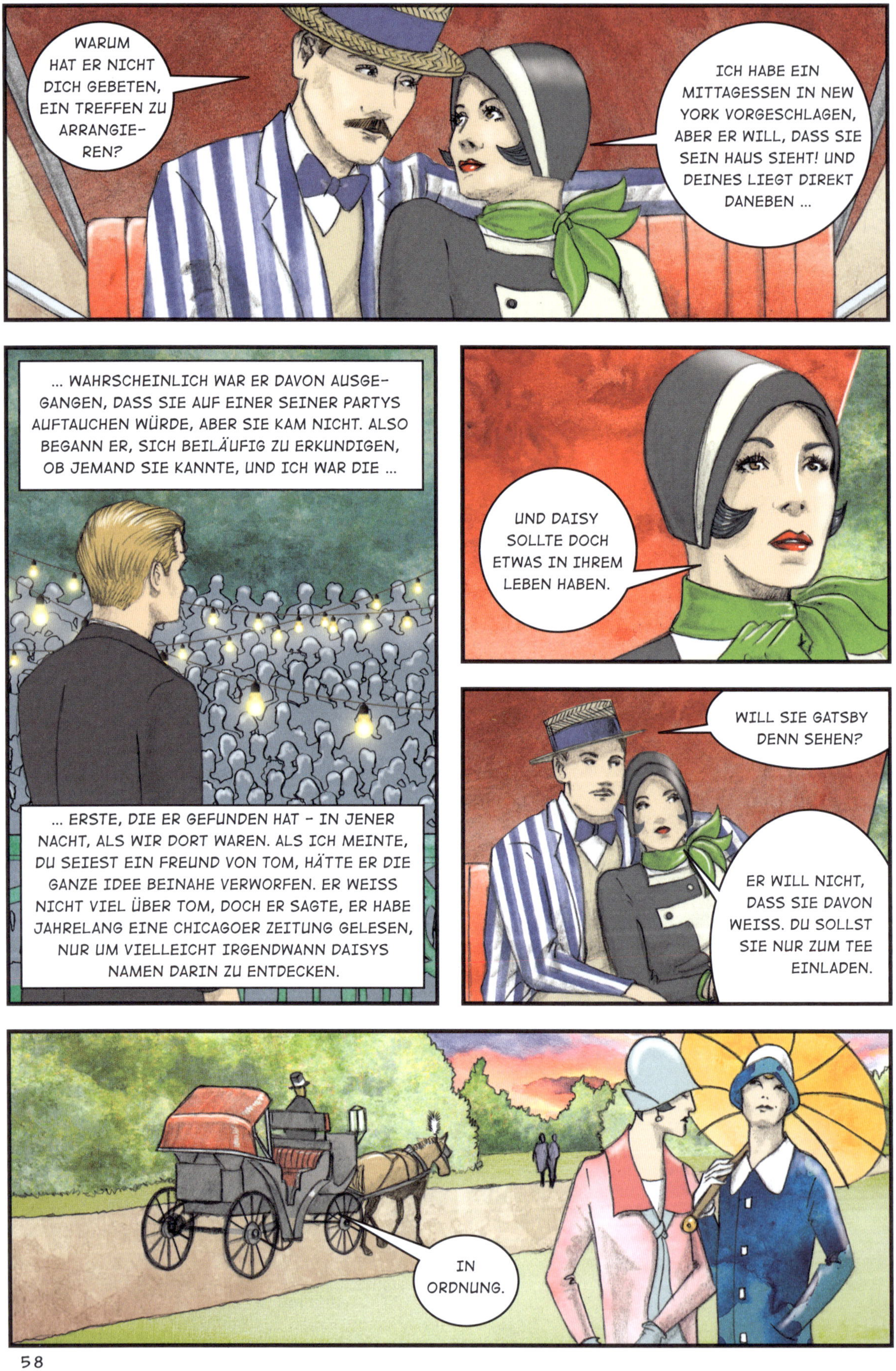
WARUM HAT ER NICHT DICH GEBETEN, EIN TREFFEN ZU ARRANGIEREN?
ICH HABE EIN MITTAGESSEN IN NEW YORK VORGESCHLAGEN, ABER ER WILL, DASS SIE SEIN HAUS SIEHT! UND DEINES LIEGT DIREKT DANEBEN ...
... WAHRSCHEINLICH WAR ER DAVON AUSGEGANGEN, DASS SIE AUF EINER SEINER PARTYS AUFTAUCHEN WÜRDE, ABER SIE KAM NICHT. ALSO BEGANN ER, SICH BEILÄUFIG ZU ERKUNDIGEN, OB JEMAND SIE KANNTE, UND ICH WAR DIE ...
... ERSTE, DIE ER GEFUNDEN HAT – IN JENER NACHT, ALS WIR DORT WAREN. ALS ICH MEINTE, DU SEIEST EIN FREUND VON TOM, HÄTTE ER DIE GANZE IDEE BEINAHE VERWORFEN. ER WEISS NICHT VIEL ÜBER TOM, DOCH ER SAGTE, ER HABE JAHRELANG EINE CHICAGOER ZEITUNG GELESEN, NUR UM VIELLEICHT IRGENDWANN DAISYS NAMEN DARIN ZU ENTDECKEN.
UND DAISY SOLLTE DOCH ETWAS IN IHREM LEBEN HABEN.
WILL SIE GATSBY DENN SEHEN?
ER WILL NICHT, DASS SIE DAVON WEISS. DU SOLLST SIE NUR ZUM TEE EINLADEN.
IN ORDNUNG.

KAPITEL 5

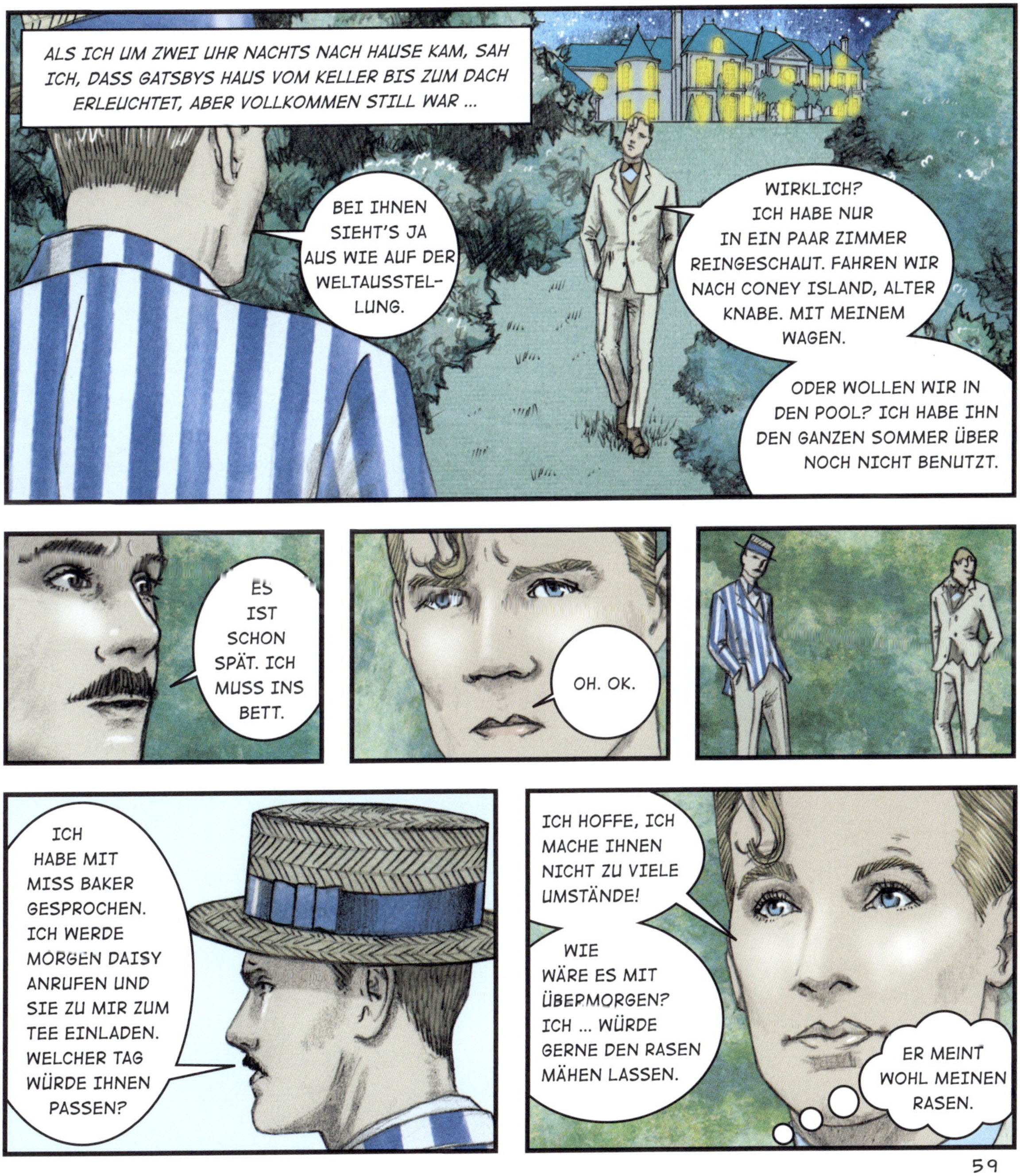
ALS ICH UM ZWEI UHR NACHTS NACH HAUSE KAM, SAH ICH, DASS GATSBYS HAUS VOM KELLER BIS ZUM DACH ERLEUCHTET, ABER VOLLKOMMEN STILL WAR …
BEI IHNEN SIEHT'S JA AUS WIE AUF DER WELTAUSSTEL-LUNG.
WIRKLICH? ICH HABE NUR IN EIN PAAR ZIMMER REINGESCHAUT. FAHREN WIR NACH CONEY ISLAND, ALTER KNABE. MIT MEINEM WAGEN.
ODER WOLLEN WIR IN DEN POOL? ICH HABE IHN DEN GANZEN SOMMER ÜBER NOCH NICHT BENUTZT.
ES IST SCHON SPÄT. ICH MUSS INS BETT.
OH. OK.
ICH HABE MIT MISS BAKER GESPROCHEN. ICH WERDE MORGEN DAISY ANRUFEN UND SIE ZU MIR ZUM TEE EINLADEN. WELCHER TAG WÜRDE IHNEN PASSEN?
ICH HOFFE, ICH MACHE IHNEN NICHT ZU VIELE UMSTÄNDE!
WIE WÄRE ES MIT ÜBERMORGEN? ICH … WÜRDE GERNE DEN RASEN MÄHEN LASSEN.
ER MEINT WOHL MEINEN RASEN.

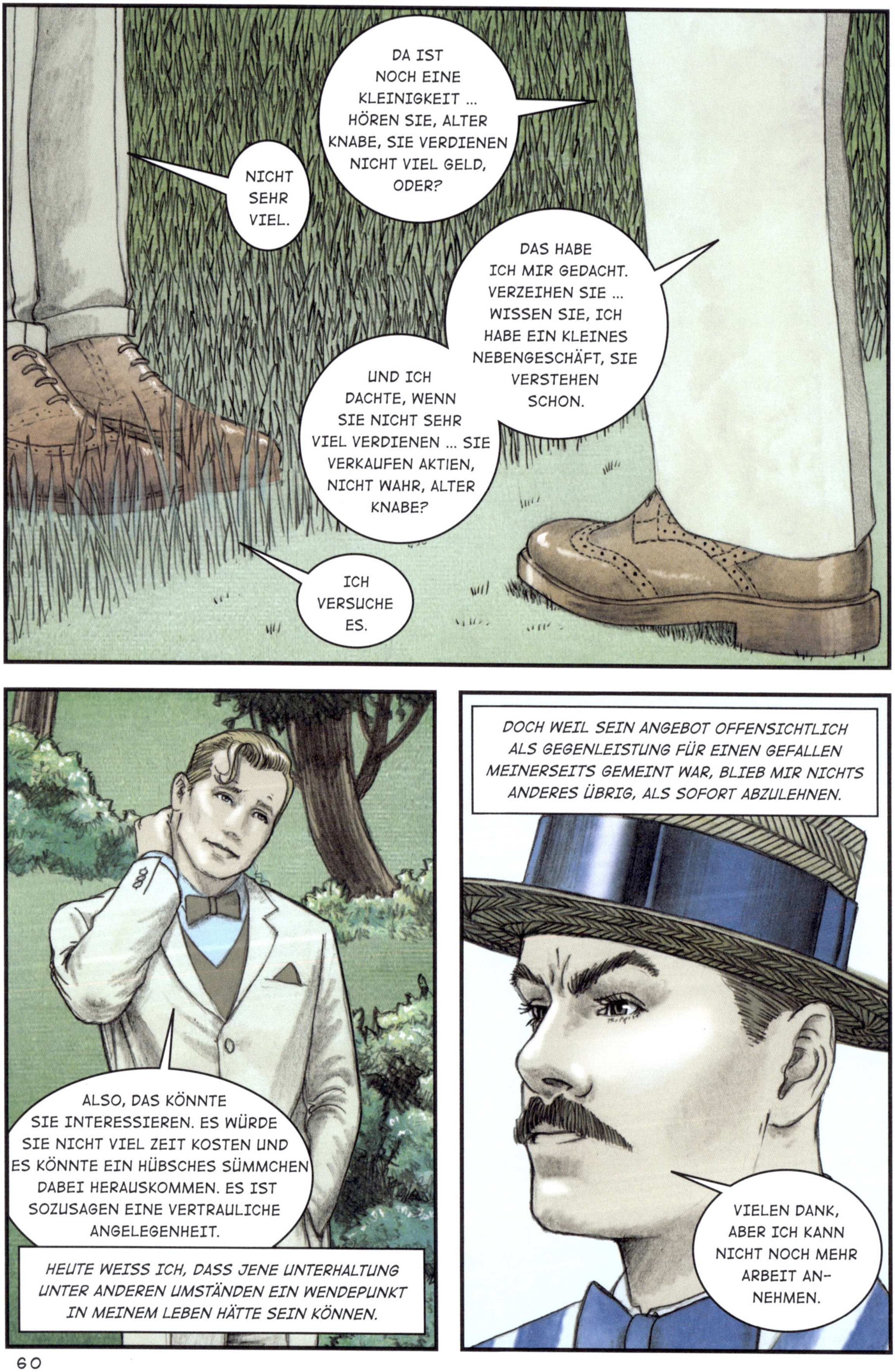
DA IST NOCH EINE KLEINIGKEIT ... HÖREN SIE, ALTER KNABE, SIE VERDIENEN NICHT VIEL GELD, ODER?
NICHT SEHR VIEL.
DAS HABE ICH MIR GEDACHT. VERZEIHEN SIE ... WISSEN SIE, ICH HABE EIN KLEINES NEBENGESCHÄFT, SIE VERSTEHEN SCHON.
UND ICH DACHTE, WENN SIE NICHT SEHR VIEL VERDIENEN ... SIE VERKAUFEN AKTIEN, NICHT WAHR, ALTER KNABE?
ICH VERSUCHE ES.
ALSO, DAS KÖNNTE SIE INTERESSIEREN. ES WÜRDE SIE NICHT VIEL ZEIT KOSTEN UND ES KÖNNTE EIN HÜBSCHES SÜMMCHEN DABEI HERAUSKOMMEN. ES IST SOZUSAGEN EINE VERTRAULICHE ANGELEGENHEIT.
HEUTE WEISS ICH, DASS JENE UNTERHALTUNG UNTER ANDEREN UMSTÄNDEN EIN WENDEPUNKT IN MEINEM LEBEN HÄTTE SEIN KÖNNEN.
DOCH WEIL SEIN ANGEBOT OFFENSICHTLICH ALS GEGENLEISTUNG FÜR EINEN GEFALLEN MEINERSEITS GEMEINT WAR, BLIEB MIR NICHTS ANDERES ÜBRIG, ALS SOFORT ABZULEHNEN.
VIELEN DANK, ABER ICH KANN NICHT NOCH MEHR ARBEIT AN-NEHMEN.

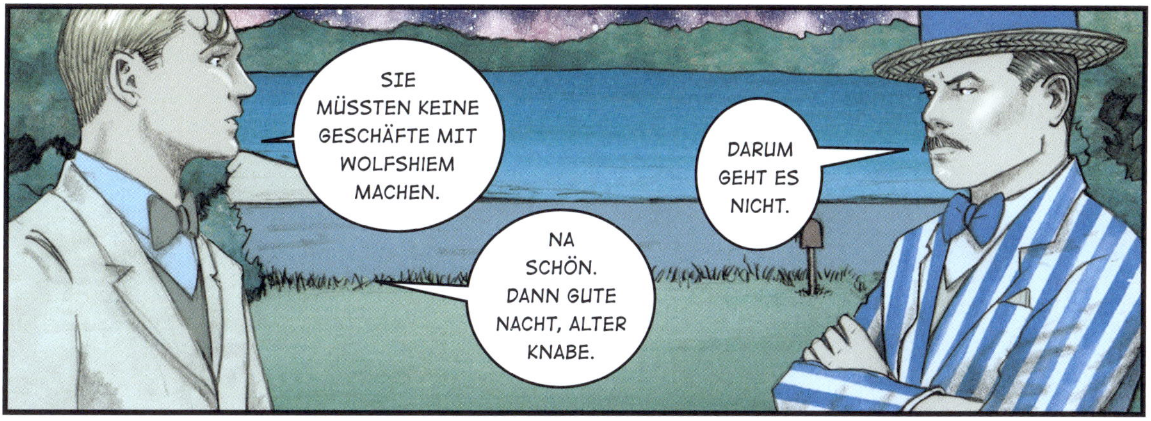

DER ABEND MIT JORDAN HATTE MICH GLÜCKLICH GESTIMMT UND ICH SCHLIEF GUT. AM NÄCHSTEN TAG RIEF ICH DAISY AN UND LUD SIE ZUM TEE EIN, BAT SIE JEDOCH DARUM, TOM NICHT MITZUBRINGEN.

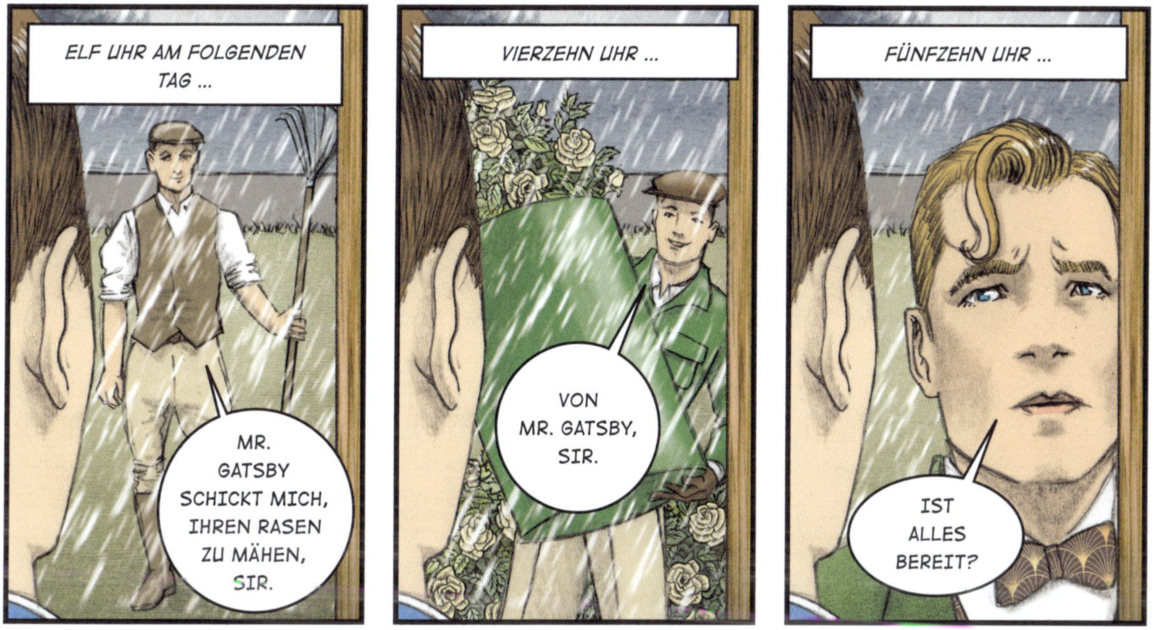

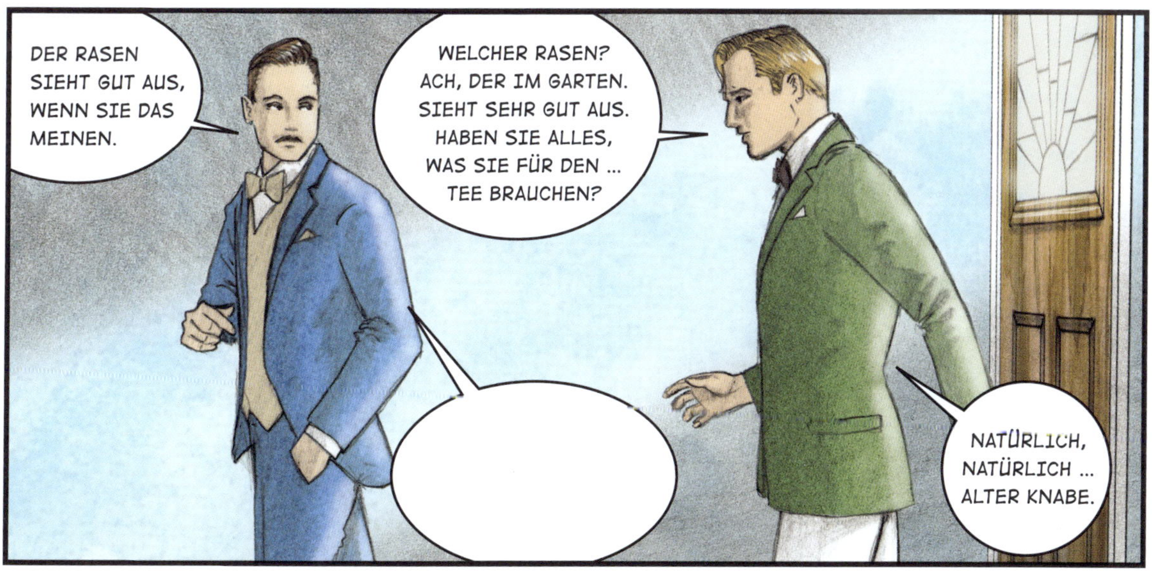

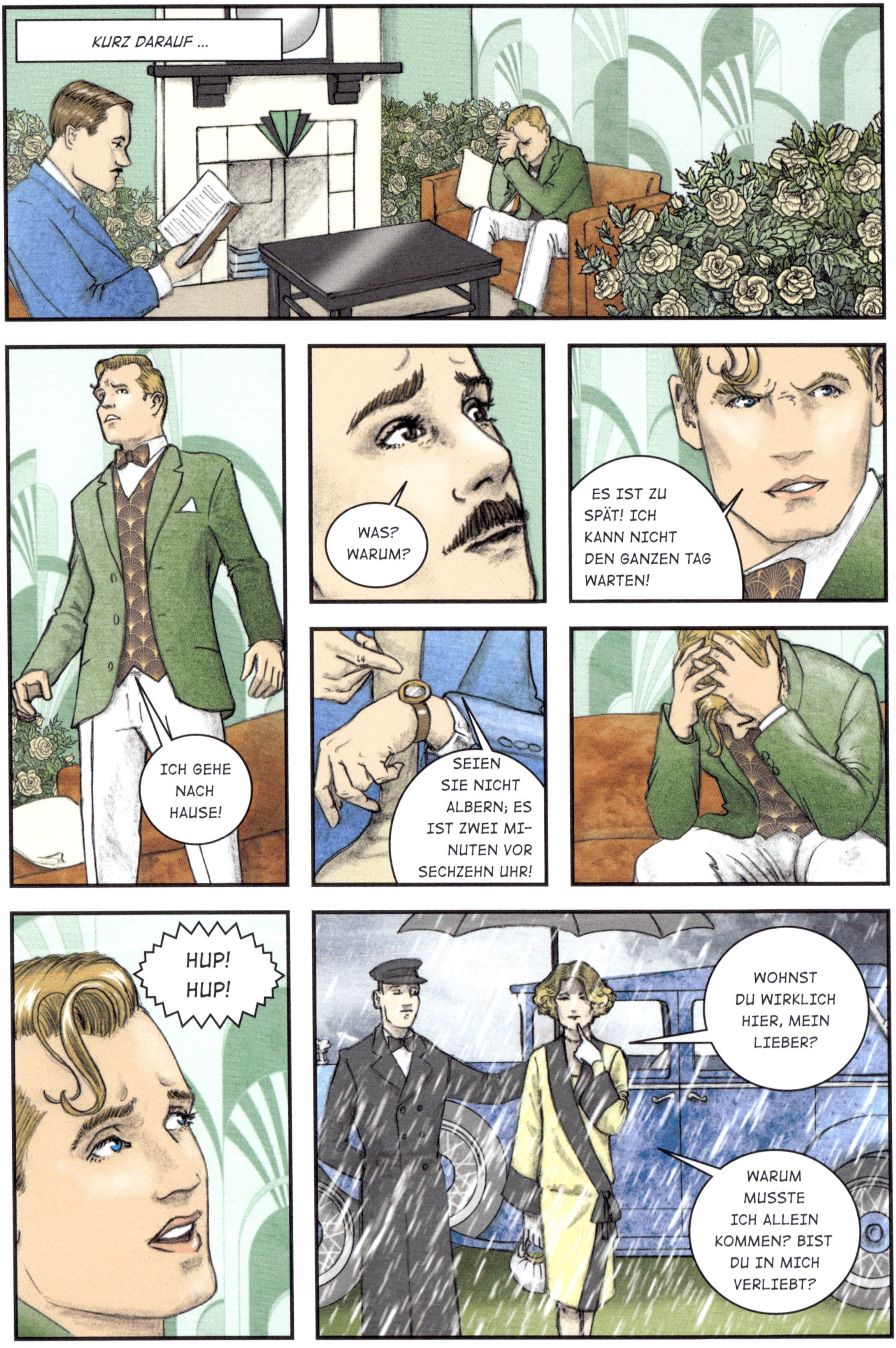
KURZ DARAUF ...
ICH GEHE NACH HAUSE!
WAS? WARUM?
ES IST ZU SPÄT! ICH KANN NICHT DEN GANZEN TAG WARTEN!
SEIEN SIE NICHT ALBERN; ES IST ZWEI MI- NUTEN VOR SECHZEHN UHR!
HUP! HUP!
WOHNST DU WIRKLICH HIER, MEIN LIEBER?
WARUM MUSSTE ICH ALLEIN KOMMEN? BIST DU IN MICH VERLIEBT?

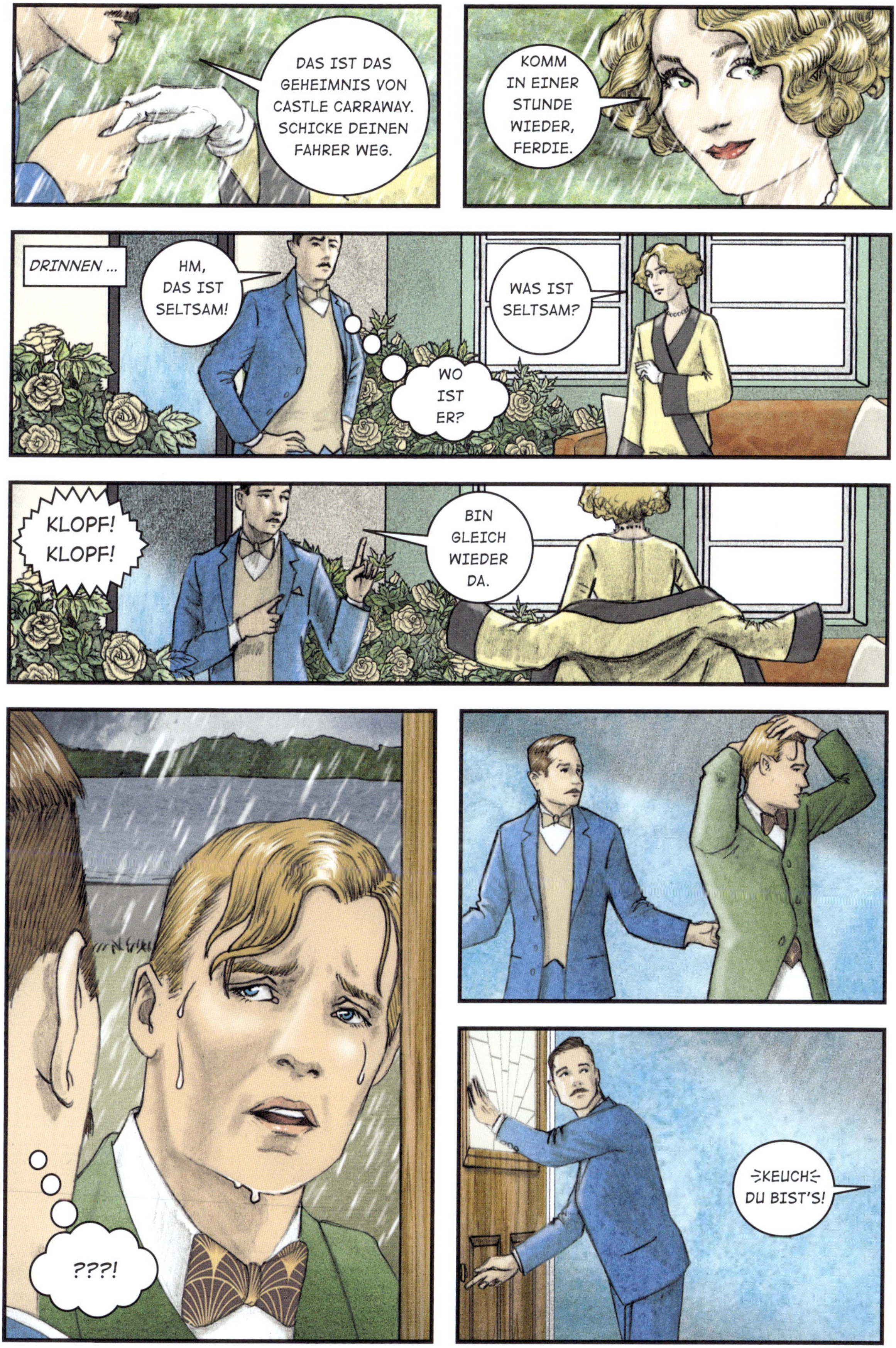
DAS IST DAS GEHEIMNIS VON CASTLE CARRAWAY. SCHICKE DEINEN FAHRER WEG.
KOMM IN EINER STUNDE WIEDER, FERDIE.
DRINNEN ...
HM, DAS IST SELTSAM!
WO IST ER?
WAS IST SELTSAM?
KLOPF! KLOPF!
BIN GLEICH WIEDER DA.
???!
≠KEUCH≠ DU BIST'S!

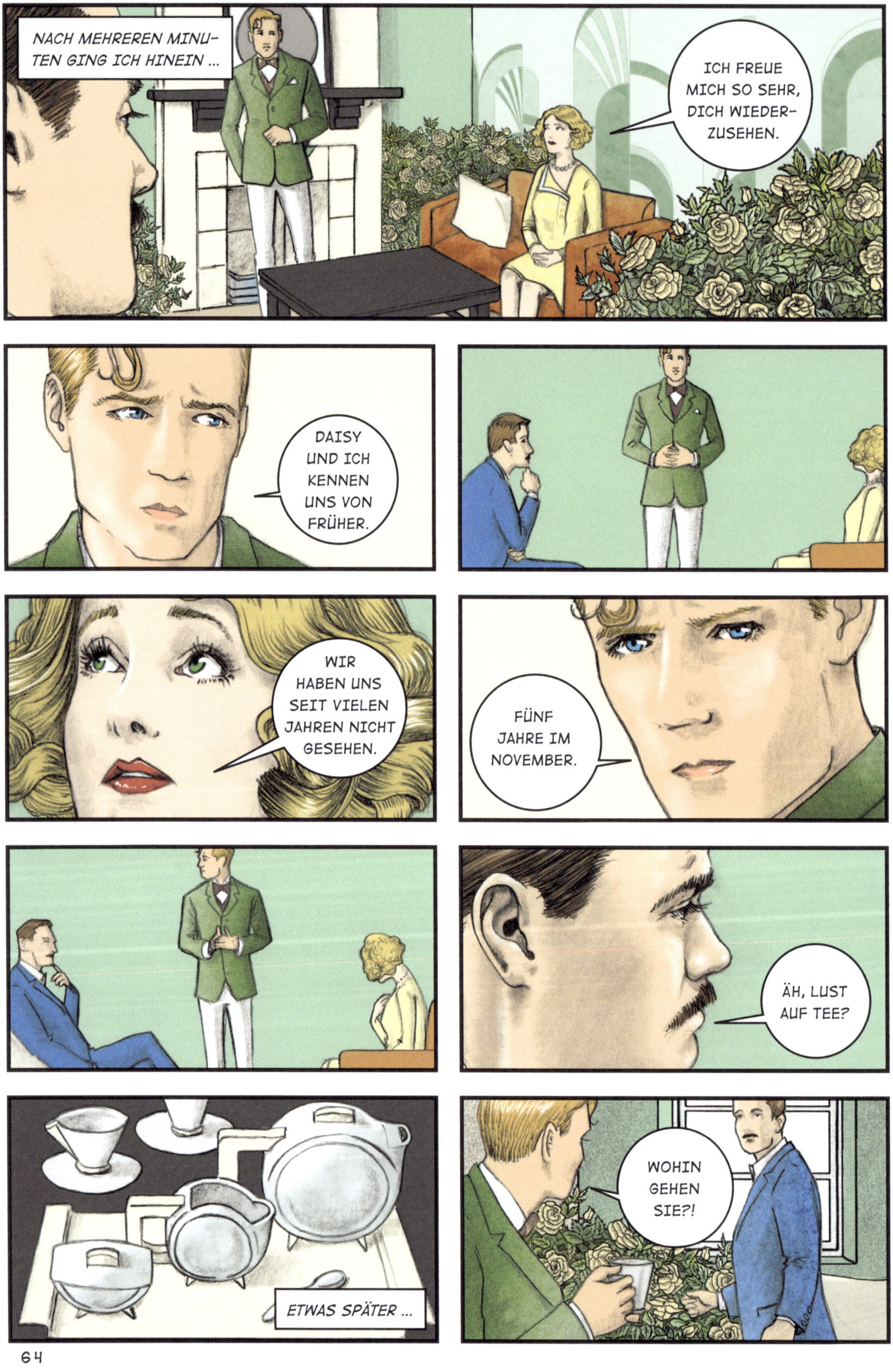
NACH MEHREREN MINUTEN GING ICH HINEIN ...
ICH FREUE MICH SO SEHR, DICH WIEDERZUSEHEN.
DAISY UND ICH KENNEN UNS VON FRÜHER.
WIR HABEN UNS SEIT VIELEN JAHREN NICHT GESEHEN.
FÜNF JAHRE IM NOVEMBER.
ÄH, LUST AUF TEE?
ETWAS SPÄTER ...
WOHIN GEHEN SIE?!

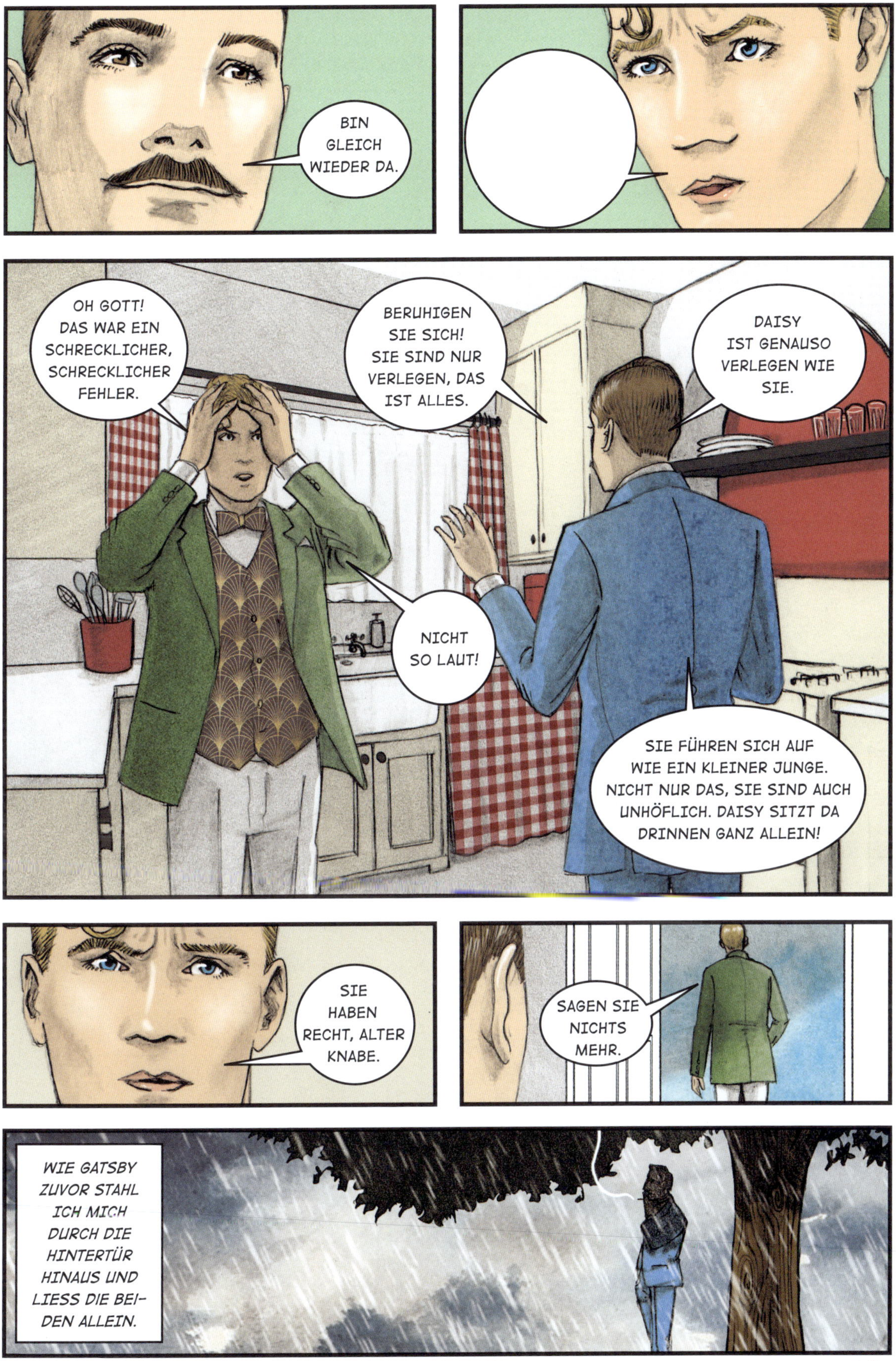
BIN GLEICH WIEDER DA.
OH GOTT! DAS WAR EIN SCHRECKLICHER, SCHRECKLICHER FEHLER.
BERUHIGEN SIE SICH! SIE SIND NUR VERLEGEN, DAS IST ALLES.
DAISY IST GENAUSO VERLEGEN WIE SIE.
NICHT SO LAUT!
SIE FÜHREN SICH AUF WIE EIN KLEINER JUNGE. NICHT NUR DAS, SIE SIND AUCH UNHÖFLICH. DAISY SITZT DA DRINNEN GANZ ALLEIN!
SIE HABEN RECHT, ALTER KNABE.
SAGEN SIE NICHTS MEHR.
WIE GATSBY ZUVOR STAHL ICH MICH DURCH DIE HINTERTÜR HINAUS UND LIESS DIE BEIDEN ALLEIN.

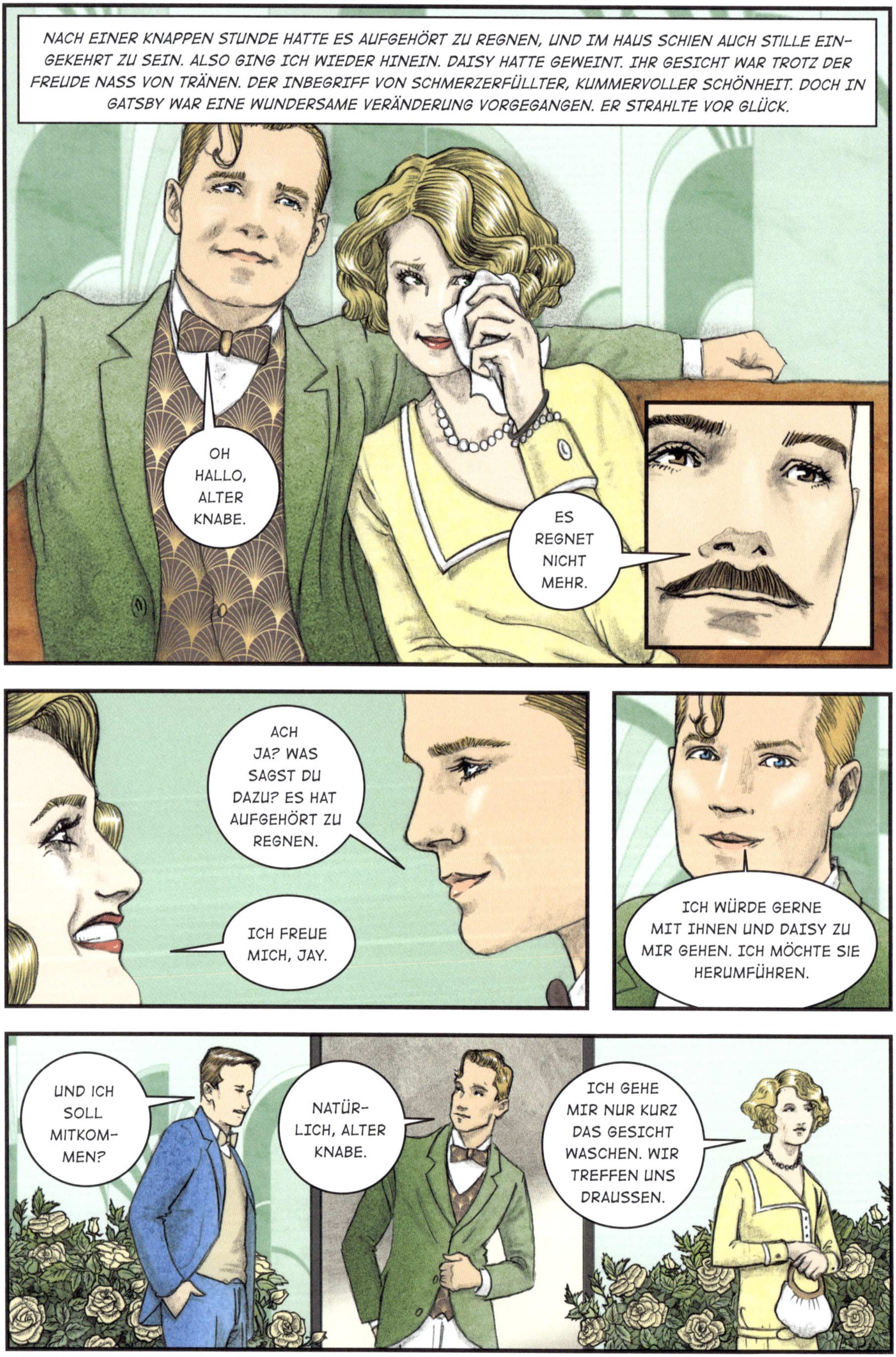
NACH EINER KNAPPEN STUNDE HATTE ES AUFGEHÖRT ZU REGNEN, UND IM HAUS SCHIEN AUCH STILLE EINGEKEHRT ZU SEIN. ALSO GING ICH WIEDER HINEIN. DAISY HATTE GEWEINT. IHR GESICHT WAR TROTZ DER FREUDE NASS VON TRÄNEN. DER INBEGRIFF VON SCHMERZERFÜLLTER, KUMMERVOLLER SCHÖNHEIT. DOCH IN GATSBY WAR EINE WUNDERSAME VERÄNDERUNG VORGEGANGEN. ER STRAHLTE VOR GLÜCK.
OH HALLO, ALTER KNABE.
ES REGNET NICHT MEHR.
ACH JA? WAS SAGST DU DAZU? ES HAT AUFGEHÖRT ZU REGNEN.
ICH FREUE MICH, JAY.
ICH WÜRDE GERNE MIT IHNEN UND DAISY ZU MIR GEHEN. ICH MÖCHTE SIE HERUMFÜHREN.
UND ICH SOLL MITKOMMEN?
NATÜRLICH, ALTER KNABE.
ICH GEHE MIR NUR KURZ DAS GESICHT WASCHEN. WIR TREFFEN UNS DRAUSSEN.

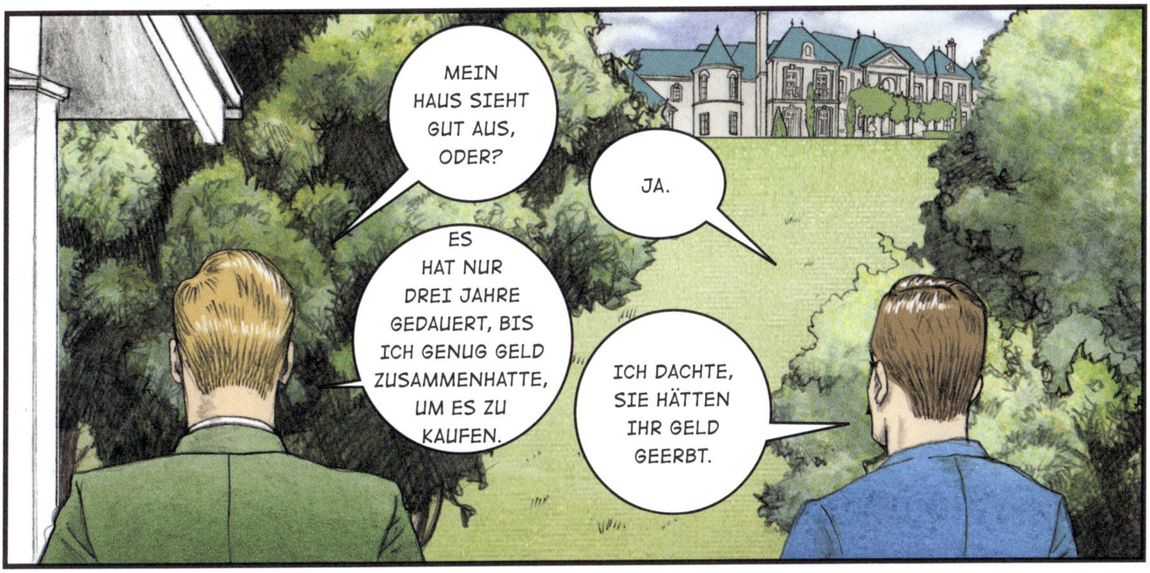
MEIN HAUS SIEHT GUT AUS, ODER?
JA.
ES HAT NUR DREI JAHRE GEDAUERT, BIS ICH GENUG GELD ZUSAMMENHATTE, UM ES ZU KAUFEN.
ICH DACHTE, SIE HÄTTEN IHR GELD GEERBT.

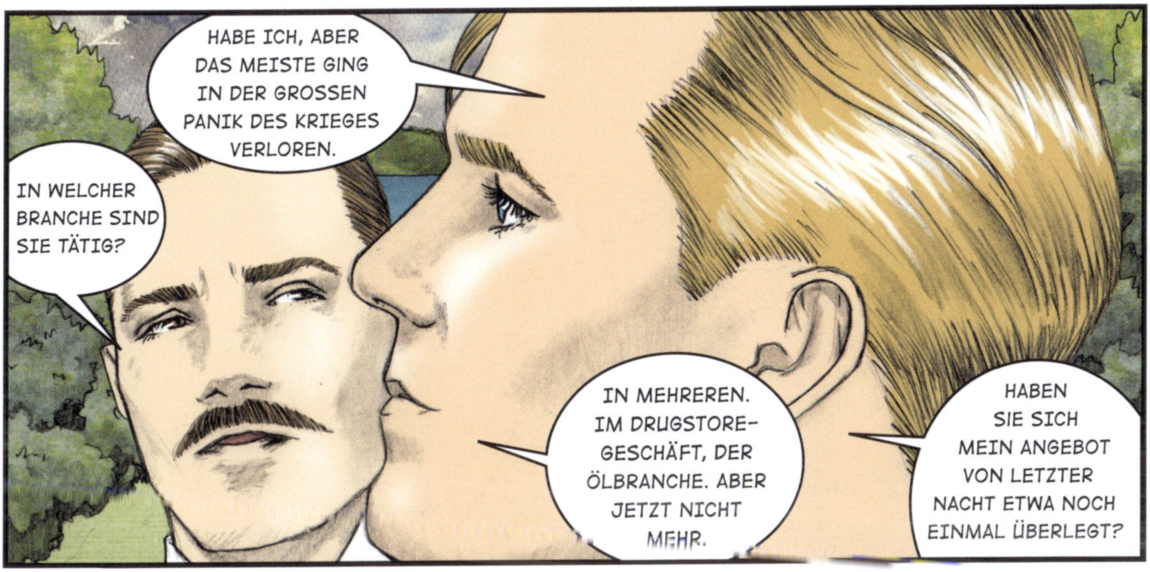
HABE ICH, ABER DAS MEISTE GING IN DER GROSSEN PANIK DES KRIEGES VERLOREN.
IN WELCHER BRANCHE SIND SIE TÄTIG?
IN MEHREREN. IM DRUGSTORE-GESCHÄFT, DER ÖLBRANCHE. ABER JETZT NICHT MEHR.
HABEN SIE SICH MEIN ANGEBOT VON LETZTER NACHT ETWA NOCH EINMAL ÜBERLEGT?

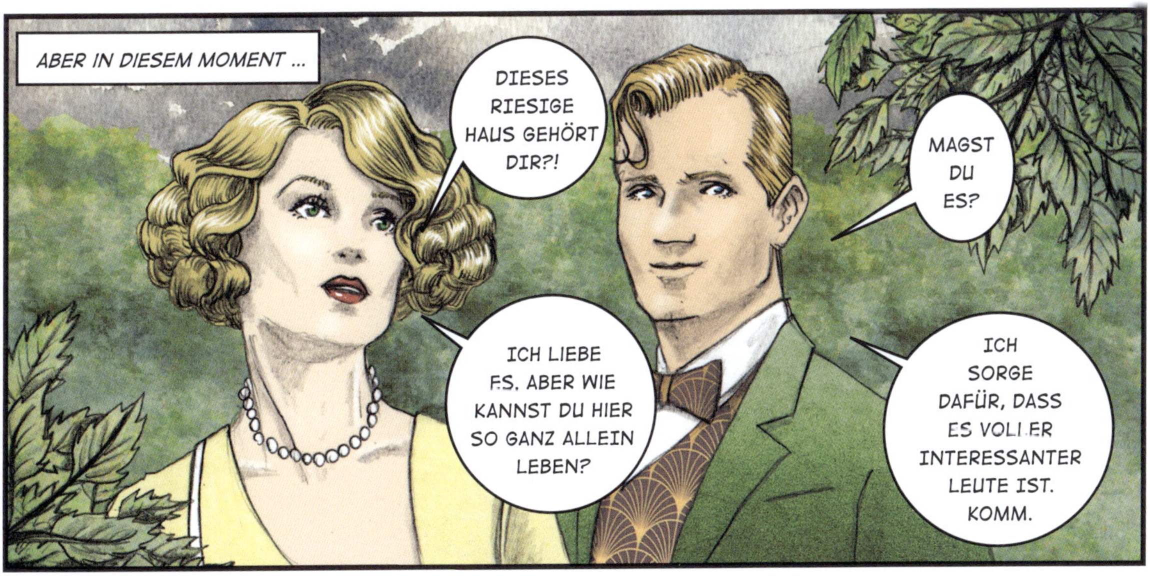
ABER IN DIESEM MOMENT ...
DIESES RIESIGE HAUS GEHÖRT DIR?!
MAGST DU ES?
ICH LIEBE ES, ABER WIE KANNST DU HIER SO GANZ ALLEIN LEBEN?
ICH SORGE DAFÜR, DASS ES VOLLER INTERESSANTER LEUTE IST. KOMM.

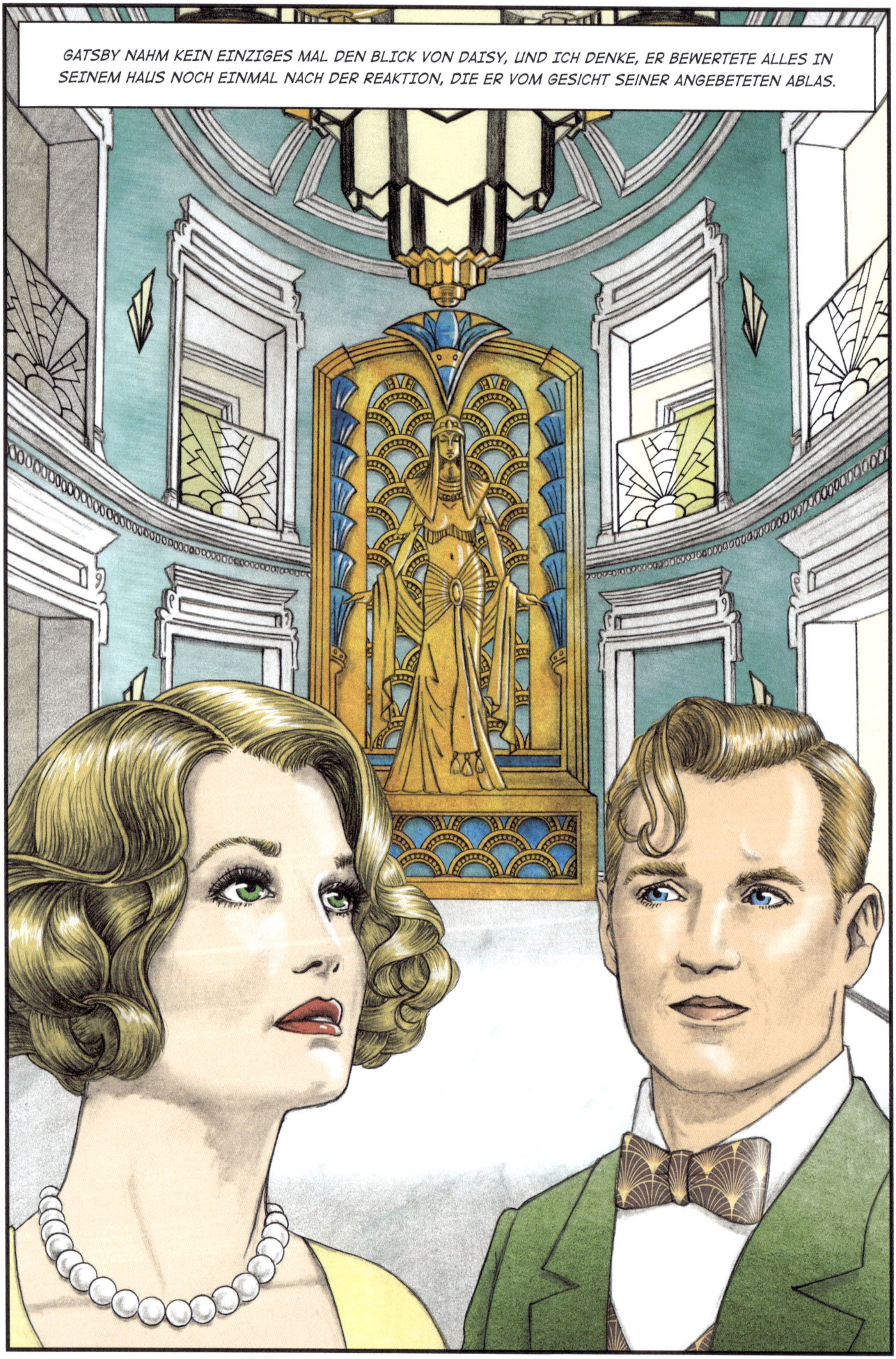
GATSBY NAHM KEIN EINZIGES MAL DEN BLICK VON DAISY, UND ICH DENKE, ER BEWERTETE ALLES IN SEINEM HAUS NOCH EINMAL NACH DER REAKTION, DIE ER VOM GESICHT SEINER ANGEBETETEN ABLAS.

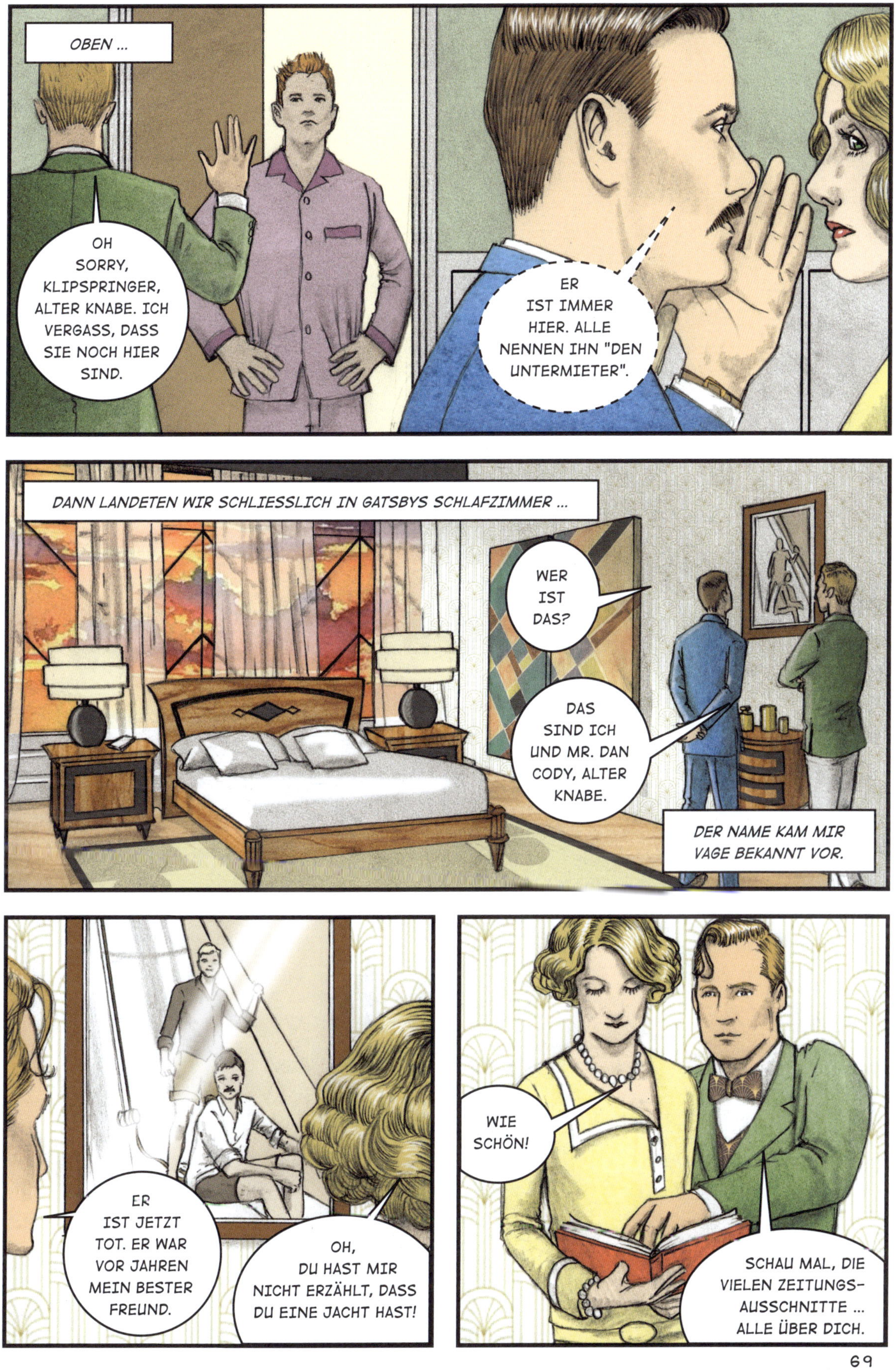
OBEN ...
OH SORRY, KLIPSPRINGER, ALTER KNABE. ICH VERGASS, DASS SIE NOCH HIER SIND.
ER IST IMMER HIER. ALLE NENNEN IHN "DEN UNTERMIETER".
DANN LANDETEN WIR SCHLIESSLICH IN GATSBYS SCHLAFZIMMER ...
WER IST DAS?
DAS SIND ICH UND MR. DAN CODY, ALTER KNABE.
DER NAME KAM MIR VAGE BEKANNT VOR.
ER IST JETZT TOT. ER WAR VOR JAHREN MEIN BESTER FREUND.
OH, DU HAST MIR NICHT ERZÄHLT, DASS DU EINE JACHT HAST!
WIE SCHÖN!
SCHAU MAL, DIE VIELEN ZEITUNGS-AUSSCHNITTE ... ALLE ÜBER DICH.

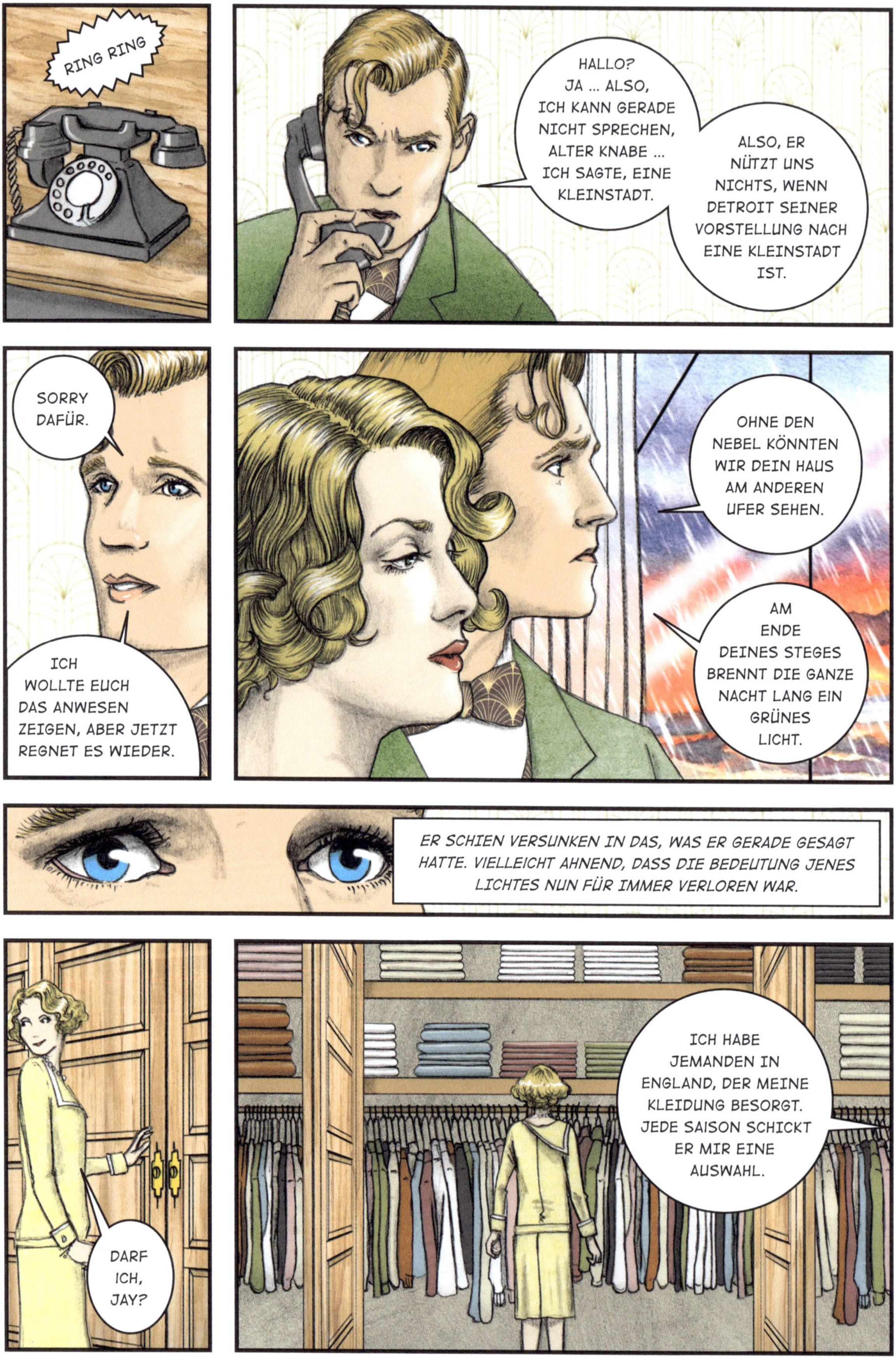
RING RING
HALLO? JA ... ALSO, ICH KANN GERADE NICHT SPRECHEN, ALTER KNABE ... ICH SAGTE, EINE KLEINSTADT.
ALSO, ER NÜTZT UNS NICHTS, WENN DETROIT SEINER VORSTELLUNG NACH EINE KLEINSTADT IST.
SORRY DAFÜR.
ICH WOLLTE EUCH DAS ANWESEN ZEIGEN, ABER JETZT REGNET ES WIEDER.
OHNE DEN NEBEL KÖNNTEN WIR DEIN HAUS AM ANDEREN UFER SEHEN.
AM ENDE DEINES STEGES BRENNT DIE GANZE NACHT LANG EIN GRÜNES LICHT.
ER SCHIEN VERSUNKEN IN DAS, WAS ER GERADE GESAGT HATTE. VIELLEICHT AHNEND, DASS DIE BEDEUTUNG JENES LICHTES NUN FÜR IMMER VERLOREN WAR.
DARF ICH, JAY?
ICH HABE JEMANDEN IN ENGLAND, DER MEINE KLEIDUNG BESORGT. JEDE SAISON SCHICKT ER MIR EINE AUSWAHL.

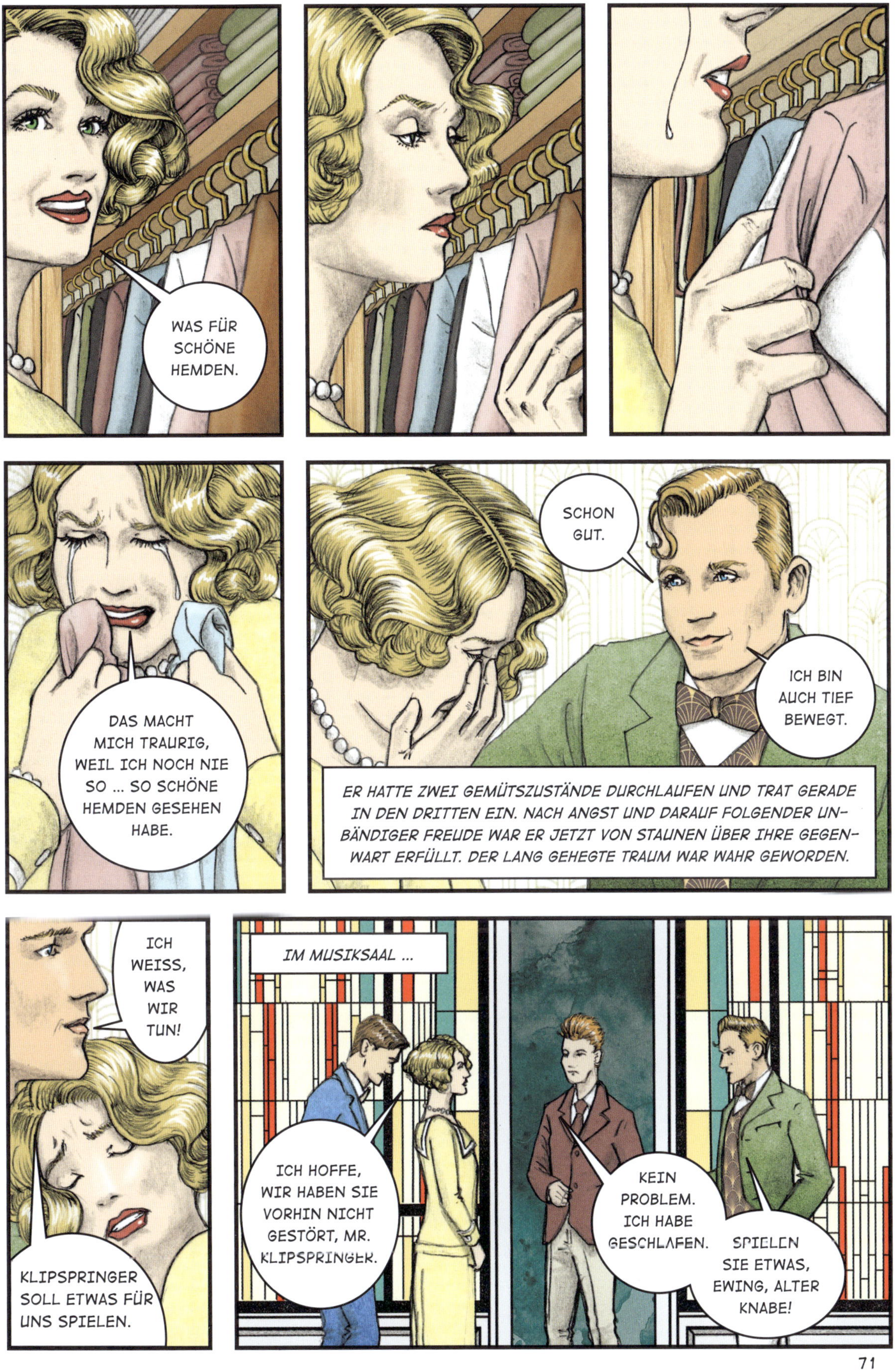

WAS FÜR SCHÖNE HEMDEN.
DAS MACHT MICH TRAURIG, WEIL ICH NOCH NIE SO ... SO SCHÖNE HEMDEN GESEHEN HABE.
SCHON GUT.
ICH BIN AUCH TIEF BEWEGT.
ER HATTE ZWEI GEMÜTSZUSTÄNDE DURCHLAUFEN UND TRAT GERADE IN DEN DRITTEN EIN. NACH ANGST UND DARAUF FOLGENDER UNBÄNDIGER FREUDE WAR ER JETZT VON STAUNEN ÜBER IHRE GEGENWART ERFÜLLT. DER LANG GEHEGTE TRAUM WAR WAHR GEWORDEN.
ICH WEISS, WAS WIR TUN!
KLIPSPRINGER SOLL ETWAS FÜR UNS SPIELEN.
IM MUSIKSAAL ...
ICH HOFFE, WIR HABEN SIE VORHIN NICHT GESTÖRT, MR. KLIPSPRINGER.
KEIN PROBLEM. ICH HABE GESCHLAFEN.
SPIELEN SIE ETWAS, EWING, ALTER KNABE!

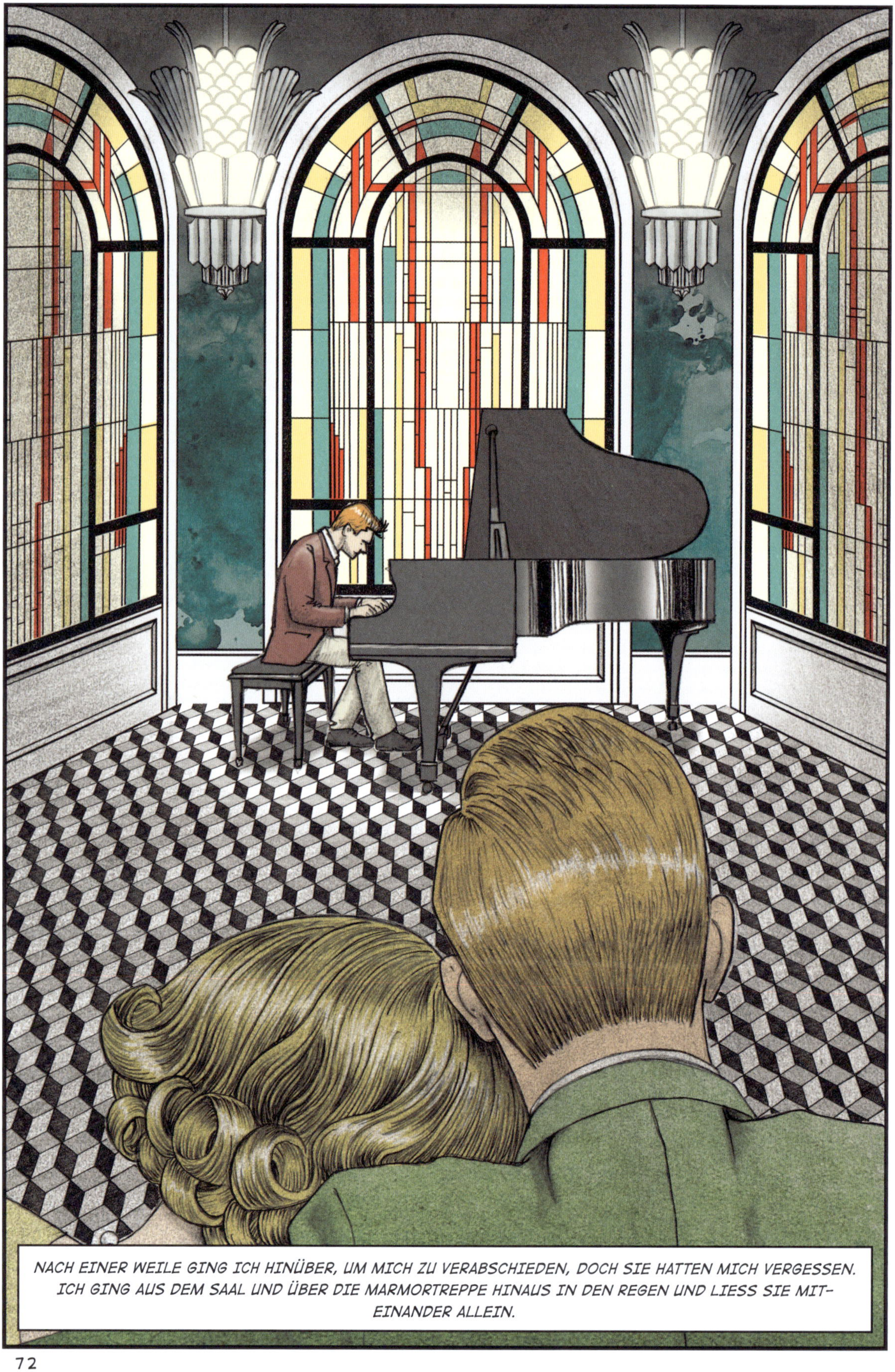
NACH EINER WEILE GING ICH HINÜBER, UM MICH ZU VERABSCHIEDEN, DOCH SIE HATTEN MICH VERGESSEN. ICH GING AUS DEM SAAL UND ÜBER DIE MARMORTREPPE HINAUS IN DEN REGEN UND LIESS SIE MIT-EINANDER ALLEIN.

KAPITEL 6

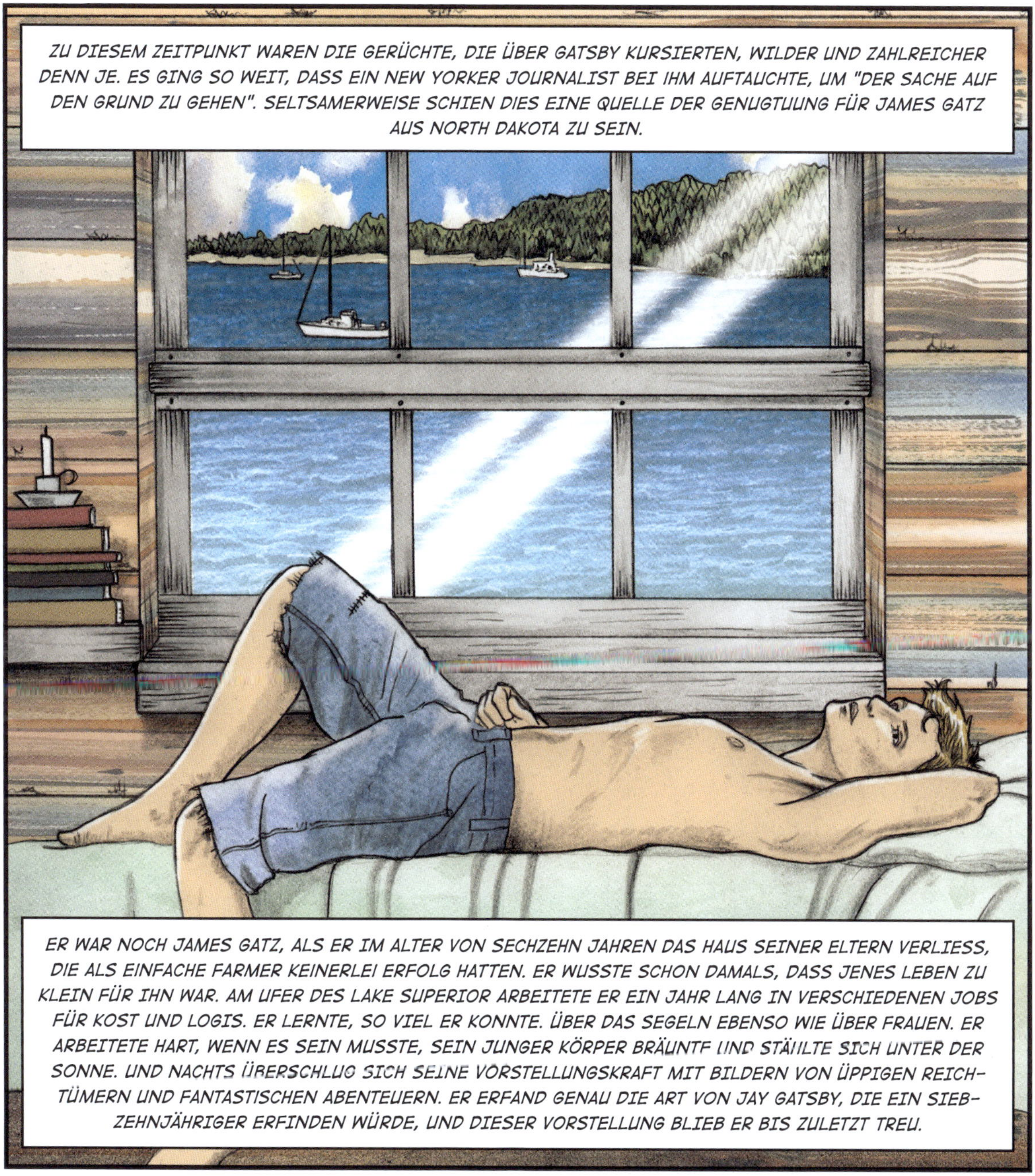
ZU DIESEM ZEITPUNKT WAREN DIE GERÜCHTE, DIE ÜBER GATSBY KURSIERTEN, WILDER UND ZAHLREICHER DENN JE. ES GING SO WEIT, DASS EIN NEW YORKER JOURNALIST BEI IHM AUFTAUCHTE, UM "DER SACHE AUF DEN GRUND ZU GEHEN". SELTSAMERWEISE SCHIEN DIES EINE QUELLE DER GENUGTUUNG FÜR JAMES GATZ AUS NORTH DAKOTA ZU SEIN.
ER WAR NOCH JAMES GATZ, ALS ER IM ALTER VON SECHZEHN JAHREN DAS HAUS SEINER ELTERN VERLIESS, DIE ALS EINFACHE FARMER KEINERLEI ERFOLG HATTEN. ER WUSSTE SCHON DAMALS, DASS JENES LEBEN ZU KLEIN FÜR IHN WAR. AM UFER DES LAKE SUPERIOR ARBEITETE ER EIN JAHR LANG IN VERSCHIEDENEN JOBS FÜR KOST UND LOGIS. ER LERNTE, SO VIEL ER KONNTE. ÜBER DAS SEGELN EBENSO WIE ÜBER FRAUEN. ER ARBEITETE HART, WENN ES SEIN MUSSTE, SEIN JUNGER KÖRPER BRÄUNTE UND STÄHLTE SICH UNTER DER SONNE. UND NACHTS ÜBERSCHLUG SICH SEINE VORSTELLUNGSKRAFT MIT BILDERN VON ÜPPIGEN REICHTÜMERN UND FANTASTISCHEN ABENTEUERN. ER ERFAND GENAU DIE ART VON JAY GATSBY, DIE EIN SIEBZEHNJÄHRIGER ERFINDEN WÜRDE, UND DIESER VORSTELLUNG BLIEB ER BIS ZULETZT TREU.

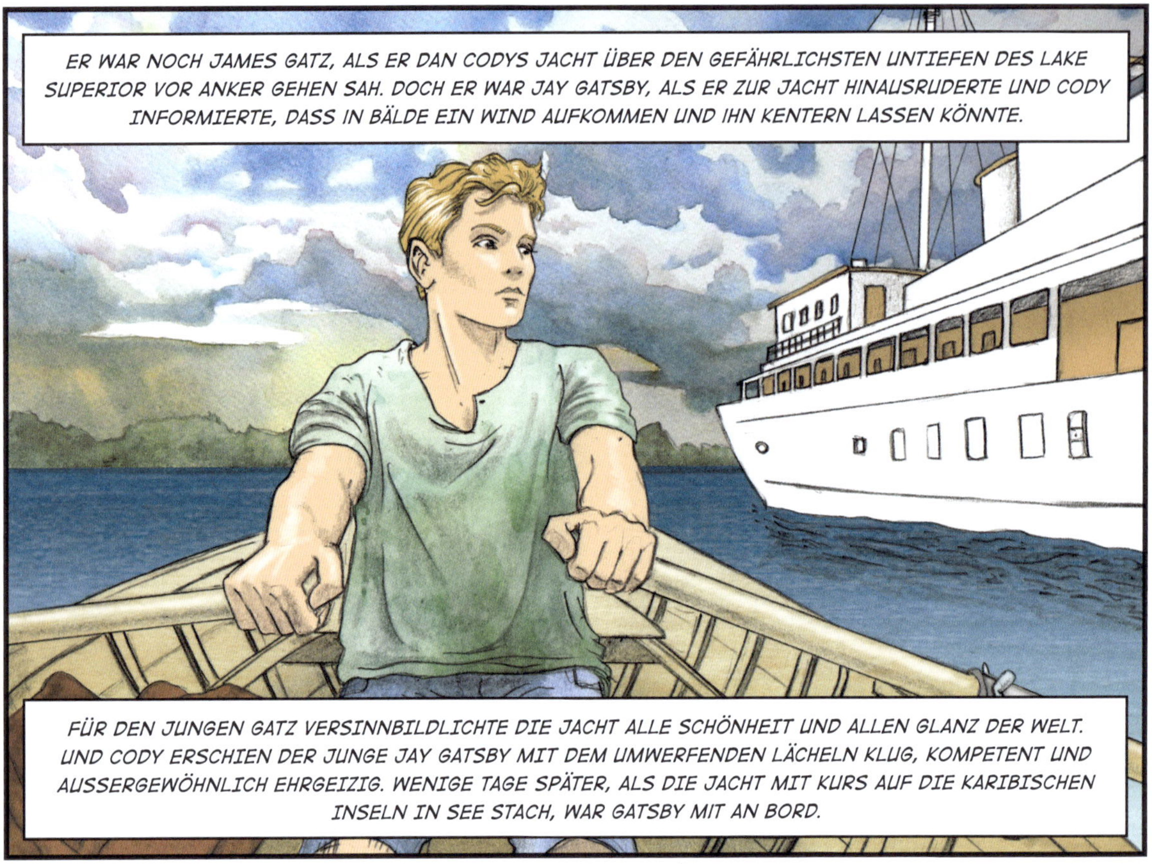
ER WAR NOCH JAMES GATZ, ALS ER DAN CODYS JACHT ÜBER DEN GEFÄHRLICHSTEN UNTIEFEN DES LAKE SUPERIOR VOR ANKER GEHEN SAH. DOCH ER WAR JAY GATSBY, ALS ER ZUR JACHT HINAUSRUDERTE UND CODY INFORMIERTE, DASS IN BÄLDE EIN WIND AUFKOMMEN UND IHN KENTERN LASSEN KÖNNTE.
FÜR DEN JUNGEN GATZ VERSINNBILDLICHTE DIE JACHT ALLE SCHÖNHEIT UND ALLEN GLANZ DER WELT. UND CODY ERSCHIEN DER JUNGE JAY GATSBY MIT DEM UMWERFENDEN LÄCHELN KLUG, KOMPETENT UND AUSSERGEWÖHNLICH EHRGEIZIG. WENIGE TAGE SPÄTER, ALS DIE JACHT MIT KURS AUF DIE KARIBISCHEN INSELN IN SEE STACH, WAR GATSBY MIT AN BORD.

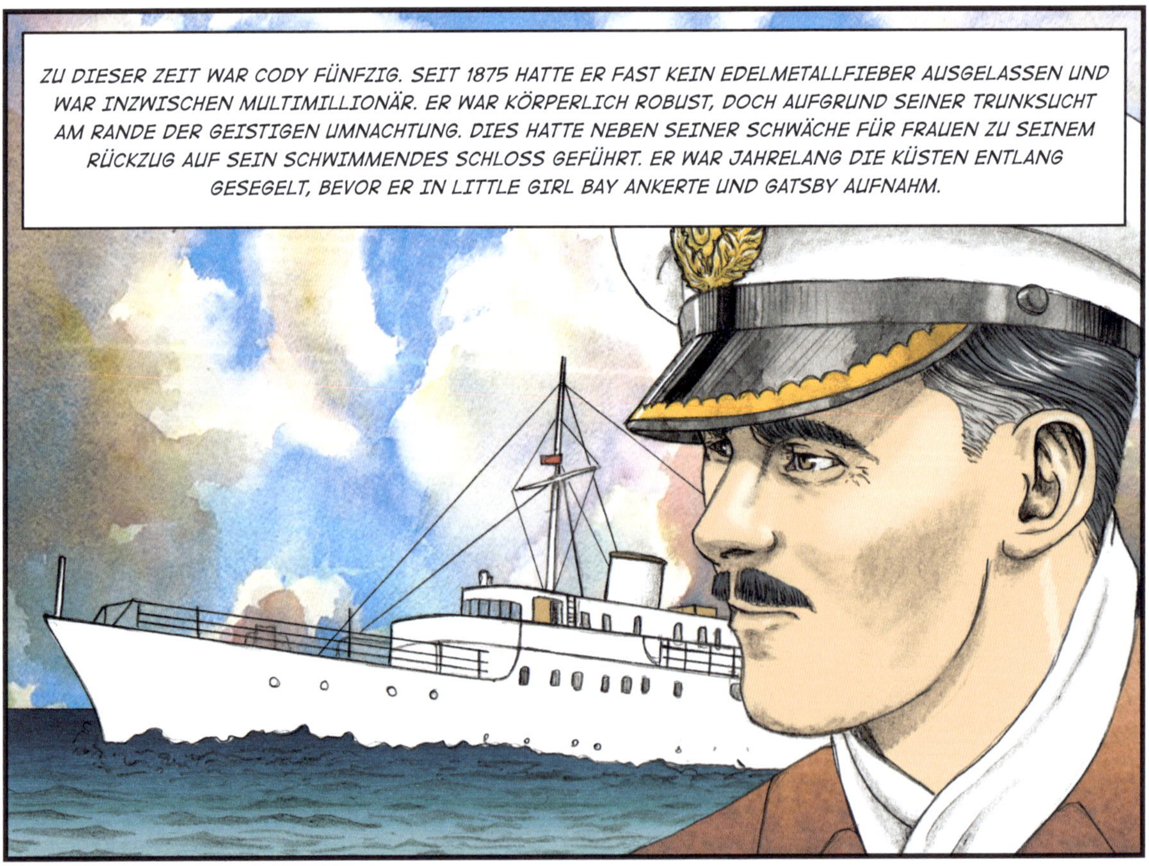
ZU DIESER ZEIT WAR CODY FÜNFZIG. SEIT 1875 HATTE ER FAST KEIN EDELMETALLFIEBER AUSGELASSEN UND WAR INZWISCHEN MULTIMILLIONÄR. ER WAR KÖRPERLICH ROBUST, DOCH AUFGRUND SEINER TRUNKSUCHT AM RANDE DER GEISTIGEN UMNACHTUNG. DIES HATTE NEBEN SEINER SCHWÄCHE FÜR FRAUEN ZU SEINEM RÜCKZUG AUF SEIN SCHWIMMENDES SCHLOSS GEFÜHRT. ER WAR JAHRELANG DIE KÜSTEN ENTLANG GESEGELT, BEVOR ER IN LITTLE GIRL BAY ANKERTE UND GATSBY AUFNAHM.

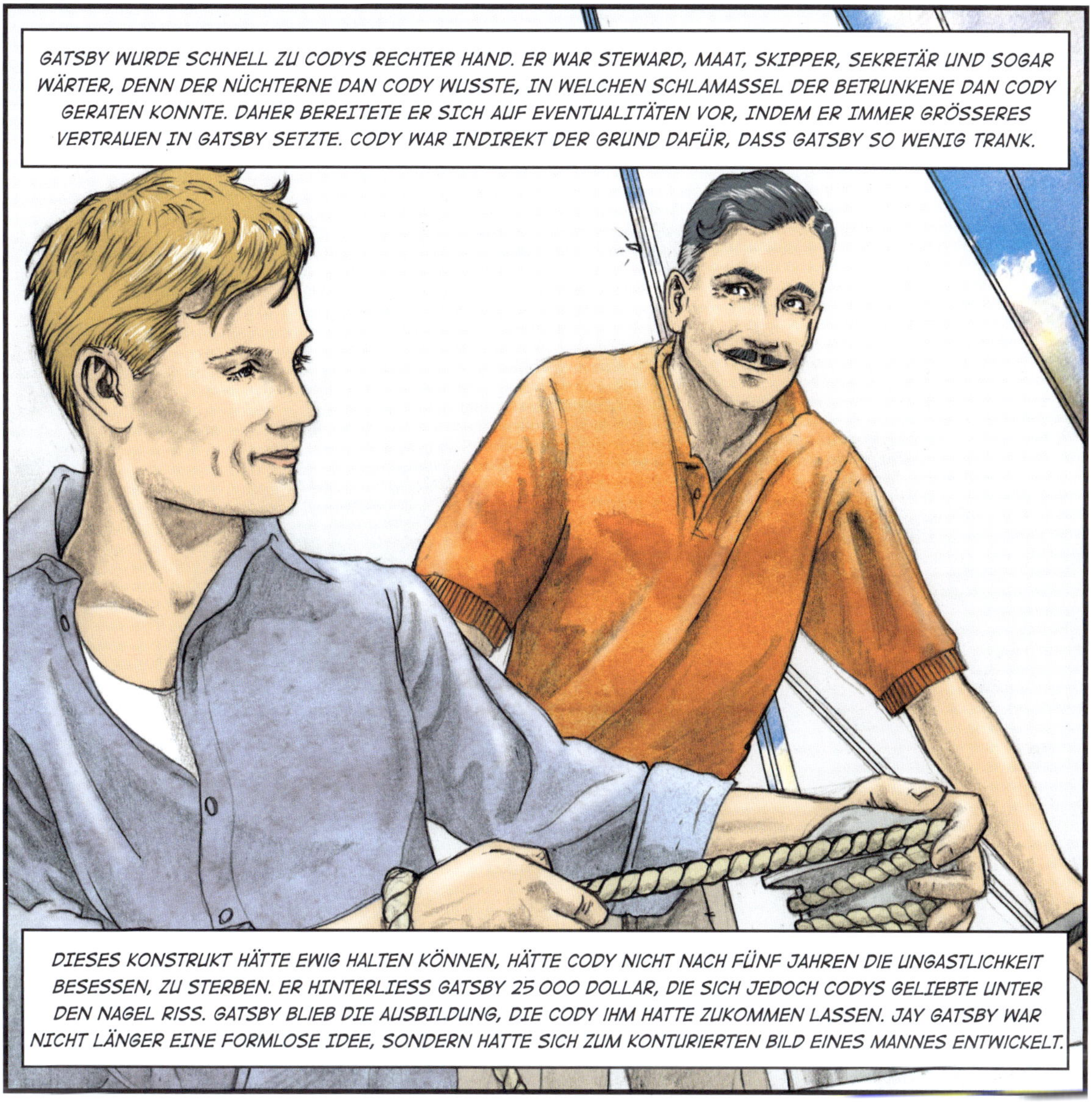
GATSBY WURDE SCHNELL ZU CODYS RECHTER HAND. ER WAR STEWARD, MAAT, SKIPPER, SEKRETÄR UND SOGAR WÄRTER, DENN DER NÜCHTERNE DAN CODY WUSSTE, IN WELCHEN SCHLAMASSEL DER BETRUNKENE DAN CODY GERATEN KONNTE. DAHER BEREITETE ER SICH AUF EVENTUALITÄTEN VOR, INDEM ER IMMER GRÖSSERES VERTRAUEN IN GATSBY SETZTE. CODY WAR INDIREKT DER GRUND DAFÜR, DASS GATSBY SO WENIG TRANK.
DIESES KONSTRUKT HÄTTE EWIG HALTEN KÖNNEN, HÄTTE CODY NICHT NACH FÜNF JAHREN DIE UNGASTLICHKEIT BESESSEN, ZU STERBEN. ER HINTERLIESS GATSBY 25 000 DOLLAR, DIE SICH JEDOCH CODYS GELIEBTE UNTER DEN NAGEL RISS. GATSBY BLIEB DIE AUSBILDUNG, DIE CODY IHM HATTE ZUKOMMEN LASSEN. JAY GATSBY WAR NICHT LÄNGER EINE FORMLOSE IDEE, SONDERN HATTE SICH ZUM KONTURIERTEN BILD EINES MANNES ENTWICKELT.
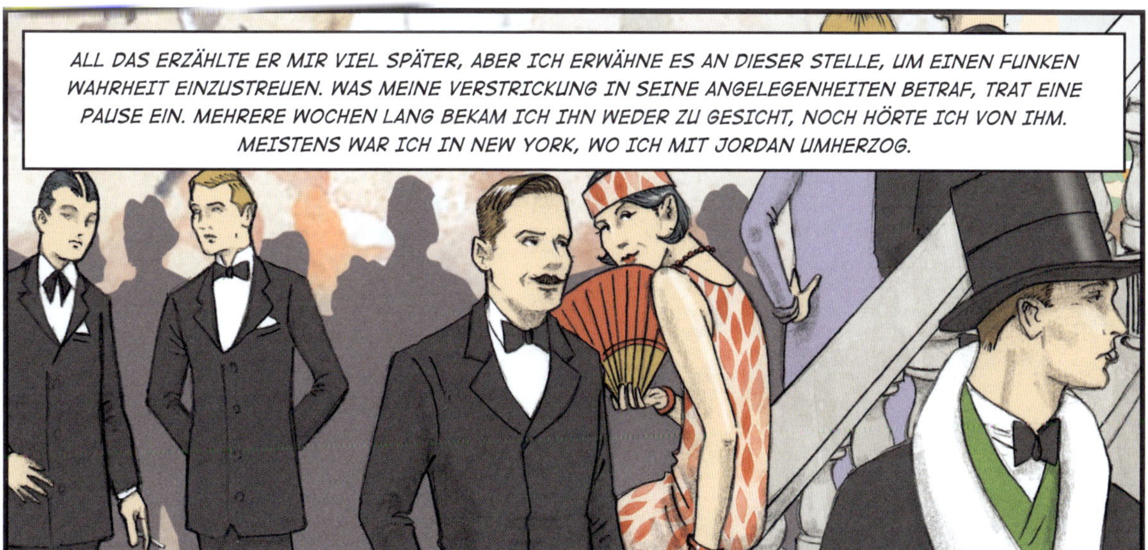
ALL DAS ERZÄHLTE ER MIR VIEL SPÄTER, ABER ICH ERWÄHNE ES AN DIESER STELLE, UM EINEN FUNKEN WAHRHEIT EINZUSTREUEN. WAS MEINE VERSTRICKUNG IN SEINE ANGELEGENHEITEN BETRAF, TRAT EINE PAUSE EIN. MEHRERE WOCHEN LANG BEKAM ICH IHN WEDER ZU GESICHT, NOCH HÖRTE ICH VON IHM. MEISTENS WAR ICH IN NEW YORK, WO ICH MIT JORDAN UMHERZOG.

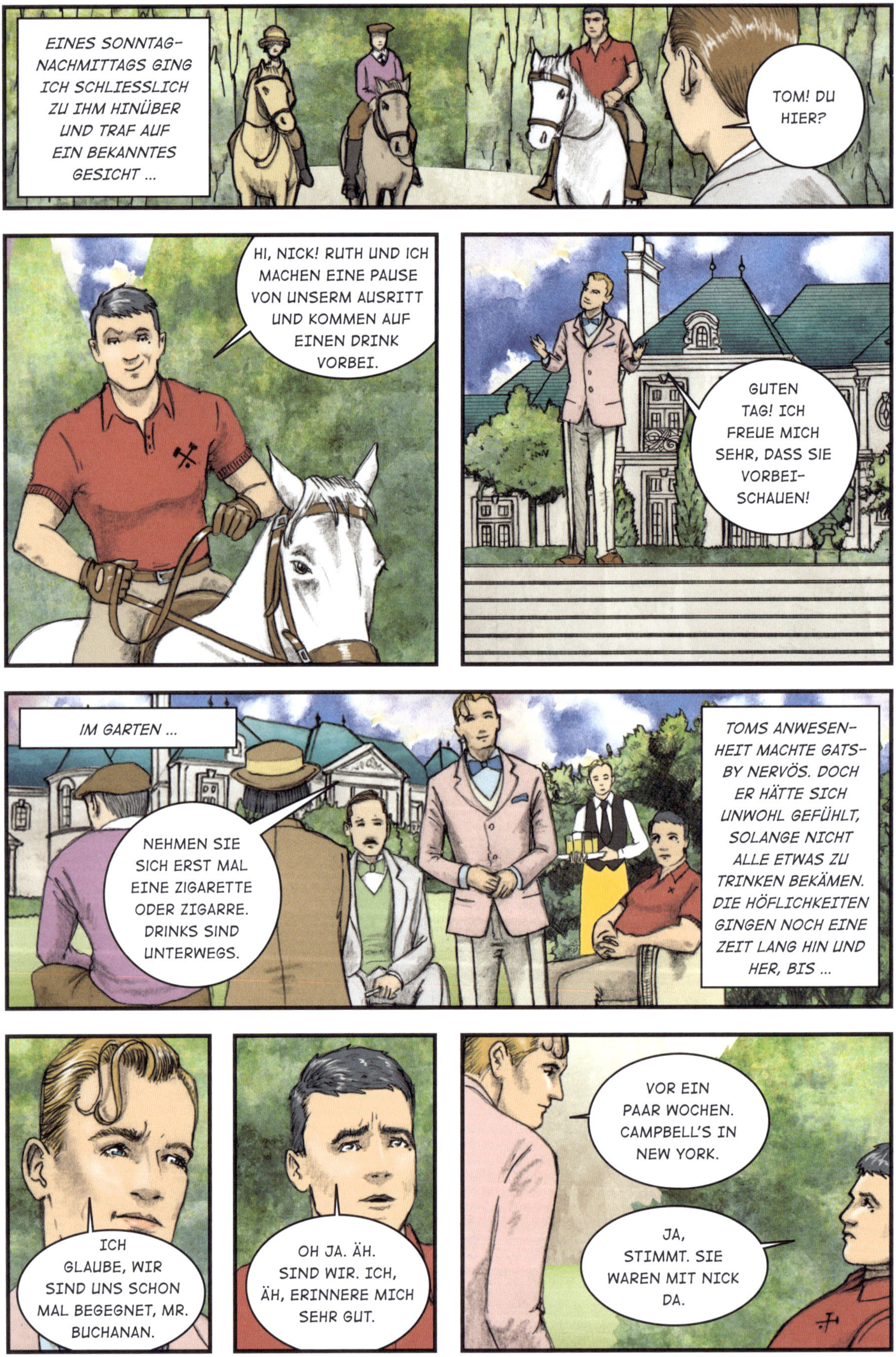
EINES SONNTAG-NACHMITTAGS GING ICH SCHLIESSLICH ZU IHM HINÜBER UND TRAF AUF EIN BEKANNTES GESICHT ...
TOM! DU HIER?
HI, NICK! RUTH UND ICH MACHEN EINE PAUSE VON UNSERM AUSRITT UND KOMMEN AUF EINEN DRINK VORBEI.
GUTEN TAG! ICH FREUE MICH SEHR, DASS SIE VORBEI-SCHAUEN!
IM GARTEN ...
NEHMEN SIE SICH ERST MAL EINE ZIGARETTE ODER ZIGARRE. DRINKS SIND UNTERWEGS.
TOMS ANWESENHEIT MACHTE GATSBY NERVÖS. DOCH ER HÄTTE SICH UNWOHL GEFÜHLT, SOLANGE NICHT ALLE ETWAS ZU TRINKEN BEKÄMEN. DIE HÖFLICHKEITEN GINGEN NOCH EINE ZEIT LANG HIN UND HER, BIS ...
ICH GLAUBE, WIR SIND UNS SCHON MAL BEGEGNET, MR. BUCHANAN.
OH JA. ÄH. SIND WIR. ICH, ÄH, ERINNERE MICH SEHR GUT.
VOR EIN PAAR WOCHEN. CAMPBELL'S IN NEW YORK.
JA, STIMMT. SIE WAREN MIT NICK DA.

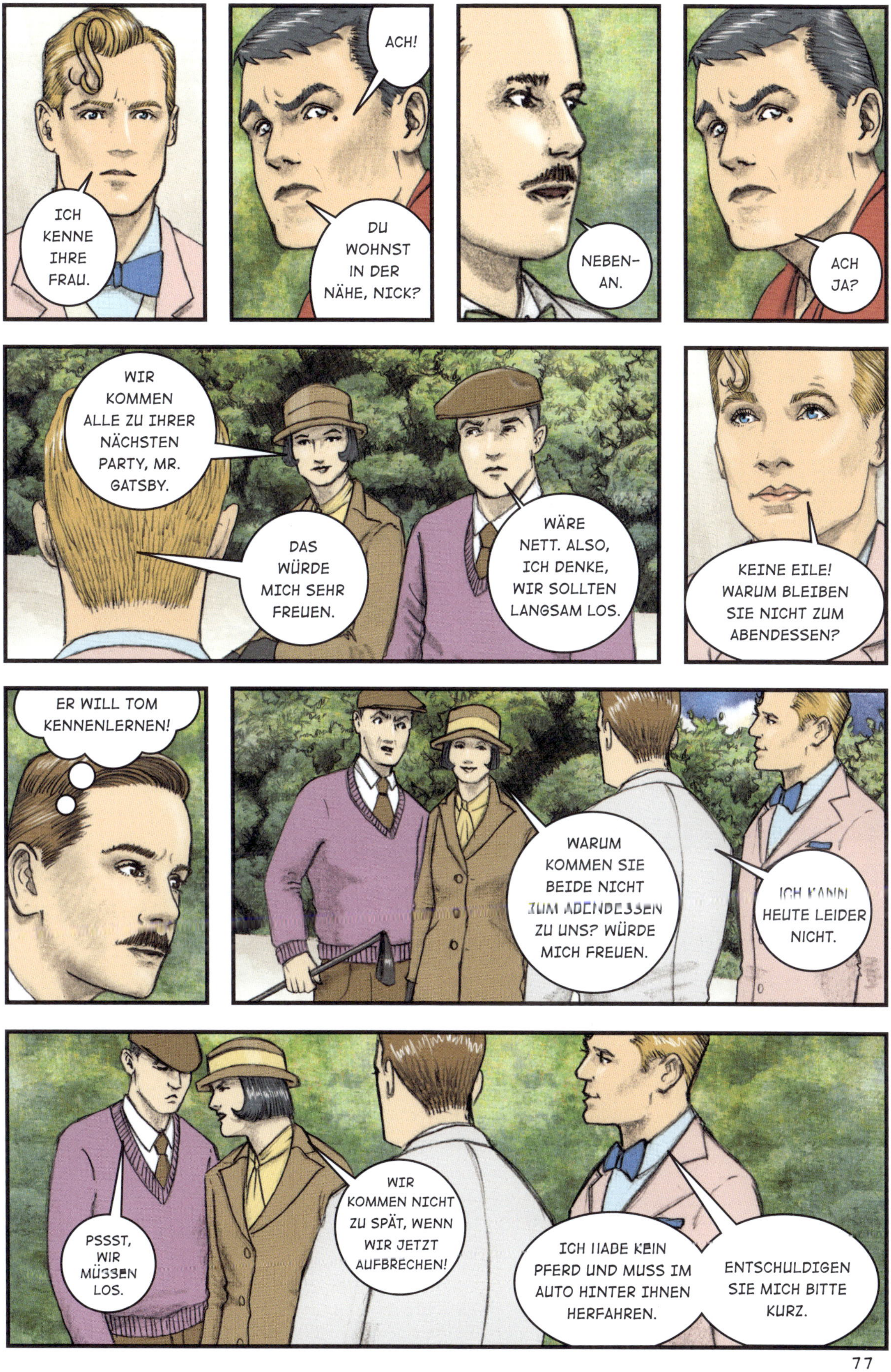
ICH KENNE IHRE FRAU.
ACH!
DU WOHNST IN DER NÄHE, NICK?
NEBEN-AN.
ACH JA?
WIR KOMMEN ALLE ZU IHRER NÄCHSTEN PARTY, MR. GATSBY.
DAS WÜRDE MICH SEHR FREUEN.
WÄRE NETT. ALSO, ICH DENKE, WIR SOLLTEN LANGSAM LOS.
KEINE EILE! WARUM BLEIBEN SIE NICHT ZUM ABENDESSEN?
ER WILL TOM KENNENLERNEN!
WARUM KOMMEN SIE BEIDE NICHT ZUM ABENDESSEN ZU UNS? WÜRDE MICH FREUEN.
ICH KANN HEUTE LEIDER NICHT.
ICH HABE KEIN PFERD UND MUSS IM AUTO HINTER IHNEN HERFAHREN.
ENTSCHULDIGEN SIE MICH BITTE KURZ.
WIR KOMMEN NICHT ZU SPÄT, WENN WIR JETZT AUFBRECHEN!
PSSST, WIR MÜSSEN LOS.

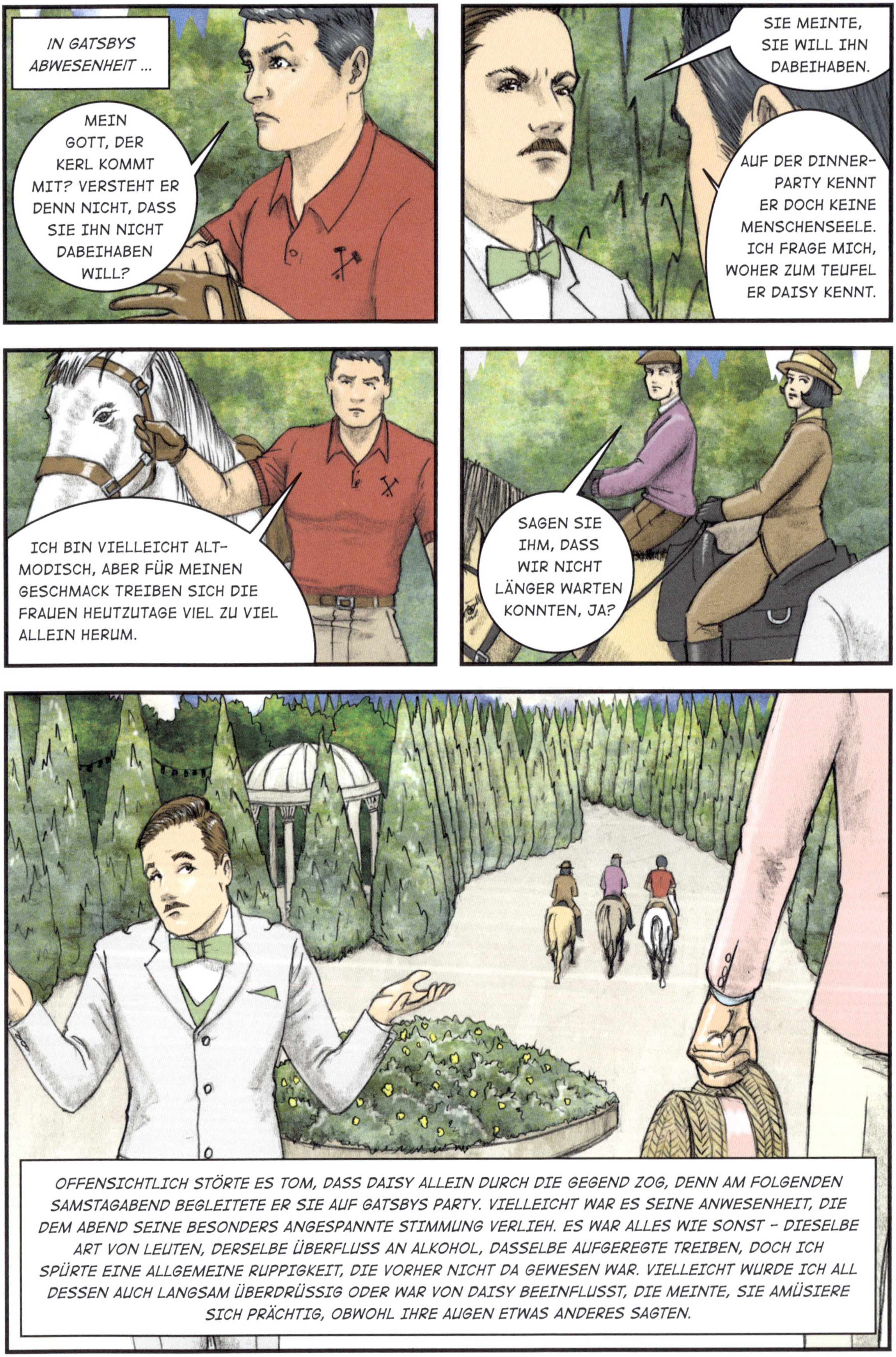
IN GATSBYS ABWESENHEIT …
MEIN GOTT, DER KERL KOMMT MIT? VERSTEHT ER DENN NICHT, DASS SIE IHN NICHT DABEIHABEN WILL?
SIE MEINTE, SIE WILL IHN DABEIHABEN.
AUF DER DINNER-PARTY KENNT ER DOCH KEINE MENSCHENSEELE. ICH FRAGE MICH, WOHER ZUM TEUFEL ER DAISY KENNT.
ICH BIN VIELLEICHT ALT-MODISCH, ABER FÜR MEINEN GESCHMACK TREIBEN SICH DIE FRAUEN HEUTZUTAGE VIEL ZU VIEL ALLEIN HERUM.
SAGEN SIE IHM, DASS WIR NICHT LÄNGER WARTEN KONNTEN, JA?
OFFENSICHTLICH STÖRTE ES TOM, DASS DAISY ALLEIN DURCH DIE GEGEND ZOG, DENN AM FOLGENDEN SAMSTAGABEND BEGLEITETE ER SIE AUF GATSBYS PARTY. VIELLEICHT WAR ES SEINE ANWESENHEIT, DIE DEM ABEND SEINE BESONDERS ANGESPANNTE STIMMUNG VERLIEH. ES WAR ALLES WIE SONST – DIESELBE ART VON LEUTEN, DERSELBE ÜBERFLUSS AN ALKOHOL, DASSELBE AUFGEREGTE TREIBEN, DOCH ICH SPÜRTE EINE ALLGEMEINE RUPPIGKEIT, DIE VORHER NICHT DA GEWESEN WAR. VIELLEICHT WURDE ICH ALL DESSEN AUCH LANGSAM ÜBERDRÜSSIG ODER WAR VON DAISY BEEINFLUSST, DIE MEINTE, SIE AMÜSIERE SICH PRÄCHTIG, OBWOHL IHRE AUGEN ETWAS ANDERES SAGTEN.

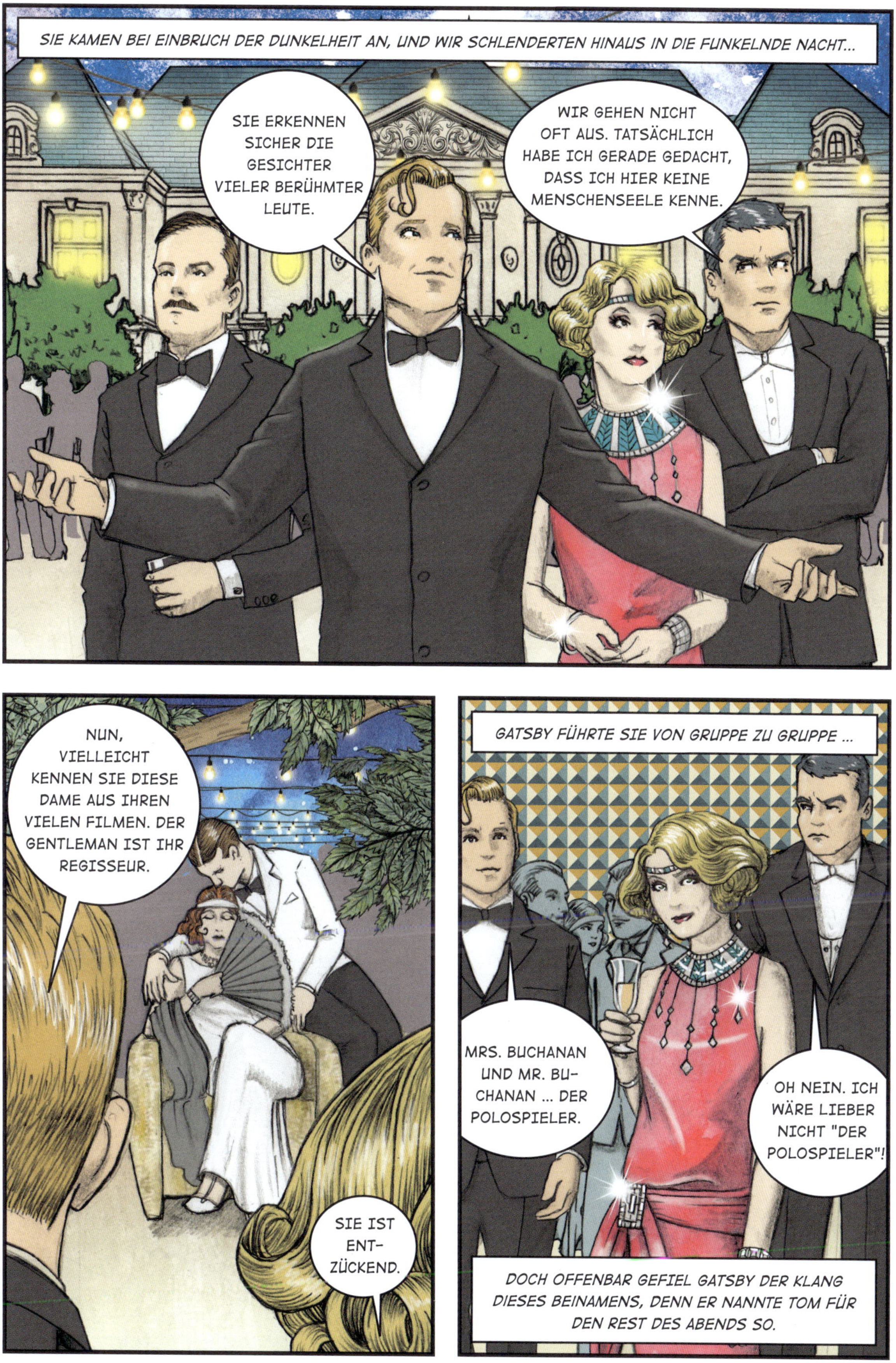
SIE KAMEN BEI EINBRUCH DER DUNKELHEIT AN, UND WIR SCHLENDERTEN HINAUS IN DIE FUNKELNDE NACHT...
SIE ERKENNEN SICHER DIE GESICHTER VIELER BERÜHMTER LEUTE.
WIR GEHEN NICHT OFT AUS. TATSÄCHLICH HABE ICH GERADE GEDACHT, DASS ICH HIER KEINE MENSCHENSEELE KENNE.
NUN, VIELLEICHT KENNEN SIE DIESE DAME AUS IHREN VIELEN FILMEN. DER GENTLEMAN IST IHR REGISSEUR.
SIE IST ENT-ZÜCKEND.
GATSBY FÜHRTE SIE VON GRUPPE ZU GRUPPE ...
MRS. BUCHANAN UND MR. BU-CHANAN ... DER POLOSPIELER.
OH NEIN. ICH WÄRE LIEBER NICHT "DER POLOSPIELER"!
DOCH OFFENBAR GEFIEL GATSBY DER KLANG DIESES BEINAMENS, DENN ER NANNTE TOM FÜR DEN REST DES ABENDS SO.

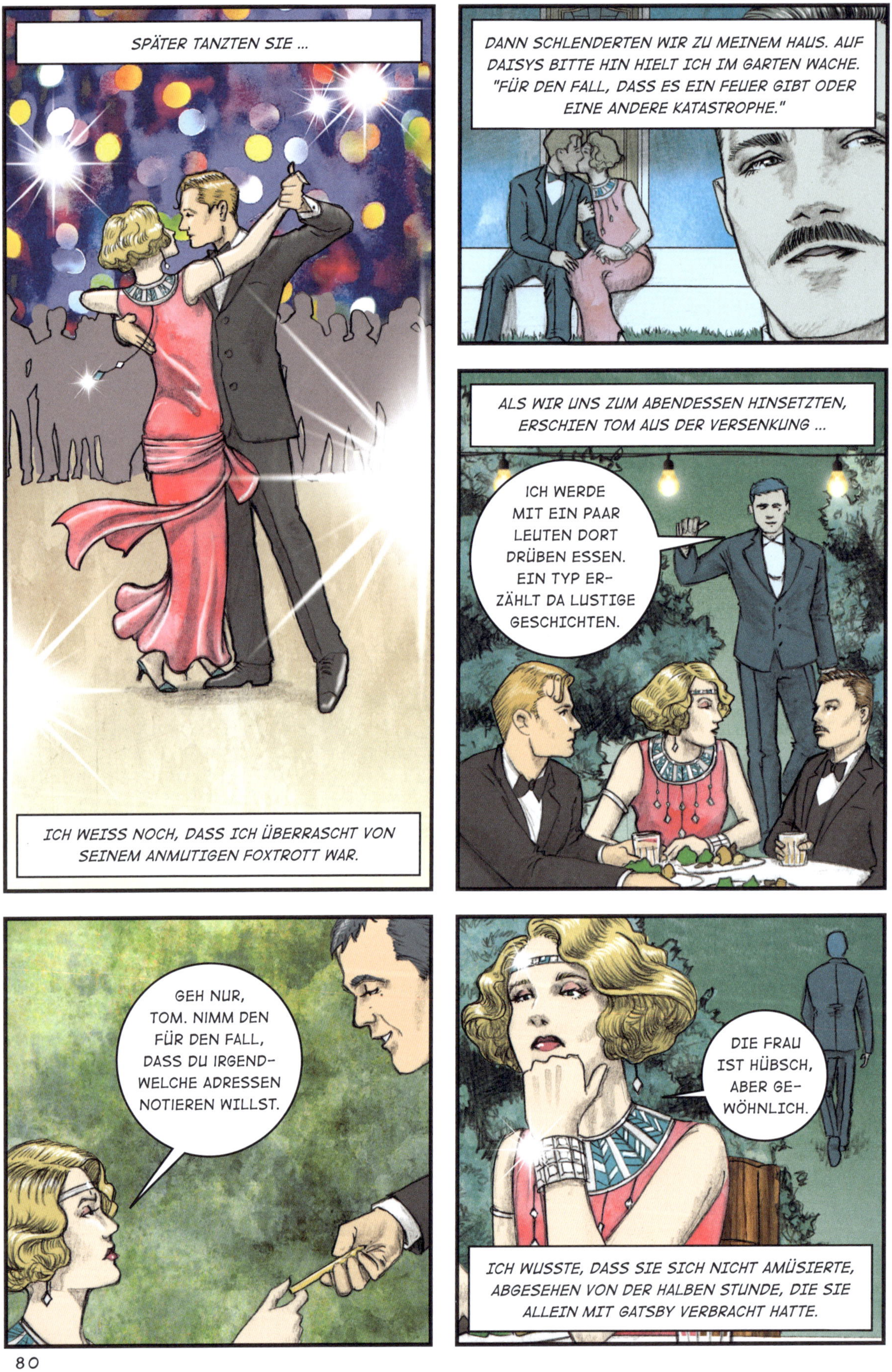
SPÄTER TANZTEN SIE ...
ICH WEISS NOCH, DASS ICH ÜBERRASCHT VON SEINEM ANMUTIGEN FOXTROTT WAR.
DANN SCHLENDERTEN WIR ZU MEINEM HAUS. AUF DAISYS BITTE HIN HIELT ICH IM GARTEN WACHE. "FÜR DEN FALL, DASS ES EIN FEUER GIBT ODER EINE ANDERE KATASTROPHE."
ALS WIR UNS ZUM ABENDESSEN HINSETZTEN, ERSCHIEN TOM AUS DER VERSENKUNG ...
ICH WERDE MIT EIN PAAR LEUTEN DORT DRÜBEN ESSEN. EIN TYP ERZÄHLT DA LUSTIGE GESCHICHTEN.
GEH NUR, TOM. NIMM DEN FÜR DEN FALL, DASS DU IRGENDWELCHE ADRESSEN NOTIEREN WILLST.
DIE FRAU IST HÜBSCH, ABER GEWÖHNLICH.
ICH WUSSTE, DASS SIE SICH NICHT AMÜSIERTE, ABGESEHEN VON DER HALBEN STUNDE, DIE SIE ALLEIN MIT GATSBY VERBRACHT HATTE.

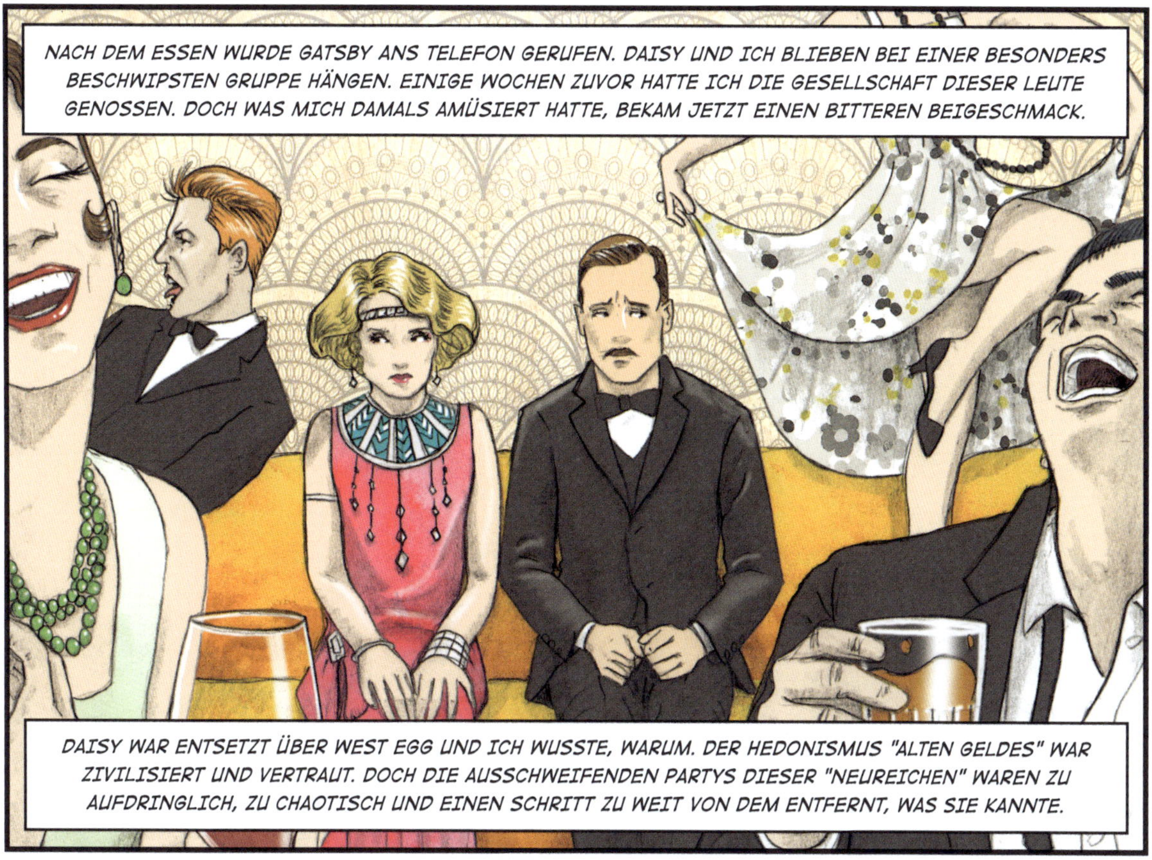
NACH DEM ESSEN WURDE GATSBY ANS TELEFON GERUFEN. DAISY UND ICH BLIEBEN BEI EINER BESONDERS BESCHWIPSTEN GRUPPE HÄNGEN. EINIGE WOCHEN ZUVOR HATTE ICH DIE GESELLSCHAFT DIESER LEUTE GENOSSEN. DOCH WAS MICH DAMALS AMÜSIERT HATTE, BEKAM JETZT EINEN BITTEREN BEIGESCHMACK.
DAISY WAR ENTSETZT ÜBER WEST EGG UND ICH WUSSTE, WARUM. DER HEDONISMUS "ALTEN GELDES" WAR ZIVILISIERT UND VERTRAUT. DOCH DIE AUSSCHWEIFENDEN PARTYS DIESER "NEUREICHEN" WAREN ZU AUFDRINGLICH, ZU CHAOTISCH UND EINEN SCHRITT ZU WEIT VON DEM ENTFERNT, WAS SIE KANNTE.

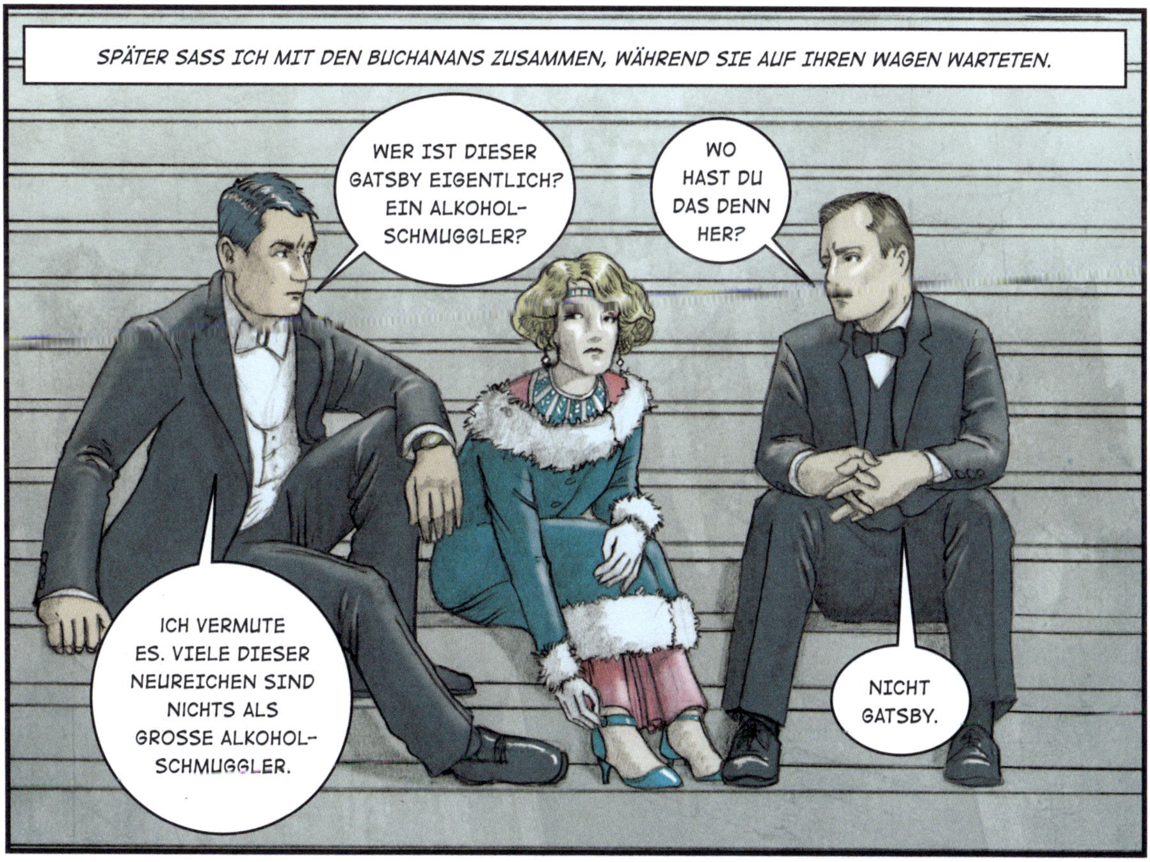
SPÄTER SASS ICH MIT DEN BUCHANANS ZUSAMMEN, WÄHREND SIE AUF IHREN WAGEN WARTETEN.
WER IST DIESER GATSBY EIGENTLICH? EIN ALKOHOL-SCHMUGGLER?
WO HAST DU DAS DENN HER?
ICH VERMUTE ES. VIELE DIESER NEUREICHEN SIND NICHTS ALS GROSSE ALKOHOL-SCHMUGGLER.
NICHT GATSBY.

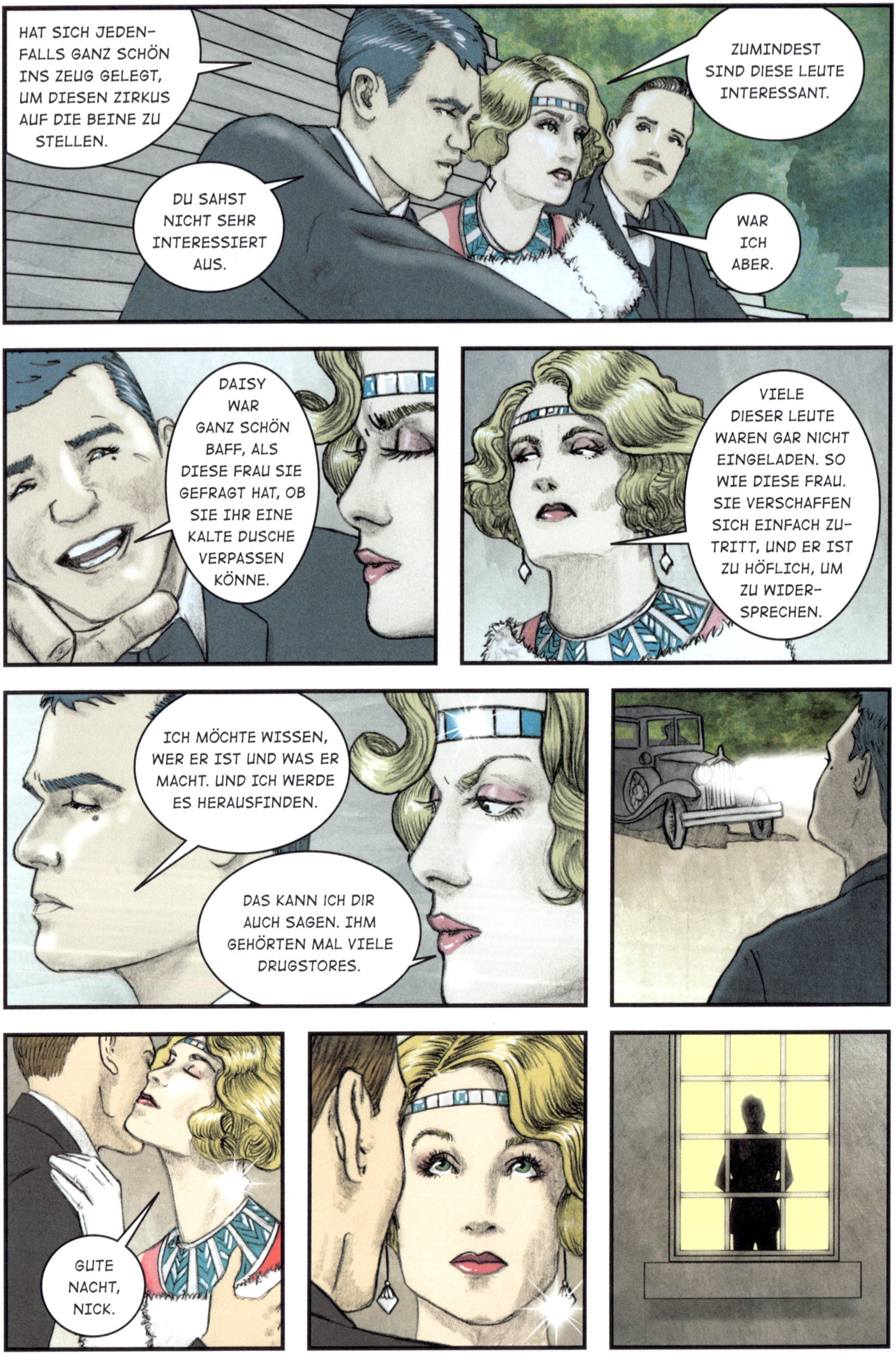
HAT SICH JEDENFALLS GANZ SCHÖN INS ZEUG GELEGT, UM DIESEN ZIRKUS AUF DIE BEINE ZU STELLEN.
ZUMINDEST SIND DIESE LEUTE INTERESSANT.
DU SAHST NICHT SEHR INTERESSIERT AUS.
WAR ICH ABER.
DAISY WAR GANZ SCHÖN BAFF, ALS DIESE FRAU SIE GEFRAGT HAT, OB SIE IHR EINE KALTE DUSCHE VERPASSEN KÖNNE.
VIELE DIESER LEUTE WAREN GAR NICHT EINGELADEN. SO WIE DIESE FRAU. SIE VERSCHAFFEN SICH EINFACH ZUTRITT, UND ER IST ZU HÖFLICH, UM ZU WIDERSPRECHEN.
ICH MÖCHTE WISSEN, WER ER IST UND WAS ER MACHT. UND ICH WERDE ES HERAUSFINDEN.
DAS KANN ICH DIR AUCH SAGEN. IHM GEHÖRTEN MAL VIELE DRUGSTORES.
GUTE NACHT, NICK.

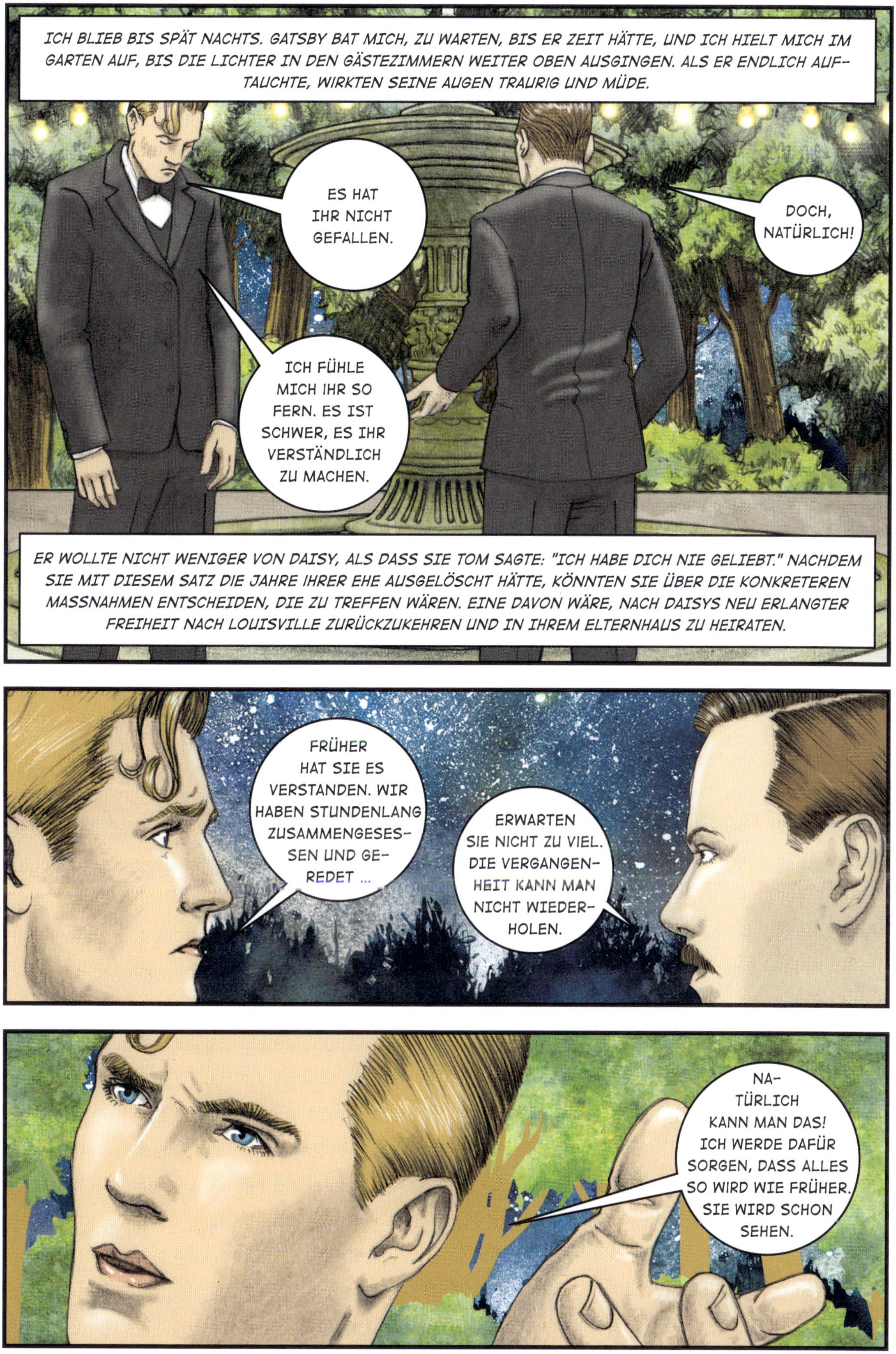
ICH BLIEB BIS SPÄT NACHTS. GATSBY BAT MICH, ZU WARTEN, BIS ER ZEIT HÄTTE, UND ICH HIELT MICH IM GARTEN AUF, BIS DIE LICHTER IN DEN GÄSTEZIMMERN WEITER OBEN AUSGINGEN. ALS ER ENDLICH AUFTAUCHTE, WIRKTEN SEINE AUGEN TRAURIG UND MÜDE.
ES HAT IHR NICHT GEFALLEN.
DOCH, NATÜRLICH!
ICH FÜHLE MICH IHR SO FERN. ES IST SCHWER, ES IHR VERSTÄNDLICH ZU MACHEN.
ER WOLLTE NICHT WENIGER VON DAISY, ALS DASS SIE TOM SAGTE: "ICH HABE DICH NIE GELIEBT." NACHDEM SIE MIT DIESEM SATZ DIE JAHRE IHRER EHE AUSGELÖSCHT HÄTTE, KÖNNTEN SIE ÜBER DIE KONKRETEREN MASSNAHMEN ENTSCHEIDEN, DIE ZU TREFFEN WÄREN. EINE DAVON WÄRE, NACH DAISYS NEU ERLANGTER FREIHEIT NACH LOUISVILLE ZURÜCKZUKEHREN UND IN IHREM ELTERNHAUS ZU HEIRATEN.
FRÜHER HAT SIE ES VERSTANDEN. WIR HABEN STUNDENLANG ZUSAMMENGESESSEN UND GEREDET ...
ERWARTEN SIE NICHT ZU VIEL. DIE VERGANGENHEIT KANN MAN NICHT WIEDERHOLEN.
NATÜRLICH KANN MAN DAS! ICH WERDE DAFÜR SORGEN, DASS ALLES SO WIRD WIE FRÜHER. SIE WIRD SCHON SEHEN.

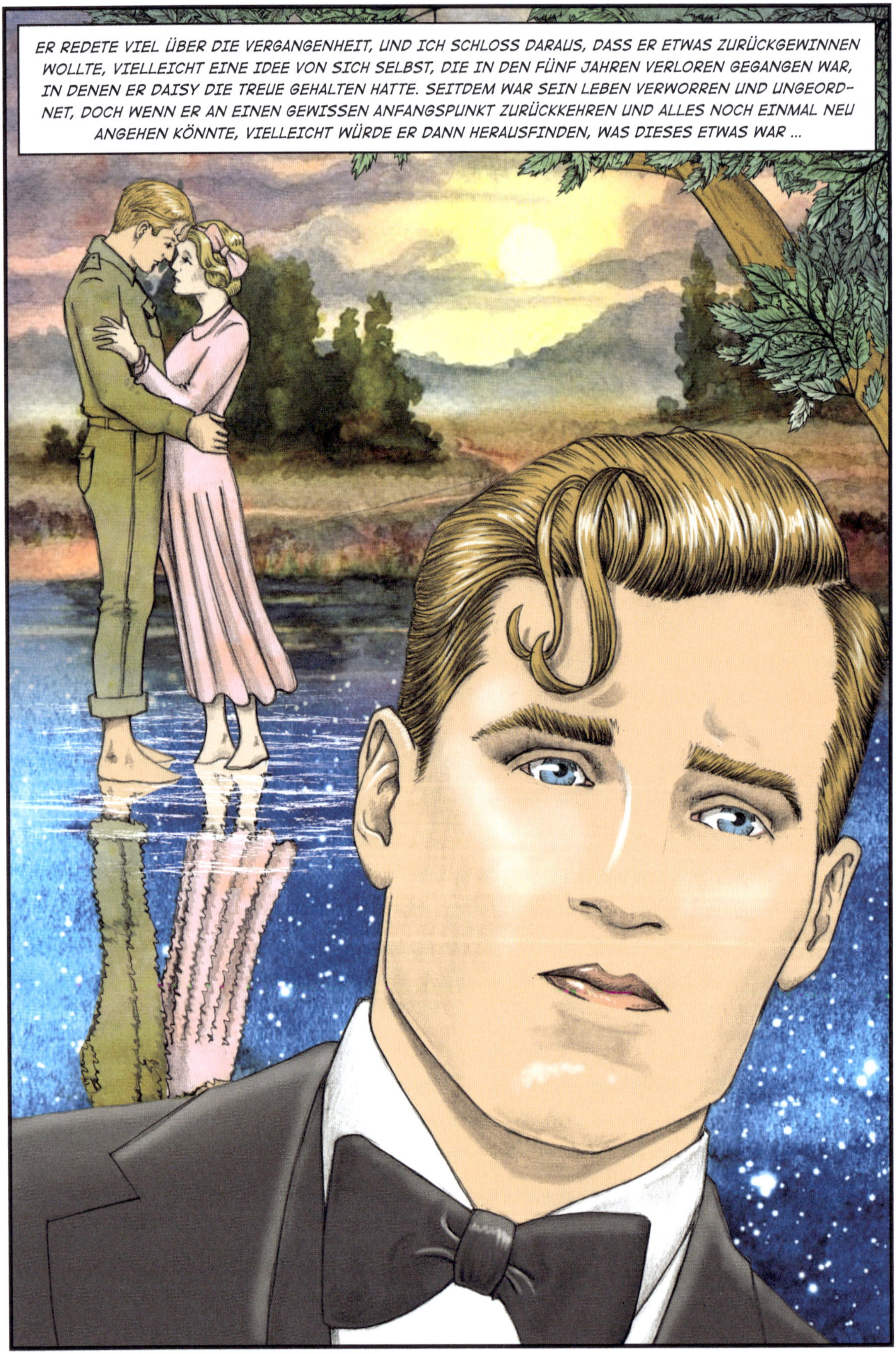
ER REDETE VIEL ÜBER DIE VERGANGENHEIT, UND ICH SCHLOSS DARAUS, DASS ER ETWAS ZURÜCKGEWINNEN WOLLTE, VIELLEICHT EINE IDEE VON SICH SELBST, DIE IN DEN FÜNF JAHREN VERLOREN GEGANGEN WAR, IN DENEN ER DAISY DIE TREUE GEHALTEN HATTE. SEITDEM WAR SEIN LEBEN VERWORREN UND UNGEORDNET, DOCH WENN ER AN EINEN GEWISSEN ANFANGSPUNKT ZURÜCKKEHREN UND ALLES NOCH EINMAL NEU ANGEHEN KÖNNTE, VIELLEICHT WÜRDE ER DANN HERAUSFINDEN, WAS DIESES ETWAS WAR ...

KAPITEL 7

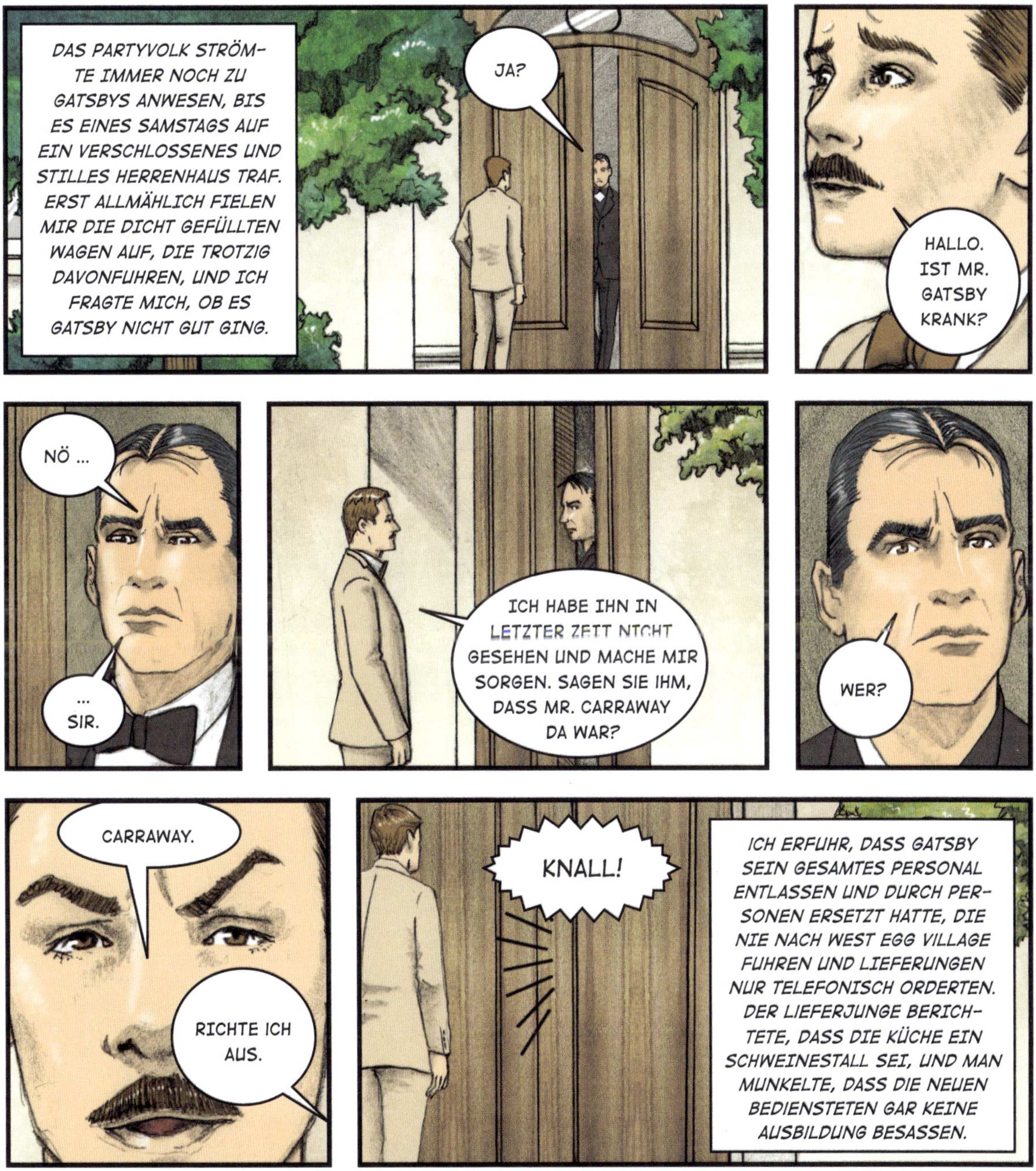

DAS PARTYVOLK STRÖMTE IMMER NOCH ZU GATSBYS ANWESEN, BIS ES EINES SAMSTAGS AUF EIN VERSCHLOSSENES UND STILLES HERRENHAUS TRAF. ERST ALLMÄHLICH FIELEN MIR DIE DICHT GEFÜLLTEN WAGEN AUF, DIE TROTZIG DAVONFUHREN, UND ICH FRAGTE MICH, OB ES GATSBY NICHT GUT GING.
JA?
HALLO. IST MR. GATSBY KRANK?
NÖ …
… SIR.
ICH HABE IHN IN LETZTER ZEIT NICHT GESEHEN UND MACHE MIR SORGEN. SAGEN SIE IHM, DASS MR. CARRAWAY DA WAR?
WER?
CARRAWAY.
RICHTE ICH AUS.
KNALL!
ICH ERFUHR, DASS GATSBY SEIN GESAMTES PERSONAL ENTLASSEN UND DURCH PERSONEN ERSETZT HATTE, DIE NIE NACH WEST EGG VILLAGE FUHREN UND LIEFERUNGEN NUR TELEFONISCH ORDERTEN. DER LIEFERJUNGE BERICHTETE, DASS DIE KÜCHE EIN SCHWEINESTALL SEI, UND MAN MUNKELTE, DASS DIE NEUEN BEDIENSTETEN GAR KEINE AUSBILDUNG BESASSEN.

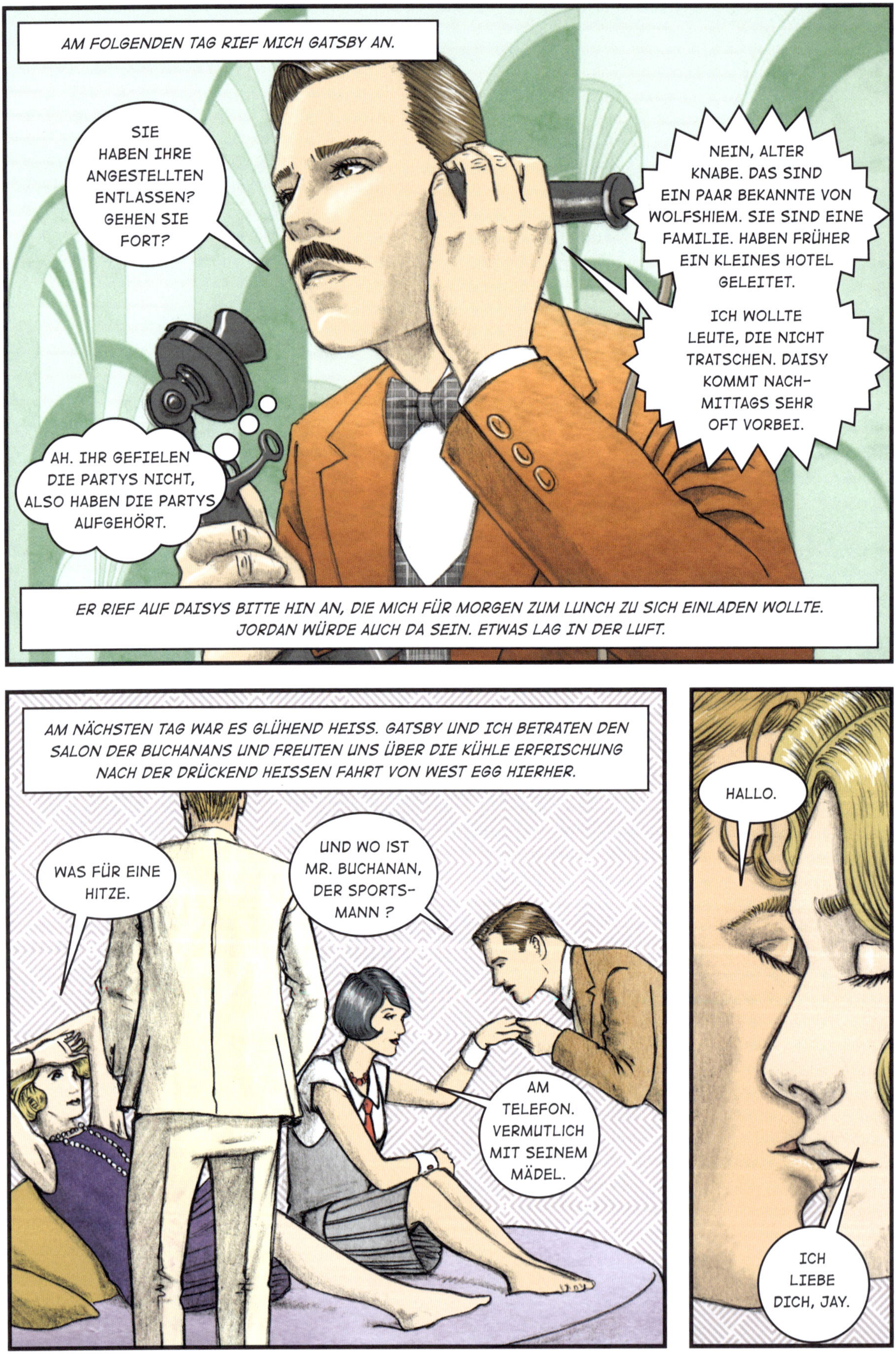
AM FOLGENDEN TAG RIEF MICH GATSBY AN.
SIE HABEN IHRE ANGESTELLTEN ENTLASSEN? GEHEN SIE FORT?
NEIN, ALTER KNABE. DAS SIND EIN PAAR BEKANNTE VON WOLFSHIEM. SIE SIND EINE FAMILIE. HABEN FRÜHER EIN KLEINES HOTEL GELEITET.
ICH WOLLTE LEUTE, DIE NICHT TRATSCHEN. DAISY KOMMT NACHMITTAGS SEHR OFT VORBEI.
AH. IHR GEFIELEN DIE PARTYS NICHT, ALSO HABEN DIE PARTYS AUFGEHÖRT.
ER RIEF AUF DAISYS BITTE HIN AN, DIE MICH FÜR MORGEN ZUM LUNCH ZU SICH EINLADEN WOLLTE. JORDAN WÜRDE AUCH DA SEIN. ETWAS LAG IN DER LUFT.
AM NÄCHSTEN TAG WAR ES GLÜHEND HEISS. GATSBY UND ICH BETRATEN DEN SALON DER BUCHANANS UND FREUTEN UNS ÜBER DIE KÜHLE ERFRISCHUNG NACH DER DRÜCKEND HEISSEN FAHRT VON WEST EGG HIERHER.
WAS FÜR EINE HITZE.
UND WO IST MR. BUCHANAN, DER SPORTSMANN ?
AM TELEFON. VERMUTLICH MIT SEINEM MÄDEL.
HALLO.
ICH LIEBE DICH, JAY.

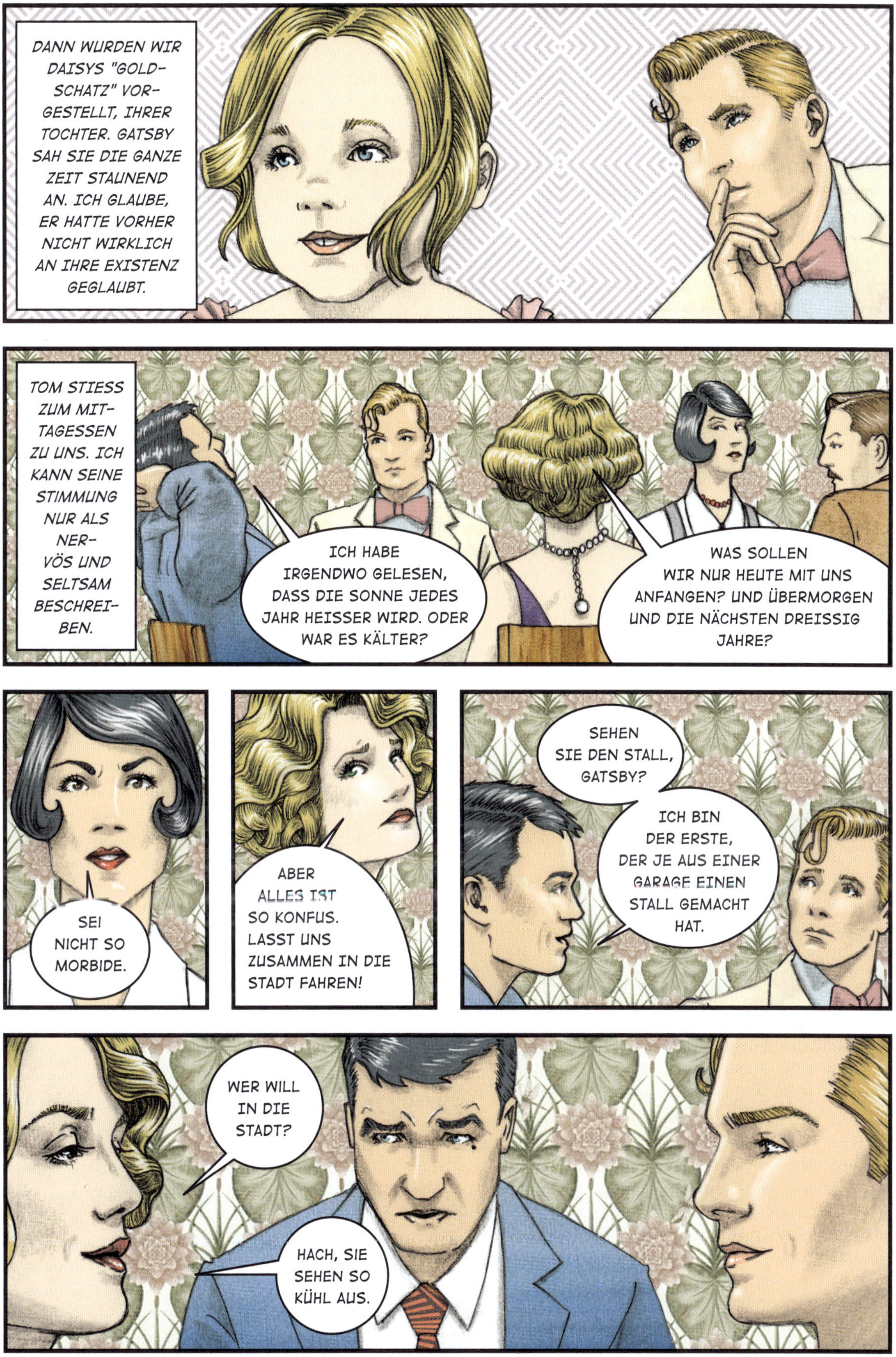
DANN WURDEN WIR DAISYS "GOLDSCHATZ" VORGESTELLT, IHRER TOCHTER. GATSBY SAH SIE DIE GANZE ZEIT STAUNEND AN. ICH GLAUBE, ER HATTE VORHER NICHT WIRKLICH AN IHRE EXISTENZ GEGLAUBT.
TOM STIESS ZUM MITTAGESSEN ZU UNS. ICH KANN SEINE STIMMUNG NUR ALS NERVÖS UND SELTSAM BESCHREIBEN.
ICH HABE IRGENDWO GELESEN, DASS DIE SONNE JEDES JAHR HEISSER WIRD. ODER WAR ES KÄLTER?
WAS SOLLEN WIR NUR HEUTE MIT UNS ANFANGEN? UND ÜBERMORGEN UND DIE NÄCHSTEN DREISSIG JAHRE?
SEI NICHT SO MORBIDE.
ABER ALLES IST SO KONFUS. LASST UNS ZUSAMMEN IN DIE STADT FAHREN!
SEHEN SIE DEN STALL, GATSBY?
ICH BIN DER ERSTE, DER JE AUS EINER GARAGE EINEN STALL GEMACHT HAT.
WER WILL IN DIE STADT?
HACH, SIE SEHEN SO KÜHL AUS.

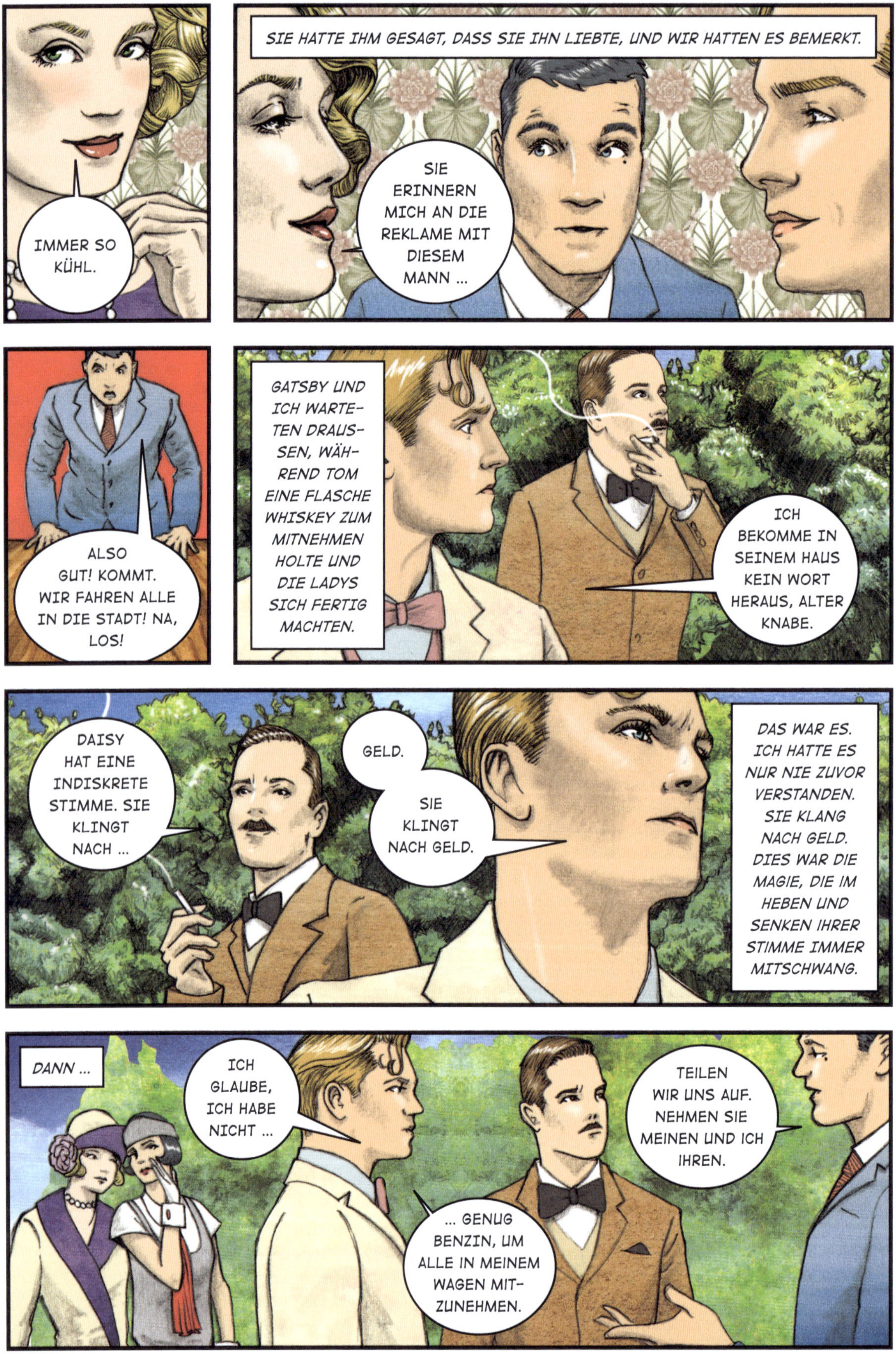
IMMER SO KÜHL.
SIE HATTE IHM GESAGT, DASS SIE IHN LIEBTE, UND WIR HATTEN ES BEMERKT.
SIE ERINNERN MICH AN DIE REKLAME MIT DIESEM MANN ...
ALSO GUT! KOMMT. WIR FAHREN ALLE IN DIE STADT! NA, LOS!
GATSBY UND ICH WARTETEN DRAUSSEN, WÄHREND TOM EINE FLASCHE WHISKEY ZUM MITNEHMEN HOLTE UND DIE LADYS SICH FERTIG MACHTEN.
ICH BEKOMME IN SEINEM HAUS KEIN WORT HERAUS, ALTER KNABE.
DAISY HAT EINE INDISKRETE STIMME. SIE KLINGT NACH ...
GELD.
SIE KLINGT NACH GELD.
DAS WAR ES. ICH HATTE ES NUR NIE ZUVOR VERSTANDEN. SIE KLANG NACH GELD. DIES WAR DIE MAGIE, DIE IM HEBEN UND SENKEN IHRER STIMME IMMER MITSCHWANG.
DANN ...
ICH GLAUBE, ICH HABE NICHT ...
... GENUG BENZIN, UM ALLE IN MEINEM WAGEN MITZUNEHMEN.
TEILEN WIR UNS AUF. NEHMEN SIE MEINEN UND ICH IHREN.

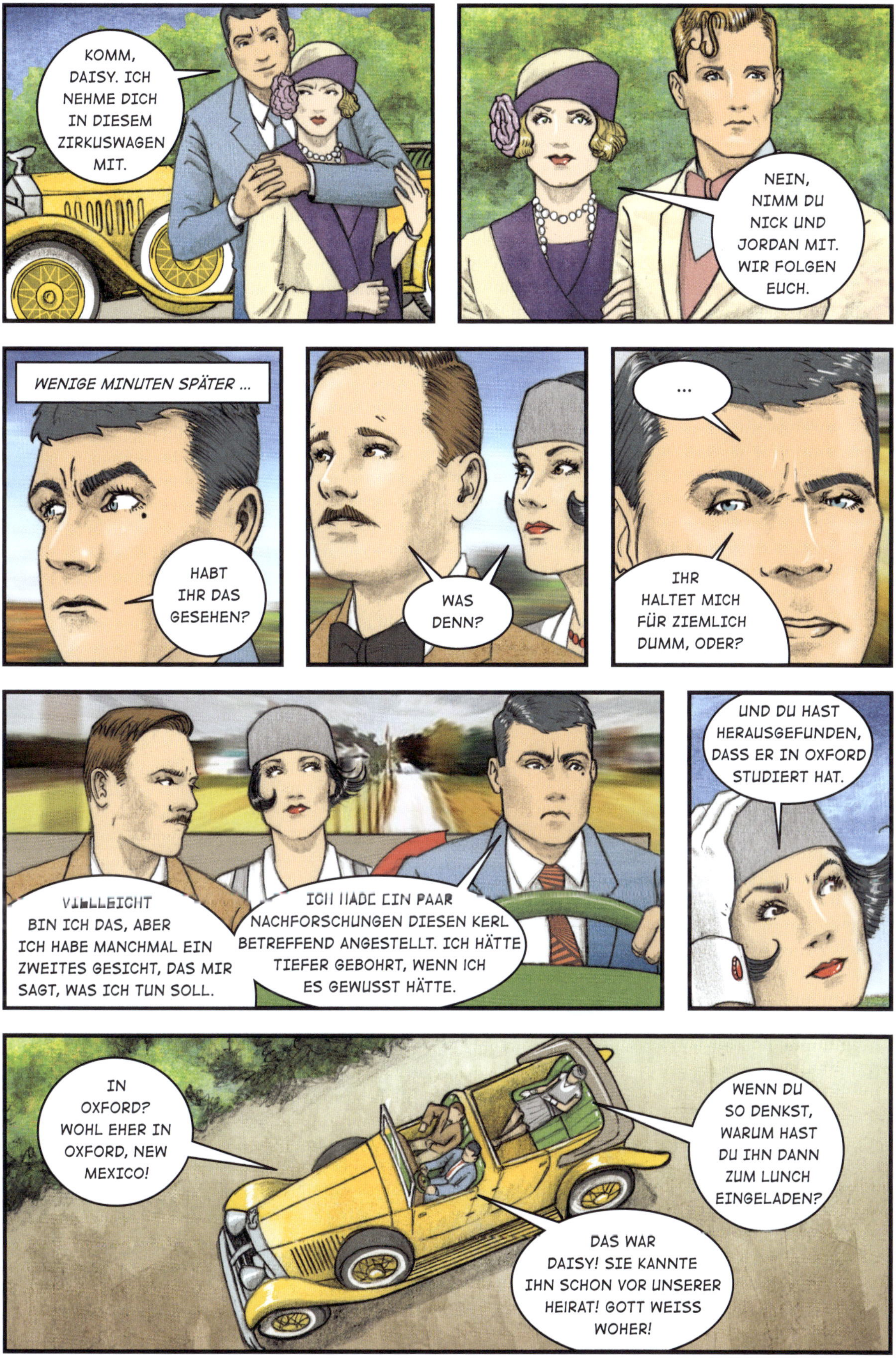
KOMM, DAISY. ICH NEHME DICH IN DIESEM ZIRKUSWAGEN MIT.
NEIN, NIMM DU NICK UND JORDAN MIT. WIR FOLGEN EUCH.
WENIGE MINUTEN SPÄTER ...
HABT IHR DAS GESEHEN?
WAS DENN?
...
IHR HALTET MICH FÜR ZIEMLICH DUMM, ODER?
VIELLEICHT BIN ICH DAS, ABER ICH HABE MANCHMAL EIN ZWEITES GESICHT, DAS MIR SAGT, WAS ICH TUN SOLL.
ICH HABE EIN PAAR NACHFORSCHUNGEN DIESEN KERL BETREFFEND ANGESTELLT. ICH HÄTTE TIEFER GEBOHRT, WENN ICH ES GEWUSST HÄTTE.
UND DU HAST HERAUSGEFUNDEN, DASS ER IN OXFORD STUDIERT HAT.
IN OXFORD? WOHL EHER IN OXFORD, NEW MEXICO!
WENN DU SO DENKST, WARUM HAST DU IHN DANN ZUM LUNCH EINGELADEN?
DAS WAR DAISY! SIE KANNTE IHN SCHON VOR UNSERER HEIRAT! GOTT WEISS WOHER!

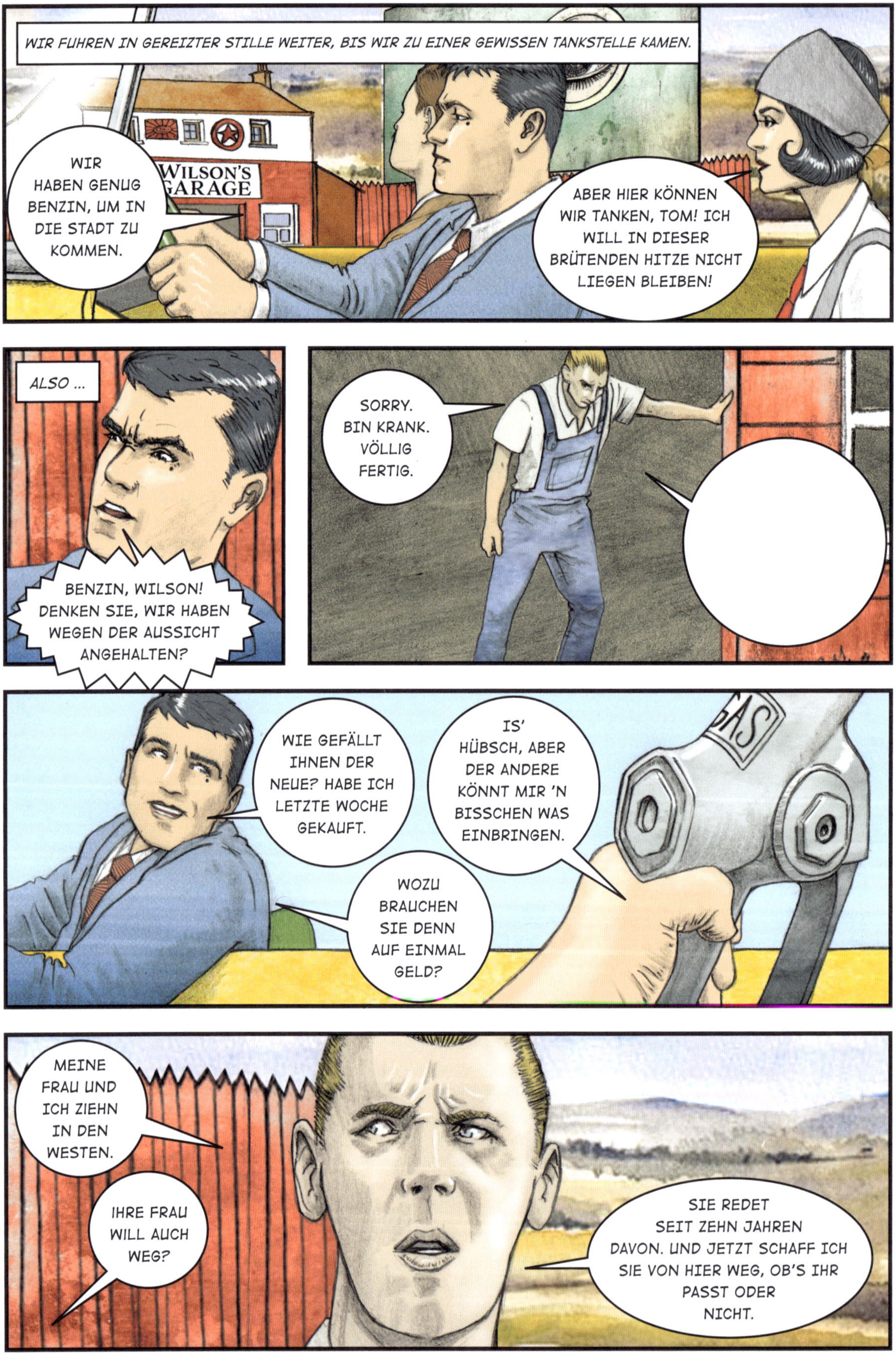
WIR FUHREN IN GEREIZTER STILLE WEITER, BIS WIR ZU EINER GEWISSEN TANKSTELLE KAMEN.
WILSON'S GARAGE
WIR HABEN GENUG BENZIN, UM IN DIE STADT ZU KOMMEN.
ABER HIER KÖNNEN WIR TANKEN, TOM! ICH WILL IN DIESER BRÜTENDEN HITZE NICHT LIEGEN BLEIBEN!
ALSO ...
BENZIN, WILSON! DENKEN SIE, WIR HABEN WEGEN DER AUSSICHT ANGEHALTEN?
SORRY. BIN KRANK. VÖLLIG FERTIG.
WIE GEFÄLLT IHNEN DER NEUE? HABE ICH LETZTE WOCHE GEKAUFT.
IS' HÜBSCH, ABER DER ANDERE KÖNNT MIR 'N BISSCHEN WAS EINBRINGEN.
WOZU BRAUCHEN SIE DENN AUF EINMAL GELD?
MEINE FRAU UND ICH ZIEHN IN DEN WESTEN.
IHRE FRAU WILL AUCH WEG?
SIE REDET SEIT ZEHN JAHREN DAVON. UND JETZT SCHAFF ICH SIE VON HIER WEG, OB'S IHR PASST ODER NICHT.

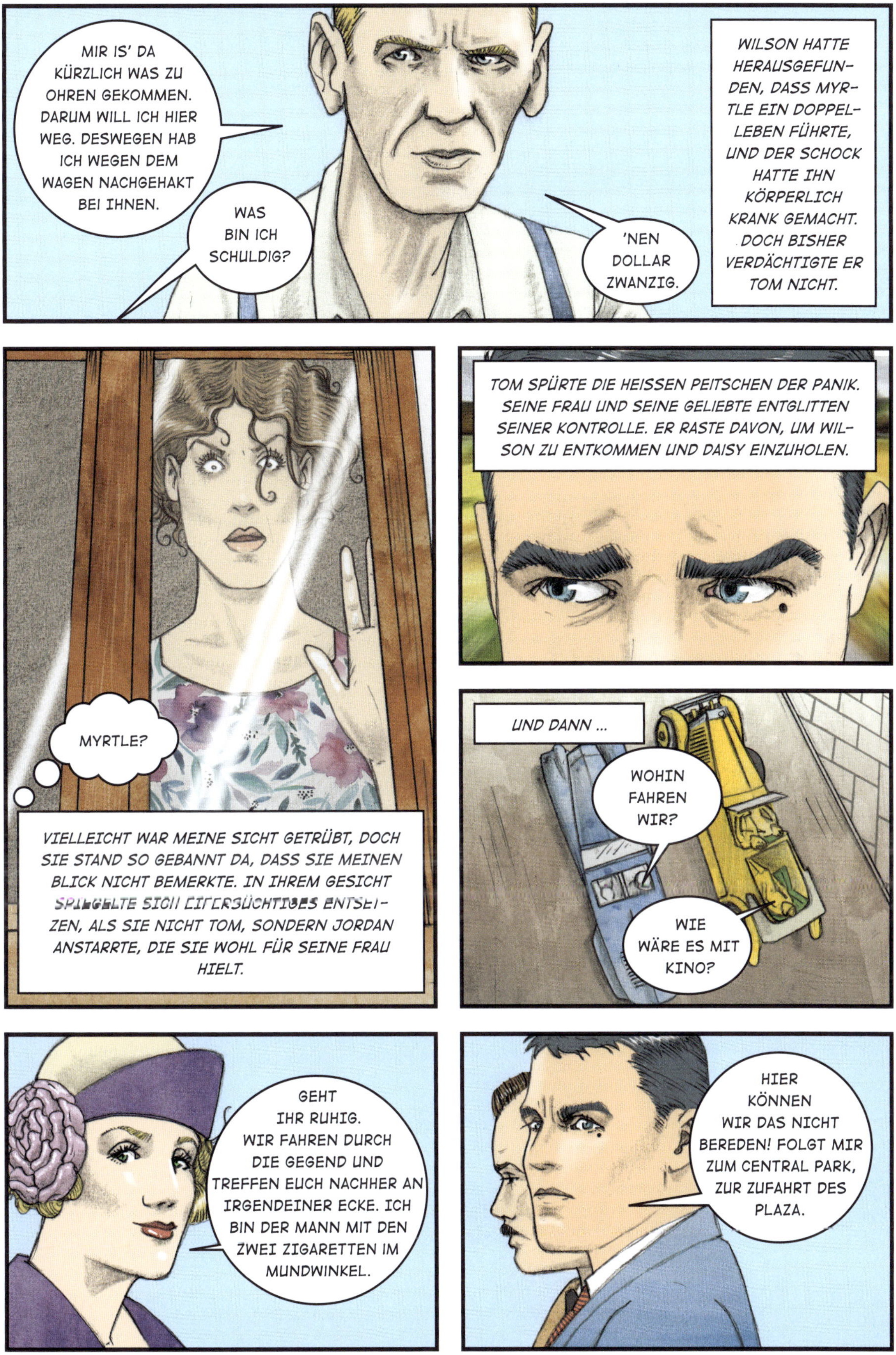
MIR IS' DA KÜRZLICH WAS ZU OHREN GEKOMMEN. DARUM WILL ICH HIER WEG. DESWEGEN HAB ICH WEGEN DEM WAGEN NACHGEHAKT BEI IHNEN.
WAS BIN ICH SCHULDIG?
'NEN DOLLAR ZWANZIG.
WILSON HATTE HERAUSGEFUNDEN, DASS MYRTLE EIN DOPPELLEBEN FÜHRTE, UND DER SCHOCK HATTE IHN KÖRPERLICH KRANK GEMACHT. DOCH BISHER VERDÄCHTIGTE ER TOM NICHT.
MYRTLE?
VIELLEICHT WAR MEINE SICHT GETRÜBT, DOCH SIE STAND SO GEBANNT DA, DASS SIE MEINEN BLICK NICHT BEMERKTE. IN IHREM GESICHT SPIEGELTE SICH EIFERSÜCHTIGES ENTSETZEN, ALS SIE NICHT TOM, SONDERN JORDAN ANSTARRTE, DIE SIE WOHL FÜR SEINE FRAU HIELT.
TOM SPÜRTE DIE HEISSEN PEITSCHEN DER PANIK. SEINE FRAU UND SEINE GELIEBTE ENTGLITTEN SEINER KONTROLLE. ER RASTE DAVON, UM WILSON ZU ENTKOMMEN UND DAISY EINZUHOLEN.
UND DANN ...
WOHIN FAHREN WIR?
WIE WÄRE ES MIT KINO?
GEHT IHR RUHIG. WIR FAHREN DURCH DIE GEGEND UND TREFFEN EUCH NACHHER AN IRGENDEINER ECKE. ICH BIN DER MANN MIT DEN ZWEI ZIGARETTEN IM MUNDWINKEL.
HIER KÖNNEN WIR DAS NICHT BEREDEN! FOLGT MIR ZUM CENTRAL PARK, ZUR ZUFAHRT DES PLAZA.

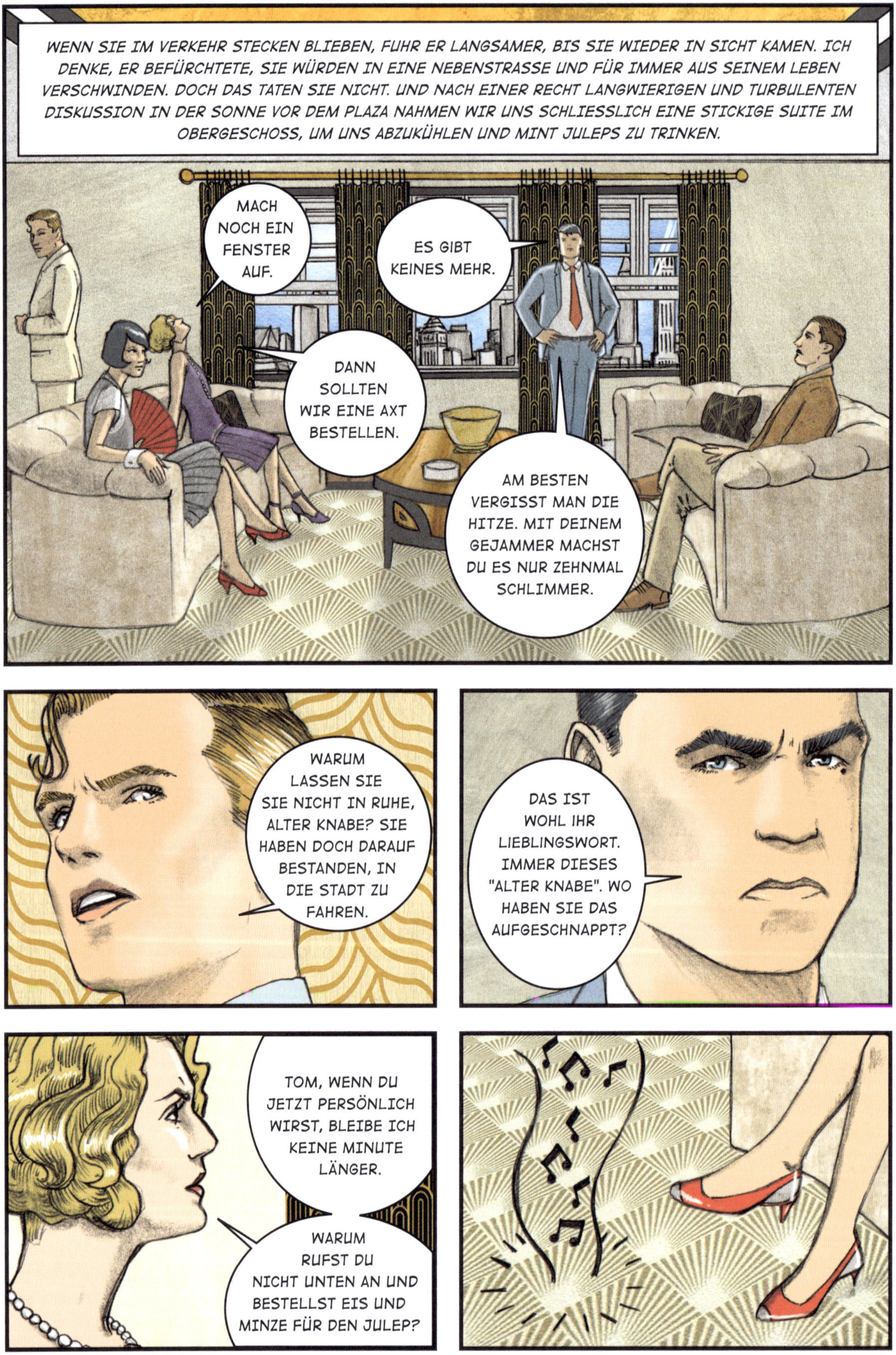
WENN SIE IM VERKEHR STECKEN BLIEBEN, FUHR ER LANGSAMER, BIS SIE WIEDER IN SICHT KAMEN. ICH DENKE, ER BEFÜRCHTETE, SIE WÜRDEN IN EINE NEBENSTRASSE UND FÜR IMMER AUS SEINEM LEBEN VERSCHWINDEN. DOCH DAS TATEN SIE NICHT. UND NACH EINER RECHT LANGWIERIGEN UND TURBULENTEN DISKUSSION IN DER SONNE VOR DEM PLAZA NAHMEN WIR UNS SCHLIESSLICH EINE STICKIGE SUITE IM OBERGESCHOSS, UM UNS ABZUKÜHLEN UND MINT JULEPS ZU TRINKEN.
MACH NOCH EIN FENSTER AUF.
ES GIBT KEINES MEHR.
DANN SOLLTEN WIR EINE AXT BESTELLEN.
AM BESTEN VERGISST MAN DIE HITZE. MIT DEINEM GEJAMMER MACHST DU ES NUR ZEHNMAL SCHLIMMER.
WARUM LASSEN SIE SIE NICHT IN RUHE, ALTER KNABE? SIE HABEN DOCH DARAUF BESTANDEN, IN DIE STADT ZU FAHREN.
DAS IST WOHL IHR LIEBLINGSWORT. IMMER DIESES "ALTER KNABE". WO HABEN SIE DAS AUFGESCHNAPPT?
TOM, WENN DU JETZT PERSÖNLICH WIRST, BLEIBE ICH KEINE MINUTE LÄNGER.
WARUM RUFST DU NICHT UNTEN AN UND BESTELLST EIS UND MINZE FÜR DEN JULEP?

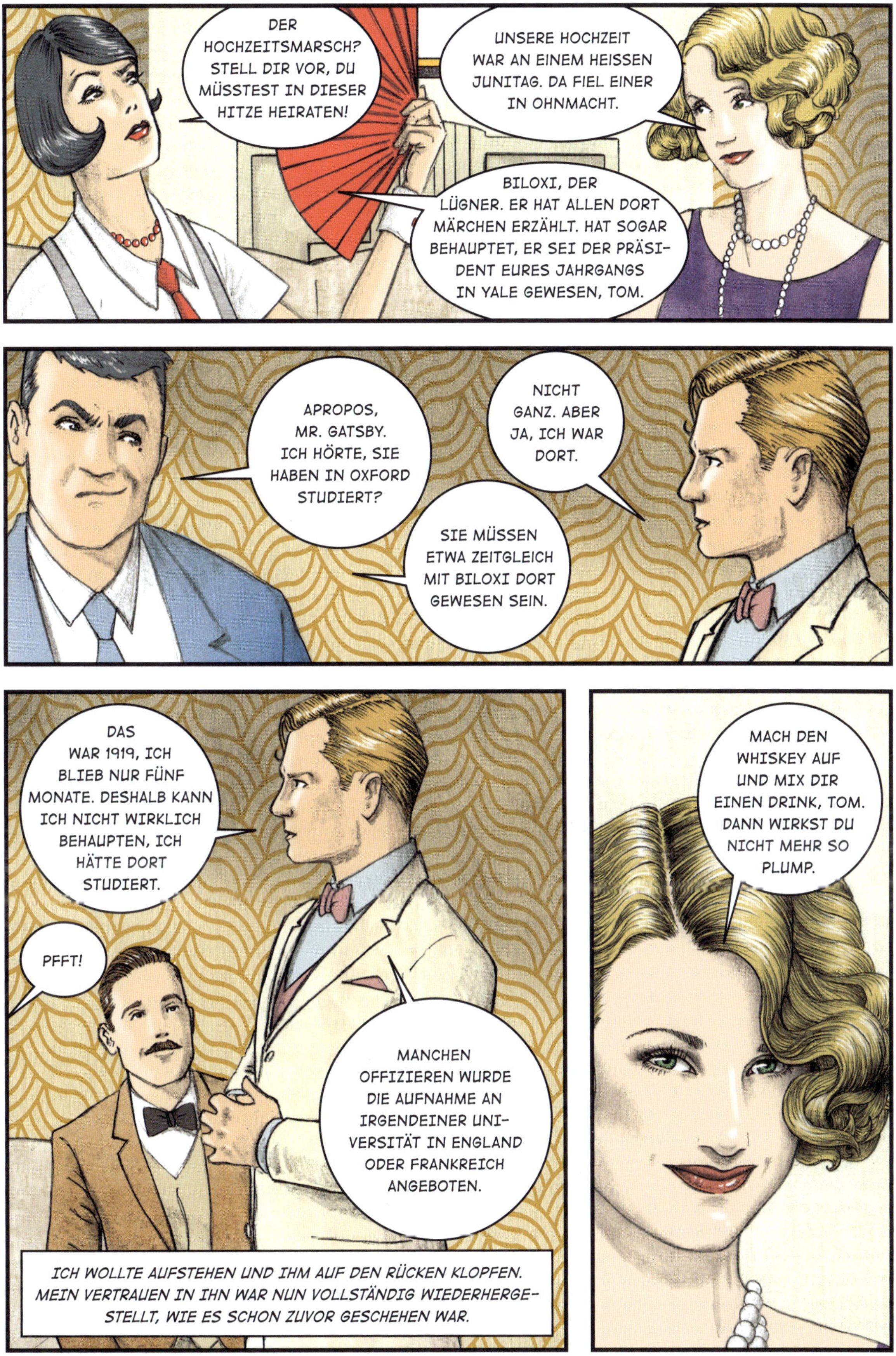
DER HOCHZEITSMARSCH? STELL DIR VOR, DU MÜSSTEST IN DIESER HITZE HEIRATEN!
UNSERE HOCHZEIT WAR AN EINEM HEISSEN JUNITAG. DA FIEL EINER IN OHNMACHT.
BILOXI, DER LÜGNER. ER HAT ALLEN DORT MÄRCHEN ERZÄHLT. HAT SOGAR BEHAUPTET, ER SEI DER PRÄSIDENT EURES JAHRGANGS IN YALE GEWESEN, TOM.
APROPOS, MR. GATSBY. ICH HÖRTE, SIE HABEN IN OXFORD STUDIERT?
NICHT GANZ. ABER JA, ICH WAR DORT.
SIE MÜSSEN ETWA ZEITGLEICH MIT BILOXI DORT GEWESEN SEIN.
DAS WAR 1919, ICH BLIEB NUR FÜNF MONATE. DESHALB KANN ICH NICHT WIRKLICH BEHAUPTEN, ICH HÄTTE DORT STUDIERT.
PFFT!
MANCHEN OFFIZIEREN WURDE DIE AUFNAHME AN IRGENDEINER UNIVERSITÄT IN ENGLAND ODER FRANKREICH ANGEBOTEN.
ICH WOLLTE AUFSTEHEN UND IHM AUF DEN RÜCKEN KLOPFEN. MEIN VERTRAUEN IN IHN WAR NUN VOLLSTÄNDIG WIEDERHERGESTELLT, WIE ES SCHON ZUVOR GESCHEHEN WAR.
MACH DEN WHISKEY AUF UND MIX DIR EINEN DRINK, TOM. DANN WIRKST DU NICHT MEHR SO PLUMP.

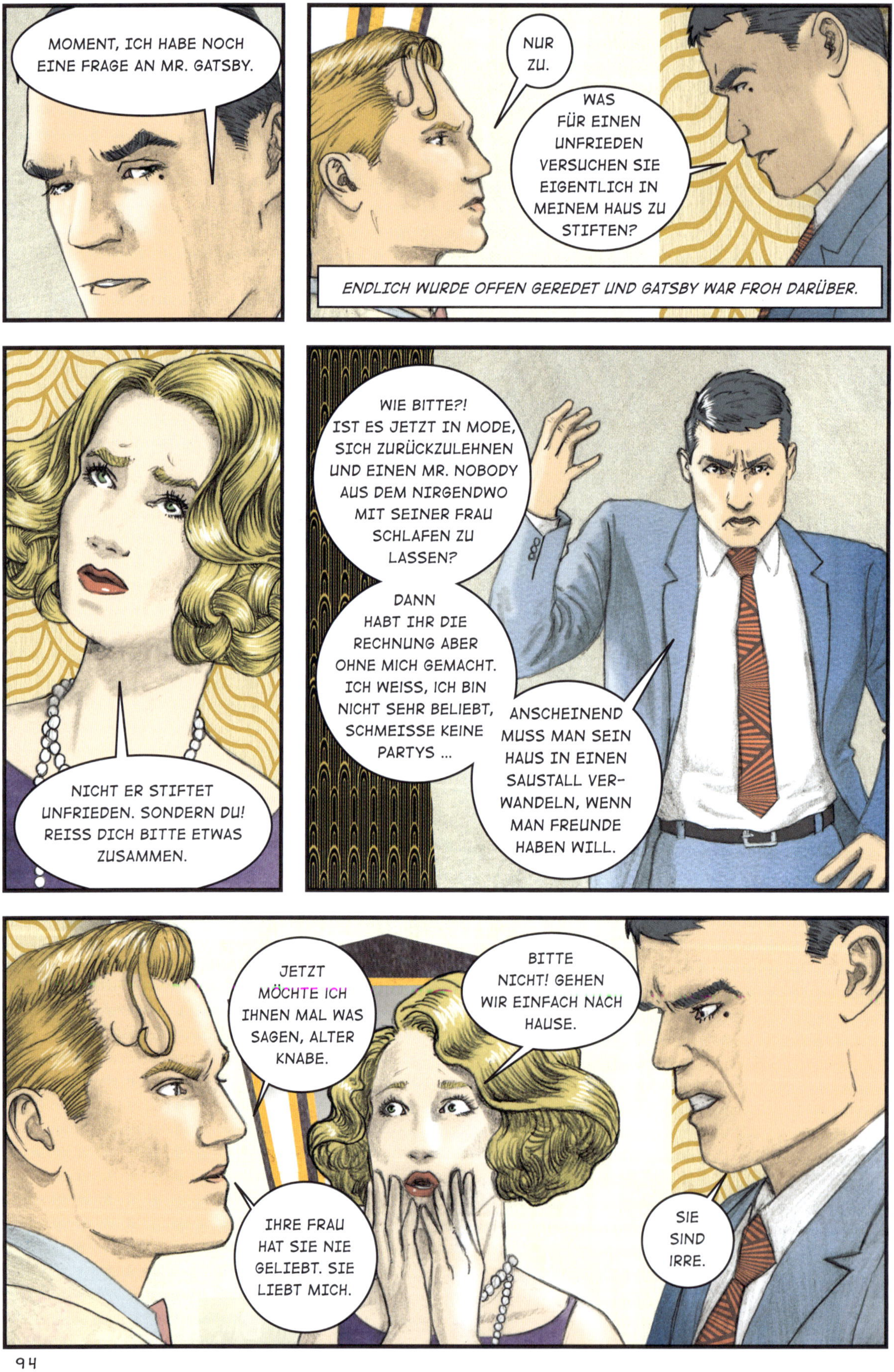
MOMENT, ICH HABE NOCH EINE FRAGE AN MR. GATSBY.
NUR ZU.
WAS FÜR EINEN UNFRIEDEN VERSUCHEN SIE EIGENTLICH IN MEINEM HAUS ZU STIFTEN?
ENDLICH WURDE OFFEN GEREDET UND GATSBY WAR FROH DARÜBER.
NICHT ER STIFTET UNFRIEDEN. SONDERN DU! REISS DICH BITTE ETWAS ZUSAMMEN.
WIE BITTE?! IST ES JETZT IN MODE, SICH ZURÜCKZULEHNEN UND EINEN MR. NOBODY AUS DEM NIRGENDWO MIT SEINER FRAU SCHLAFEN ZU LASSEN?
DANN HABT IHR DIE RECHNUNG ABER OHNE MICH GEMACHT. ICH WEISS, ICH BIN NICHT SEHR BELIEBT, SCHMEISSE KEINE PARTYS ...
ANSCHEINEND MUSS MAN SEIN HAUS IN EINEN SAUSTALL VER-WANDELN, WENN MAN FREUNDE HABEN WILL.
JETZT MÖCHTE ICH IHNEN MAL WAS SAGEN, ALTER KNABE.
IHRE FRAU HAT SIE NIE GELIEBT. SIE LIEBT MICH.
BITTE NICHT! GEHEN WIR EINFACH NACH HAUSE.
SIE SIND IRRE.

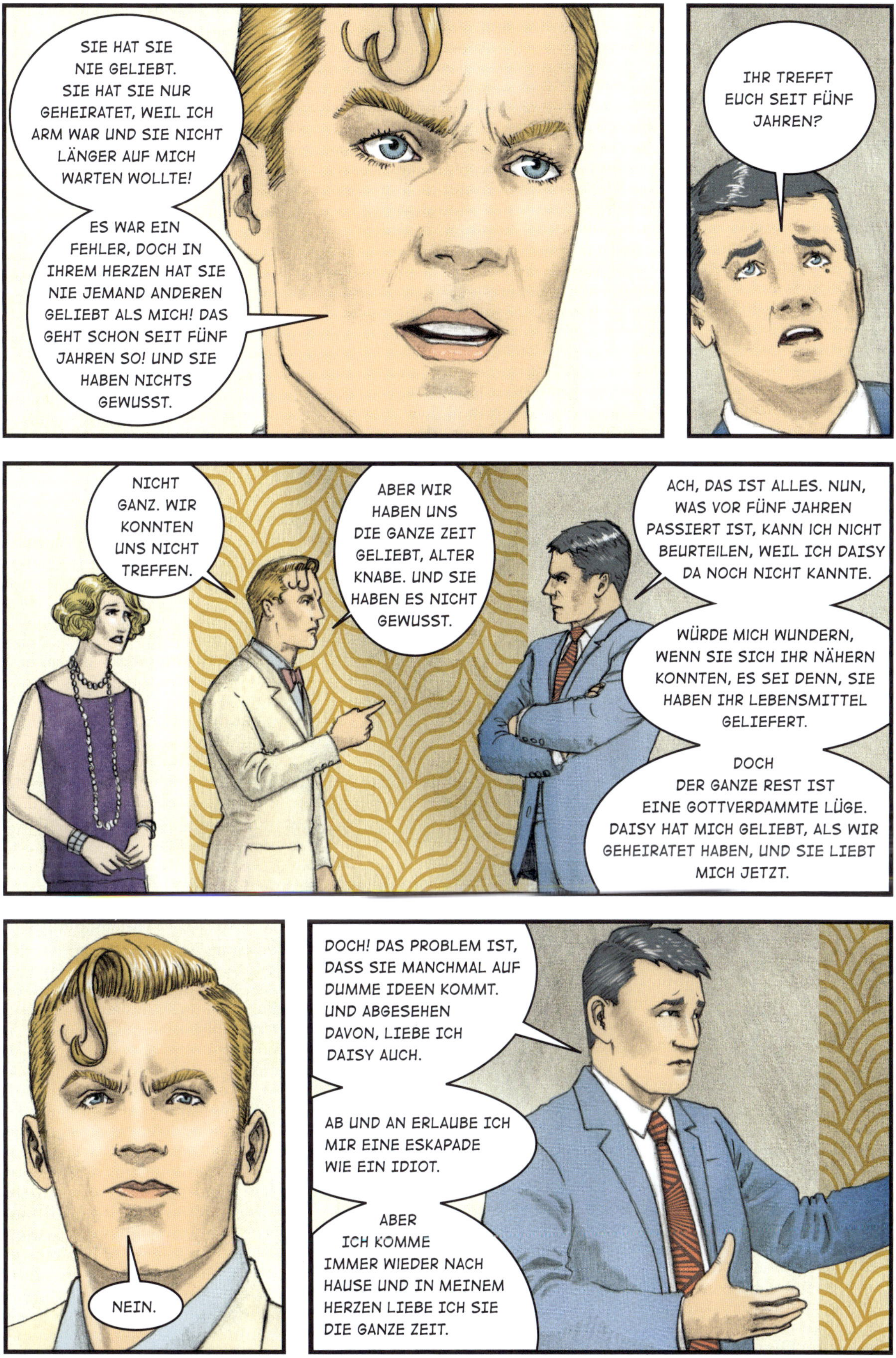

SIE HAT SIE NIE GELIEBT. SIE HAT SIE NUR GEHEIRATET, WEIL ICH ARM WAR UND SIE NICHT LÄNGER AUF MICH WARTEN WOLLTE!
ES WAR EIN FEHLER, DOCH IN IHREM HERZEN HAT SIE NIE JEMAND ANDEREN GELIEBT ALS MICH! DAS GEHT SCHON SEIT FÜNF JAHREN SO! UND SIE HABEN NICHTS GEWUSST.
IHR TREFFT EUCH SEIT FÜNF JAHREN?
NICHT GANZ. WIR KONNTEN UNS NICHT TREFFEN.
ABER WIR HABEN UNS DIE GANZE ZEIT GELIEBT, ALTER KNABE. UND SIE HABEN ES NICHT GEWUSST.
ACH, DAS IST ALLES. NUN, WAS VOR FÜNF JAHREN PASSIERT IST, KANN ICH NICHT BEURTEILEN, WEIL ICH DAISY DA NOCH NICHT KANNTE.
WÜRDE MICH WUNDERN, WENN SIE SICH IHR NÄHERN KONNTEN, ES SEI DENN, SIE HABEN IHR LEBENSMITTEL GELIEFERT.
DOCH DER GANZE REST IST EINE GOTTVERDAMMTE LÜGE. DAISY HAT MICH GELIEBT, ALS WIR GEHEIRATET HABEN, UND SIE LIEBT MICH JETZT.
NEIN.
DOCH! DAS PROBLEM IST, DASS SIE MANCHMAL AUF DUMME IDEEN KOMMT. UND ABGESEHEN DAVON, LIEBE ICH DAISY AUCH.
AB UND AN ERLAUBE ICH MIR EINE ESKAPADE WIE EIN IDIOT.
ABER ICH KOMME IMMER WIEDER NACH HAUSE UND IN MEINEM HERZEN LIEBE ICH SIE DIE GANZE ZEIT.

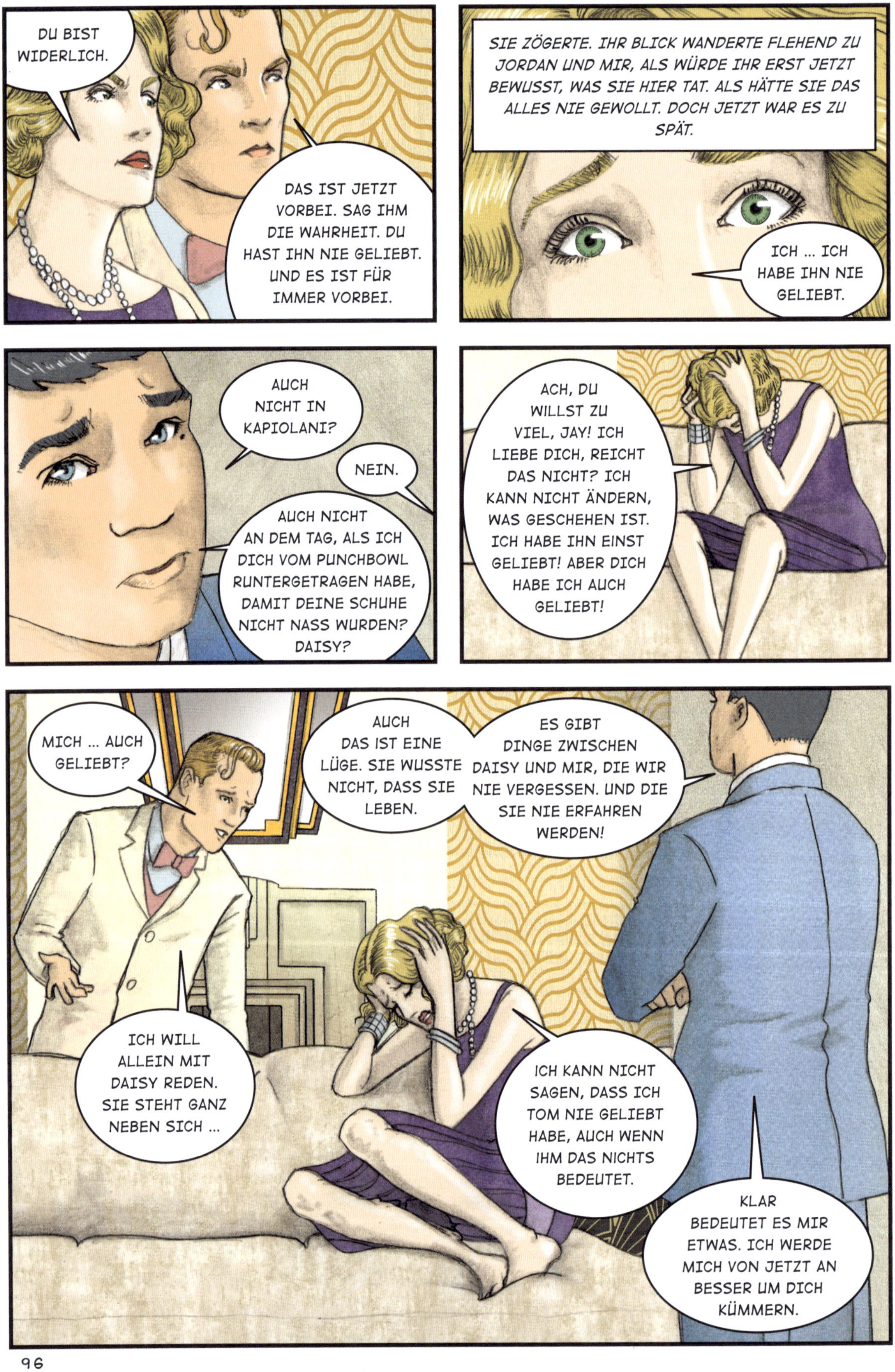
DU BIST WIDERLICH.
DAS IST JETZT VORBEI. SAG IHM DIE WAHRHEIT. DU HAST IHN NIE GELIEBT. UND ES IST FÜR IMMER VORBEI.
SIE ZÖGERTE. IHR BLICK WANDERTE FLEHEND ZU JORDAN UND MIR, ALS WÜRDE IHR ERST JETZT BEWUSST, WAS SIE HIER TAT. ALS HÄTTE SIE DAS ALLES NIE GEWOLLT. DOCH JETZT WAR ES ZU SPÄT.
ICH ... ICH HABE IHN NIE GELIEBT.
AUCH NICHT IN KAPIOLANI?
NEIN.
AUCH NICHT AN DEM TAG, ALS ICH DICH VOM PUNCHBOWL RUNTERGETRAGEN HABE, DAMIT DEINE SCHUHE NICHT NASS WURDEN? DAISY?
ACH, DU WILLST ZU VIEL, JAY! ICH LIEBE DICH, REICHT DAS NICHT? ICH KANN NICHT ÄNDERN, WAS GESCHEHEN IST. ICH HABE IHN EINST GELIEBT! ABER DICH HABE ICH AUCH GELIEBT!
MICH ... AUCH GELIEBT?
AUCH DAS IST EINE LÜGE. SIE WUSSTE NICHT, DASS SIE LEBEN.
ES GIBT DINGE ZWISCHEN DAISY UND MIR, DIE WIR NIE VERGESSEN. UND DIE SIE NIE ERFAHREN WERDEN!
ICH WILL ALLEIN MIT DAISY REDEN. SIE STEHT GANZ NEBEN SICH ...
ICH KANN NICHT SAGEN, DASS ICH TOM NIE GELIEBT HABE, AUCH WENN IHM DAS NICHTS BEDEUTET.
KLAR BEDEUTET ES MIR ETWAS. ICH WERDE MICH VON JETZT AN BESSER UM DICH KÜMMERN.

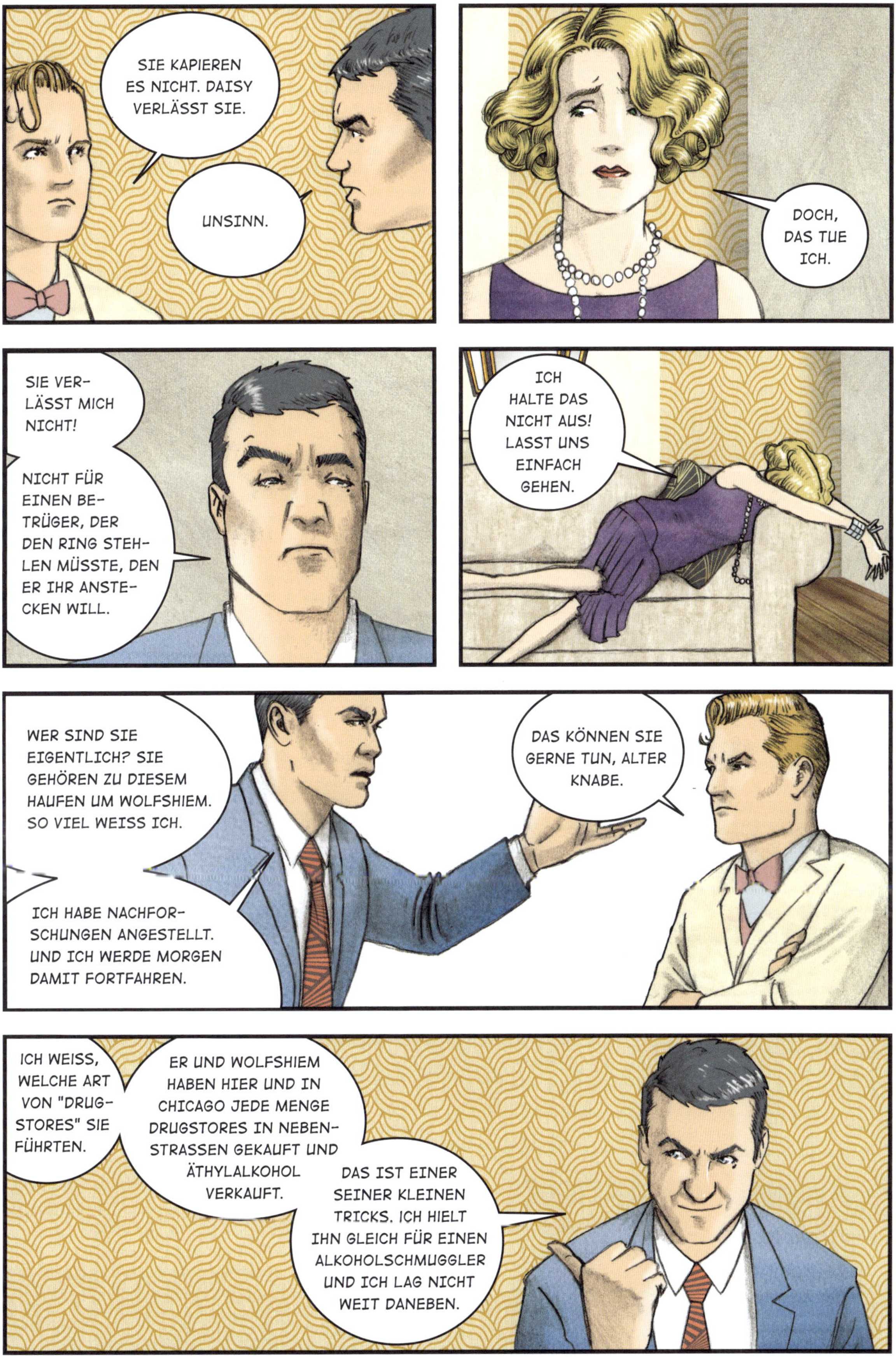
SIE KAPIEREN ES NICHT. DAISY VERLÄSST SIE.
UNSINN.
DOCH, DAS TUE ICH.
SIE VERLÄSST MICH NICHT!
NICHT FÜR EINEN BETRÜGER, DER DEN RING STEHLEN MÜSSTE, DEN ER IHR ANSTECKEN WILL.
ICH HALTE DAS NICHT AUS! LASST UNS EINFACH GEHEN.
WER SIND SIE EIGENTLICH? SIE GEHÖREN ZU DIESEM HAUFEN UM WOLFSHIEM. SO VIEL WEISS ICH.
ICH HABE NACHFORSCHUNGEN ANGESTELLT. UND ICH WERDE MORGEN DAMIT FORTFAHREN.
DAS KÖNNEN SIE GERNE TUN, ALTER KNABE.
ICH WEISS, WELCHE ART VON "DRUGSTORES" SIE FÜHRTEN.
ER UND WOLFSHIEM HABEN HIER UND IN CHICAGO JEDE MENGE DRUGSTORES IN NEBENSTRASSEN GEKAUFT UND ÄTHYLALKOHOL VERKAUFT.
DAS IST EINER SEINER KLEINEN TRICKS. ICH HIELT IHN GLEICH FÜR EINEN ALKOHOLSCHMUGGLER UND ICH LAG NICHT WEIT DANEBEN.

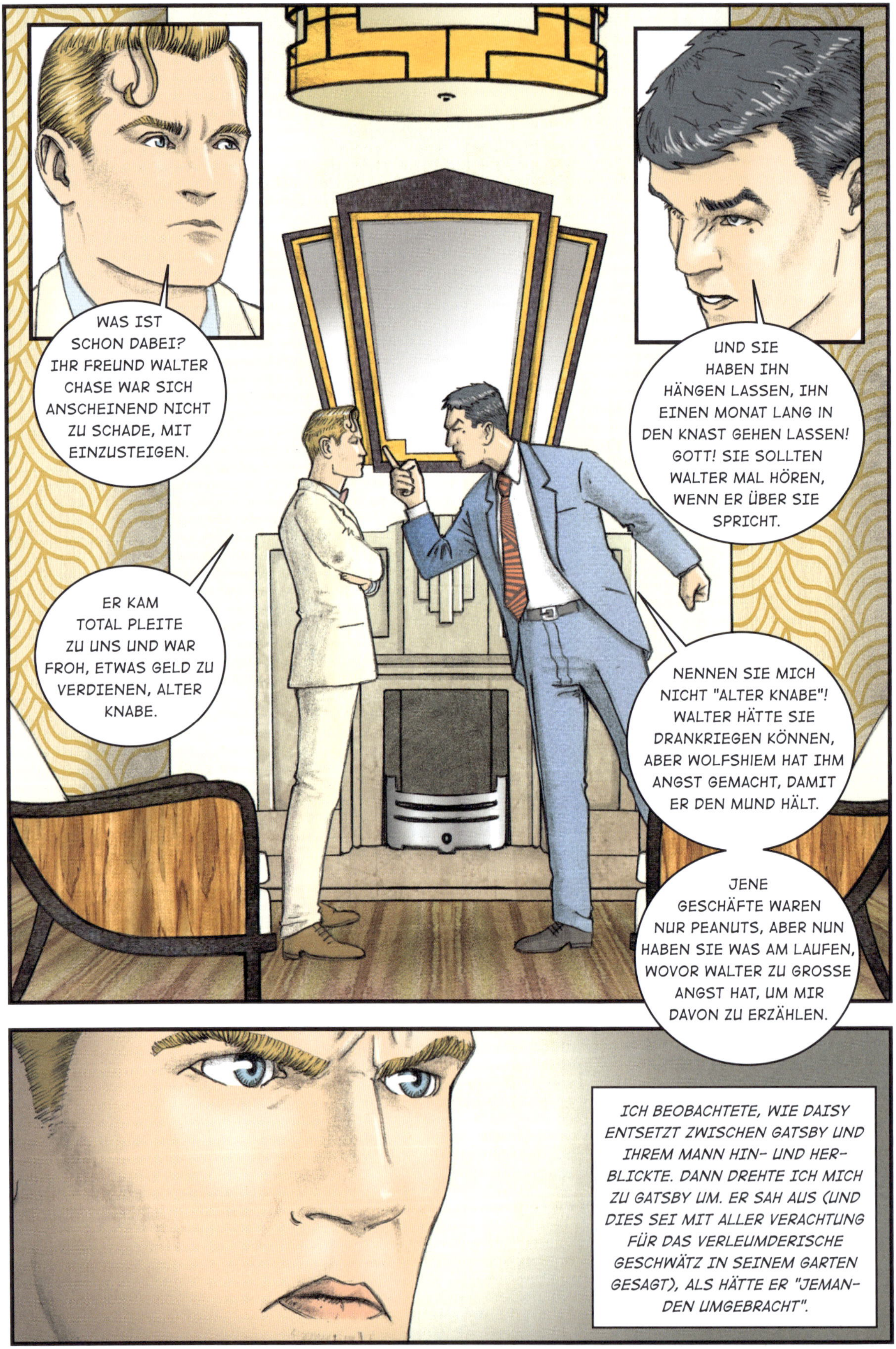
WAS IST SCHON DABEI? IHR FREUND WALTER CHASE WAR SICH ANSCHEINEND NICHT ZU SCHADE, MIT EINZUSTEIGEN.
UND SIE HABEN IHN HÄNGEN LASSEN, IHN EINEN MONAT LANG IN DEN KNAST GEHEN LASSEN! GOTT! SIE SOLLTEN WALTER MAL HÖREN, WENN ER ÜBER SIE SPRICHT.
ER KAM TOTAL PLEITE ZU UNS UND WAR FROH, ETWAS GELD ZU VERDIENEN, ALTER KNABE.
NENNEN SIE MICH NICHT "ALTER KNABE"! WALTER HÄTTE SIE DRANKRIEGEN KÖNNEN, ABER WOLFSHIEM HAT IHM ANGST GEMACHT, DAMIT ER DEN MUND HÄLT.
JENE GESCHÄFTE WAREN NUR PEANUTS, ABER NUN HABEN SIE WAS AM LAUFEN, WOVOR WALTER ZU GROSSE ANGST HAT, UM MIR DAVON ZU ERZÄHLEN.
ICH BEOBACHTETE, WIE DAISY ENTSETZT ZWISCHEN GATSBY UND IHREM MANN HIN- UND HER-BLICKTE. DANN DREHTE ICH MICH ZU GATSBY UM. ER SAH AUS (UND DIES SEI MIT ALLER VERACHTUNG FÜR DAS VERLEUMDERISCHE GESCHWÄTZ IN SEINEM GARTEN GESAGT), ALS HÄTTE ER "JEMAN-DEN UMGEBRACHT".

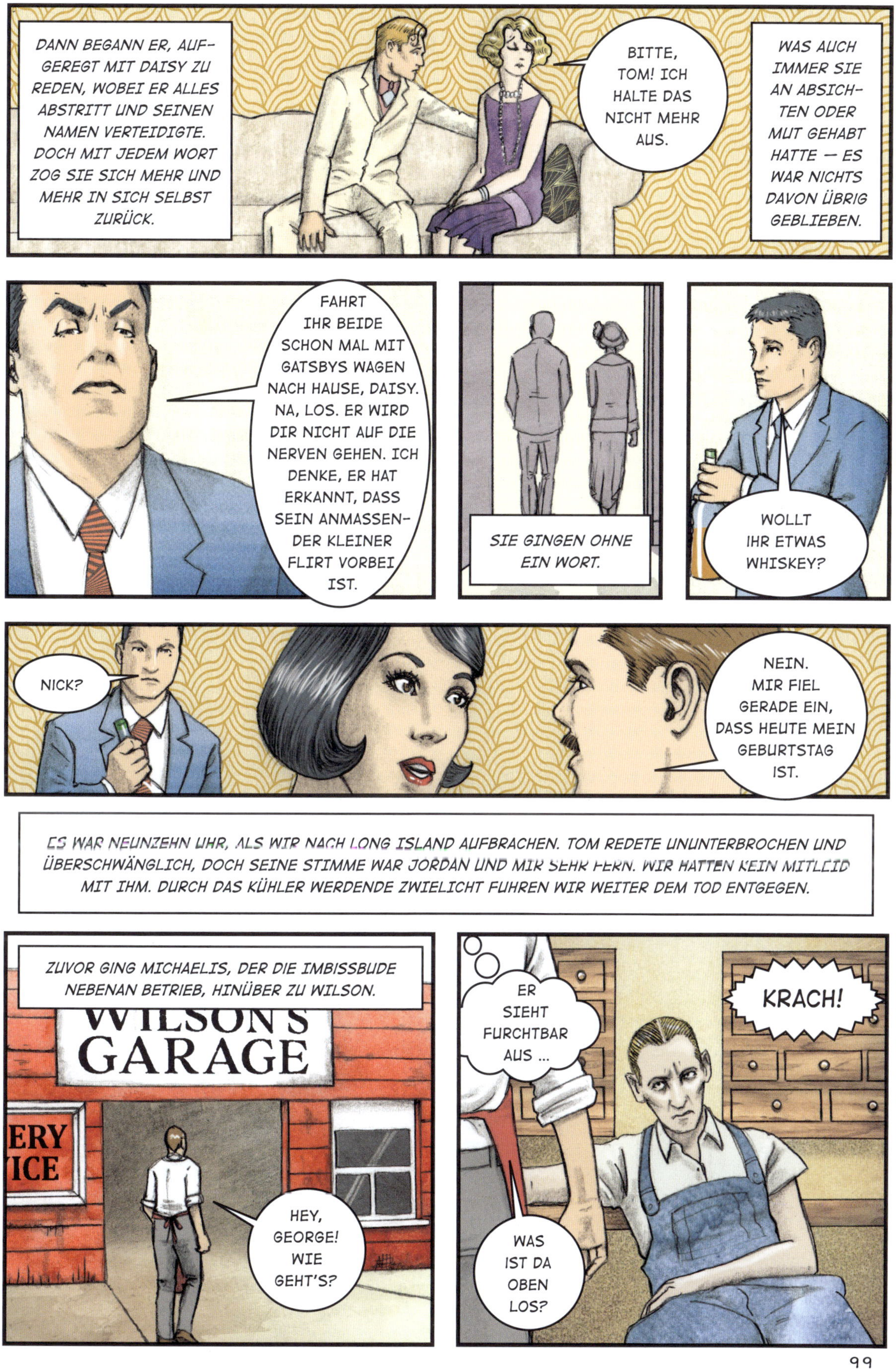
DANN BEGANN ER, AUFGEREGT MIT DAISY ZU REDEN, WOBEI ER ALLES ABSTRITT UND SEINEN NAMEN VERTEIDIGTE. DOCH MIT JEDEM WORT ZOG SIE SICH MEHR UND MEHR IN SICH SELBST ZURÜCK.
BITTE, TOM! ICH HALTE DAS NICHT MEHR AUS.
WAS AUCH IMMER SIE AN ABSICHTEN ODER MUT GEHABT HATTE – ES WAR NICHTS DAVON ÜBRIG GEBLIEBEN.
FAHRT IHR BEIDE SCHON MAL MIT GATSBYS WAGEN NACH HAUSE, DAISY. NA, LOS. ER WIRD DIR NICHT AUF DIE NERVEN GEHEN. ICH DENKE, ER HAT ERKANNT, DASS SEIN ANMASSENDER KLEINER FLIRT VORBEI IST.
SIE GINGEN OHNE EIN WORT.
WOLLT IHR ETWAS WHISKEY?
NICK?
NEIN. MIR FIEL GERADE EIN, DASS HEUTE MEIN GEBURTSTAG IST.
ES WAR NEUNZEHN UHR, ALS WIR NACH LONG ISLAND AUFBRACHEN. TOM REDETE UNUNTERBROCHEN UND ÜBERSCHWÄNGLICH, DOCH SEINE STIMME WAR JORDAN UND MIR SEHR FERN. WIR HATTEN KEIN MITLEID MIT IHM. DURCH DAS KÜHLER WERDENDE ZWIELICHT FUHREN WIR WEITER DEM TOD ENTGEGEN.
ZUVOR GING MICHAELIS, DER DIE IMBISSBUDE NEBENAN BETRIEB, HINÜBER ZU WILSON.
WILSON'S GARAGE
HEY, GEORGE! WIE GEHT'S?
ER SIEHT FURCHTBAR AUS ...
KRACH!
WAS IST DA OBEN LOS?

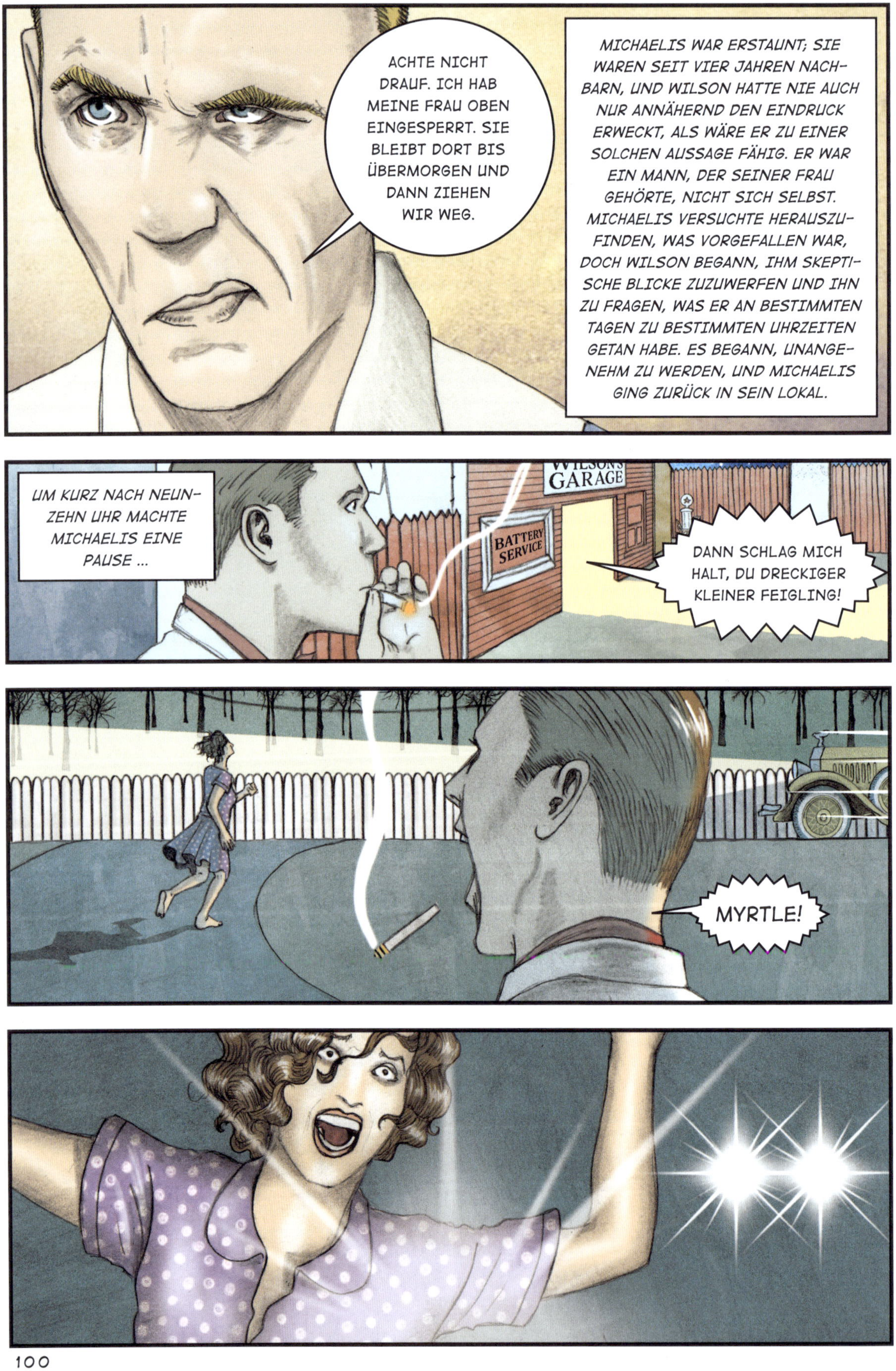
ACHTE NICHT DRAUF. ICH HAB MEINE FRAU OBEN EINGESPERRT. SIE BLEIBT DORT BIS ÜBERMORGEN UND DANN ZIEHEN WIR WEG.
MICHAELIS WAR ERSTAUNT; SIE WAREN SEIT VIER JAHREN NACHBARN, UND WILSON HATTE NIE AUCH NUR ANNÄHERND DEN EINDRUCK ERWECKT, ALS WÄRE ER ZU EINER SOLCHEN AUSSAGE FÄHIG. ER WAR EIN MANN, DER SEINER FRAU GEHÖRTE, NICHT SICH SELBST. MICHAELIS VERSUCHTE HERAUSZUFINDEN, WAS VORGEFALLEN WAR, DOCH WILSON BEGANN, IHM SKEPTISCHE BLICKE ZUZUWERFEN UND IHN ZU FRAGEN, WAS ER AN BESTIMMTEN TAGEN ZU BESTIMMTEN UHRZEITEN GETAN HABE. ES BEGANN, UNANGENEHM ZU WERDEN, UND MICHAELIS GING ZURÜCK IN SEIN LOKAL.
UM KURZ NACH NEUNZEHN UHR MACHTE MICHAELIS EINE PAUSE …
GARAGE
BATTERY SERVICE
DANN SCHLAG MICH HALT, DU DRECKIGER KLEINER FEIGLING!
MYRTLE!

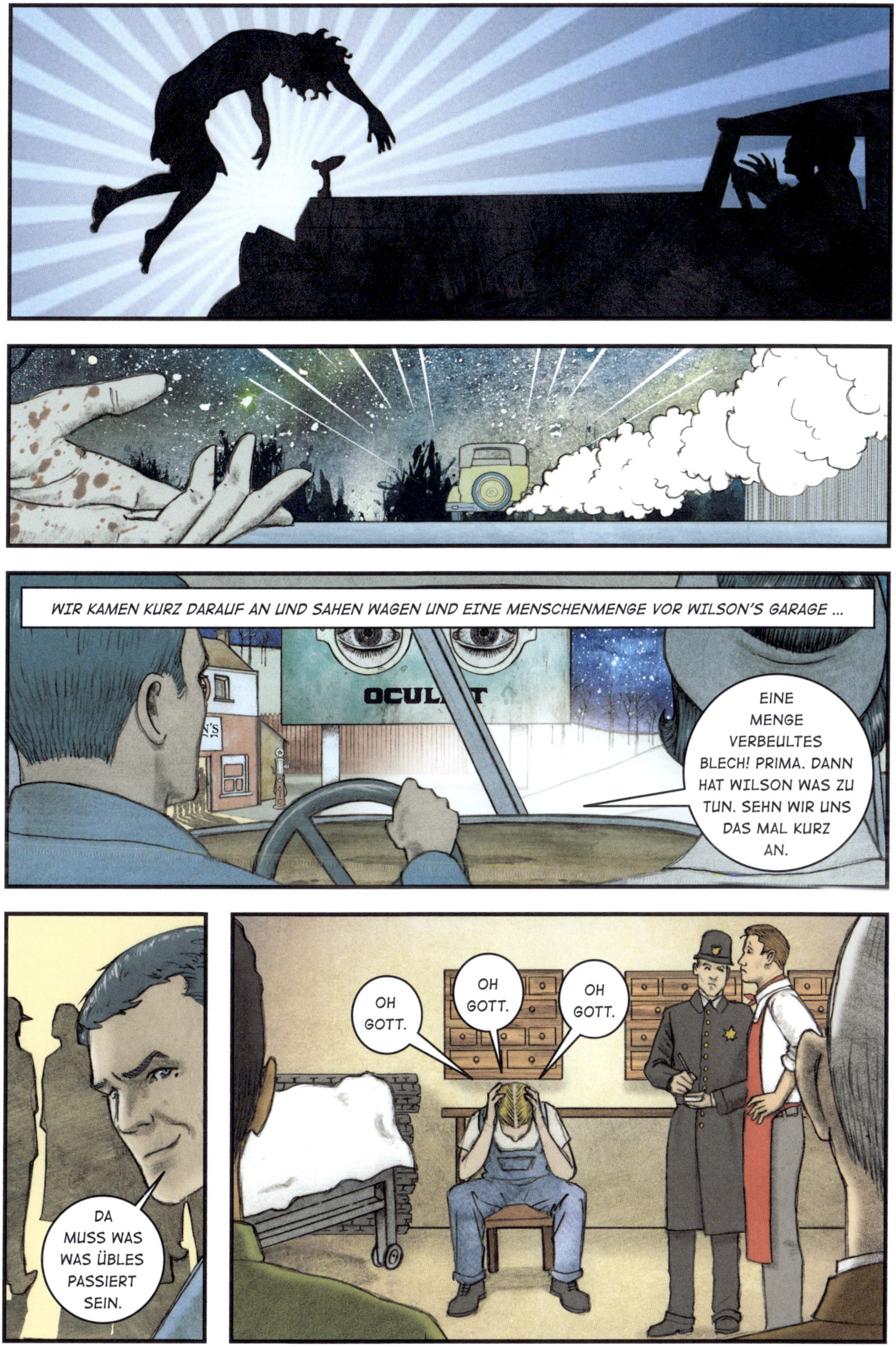

WIR KAMEN KURZ DARAUF AN UND SAHEN WAGEN UND EINE MENSCHENMENGE VOR WILSON'S GARAGE ...
OCULI T
EINE MENGE VERBEULTES BLECH! PRIMA. DANN HAT WILSON WAS ZU TUN. SEHN WIR UNS DAS MAL KURZ AN.
DA MUSS WAS WAS ÜBLES PASSIERT SEIN.
OH GOTT.
OH GOTT.
OH GOTT.

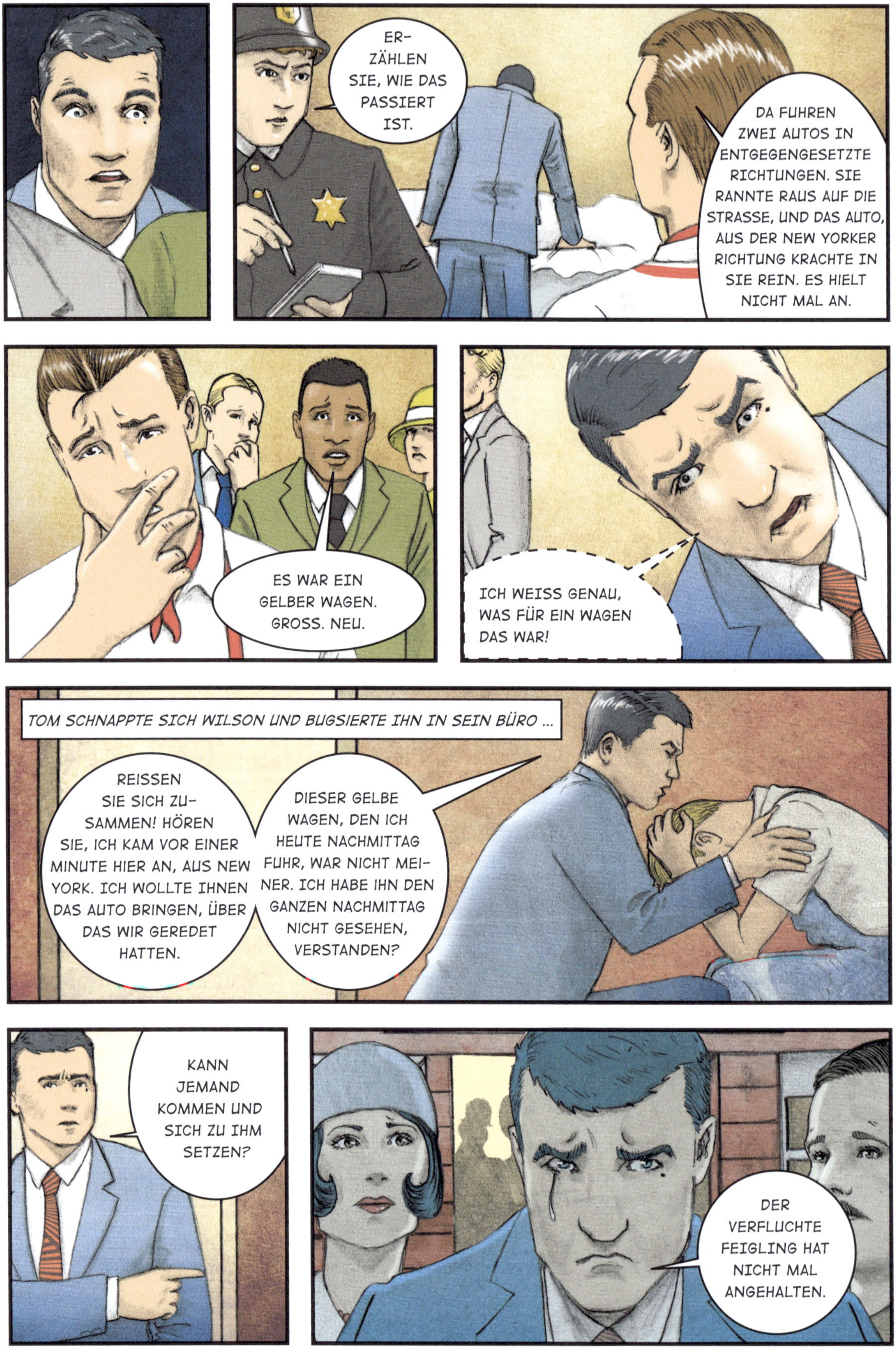
ERZÄHLEN SIE, WIE DAS PASSIERT IST.
DA FUHREN ZWEI AUTOS IN ENTGEGENGESETZTE RICHTUNGEN. SIE RANNTE RAUS AUF DIE STRASSE, UND DAS AUTO, AUS DER NEW YORKER RICHTUNG KRACHTE IN SIE REIN. ES HIELT NICHT MAL AN.
ES WAR EIN GELBER WAGEN. GROSS. NEU.
ICH WEISS GENAU, WAS FÜR EIN WAGEN DAS WAR!
TOM SCHNAPPTE SICH WILSON UND BUGSIERTE IHN IN SEIN BÜRO …
REISSEN SIE SICH ZUSAMMEN! HÖREN SIE, ICH KAM VOR EINER MINUTE HIER AN, AUS NEW YORK. ICH WOLLTE IHNEN DAS AUTO BRINGEN, ÜBER DAS WIR GEREDET HATTEN.
DIESER GELBE WAGEN, DEN ICH HEUTE NACHMITTAG FUHR, WAR NICHT MEINER. ICH HABE IHN DEN GANZEN NACHMITTAG NICHT GESEHEN, VERSTANDEN?
KANN JEMAND KOMMEN UND SICH ZU IHM SETZEN?
DER VERFLUCHTE FEIGLING HAT NICHT MAL ANGEHALTEN.

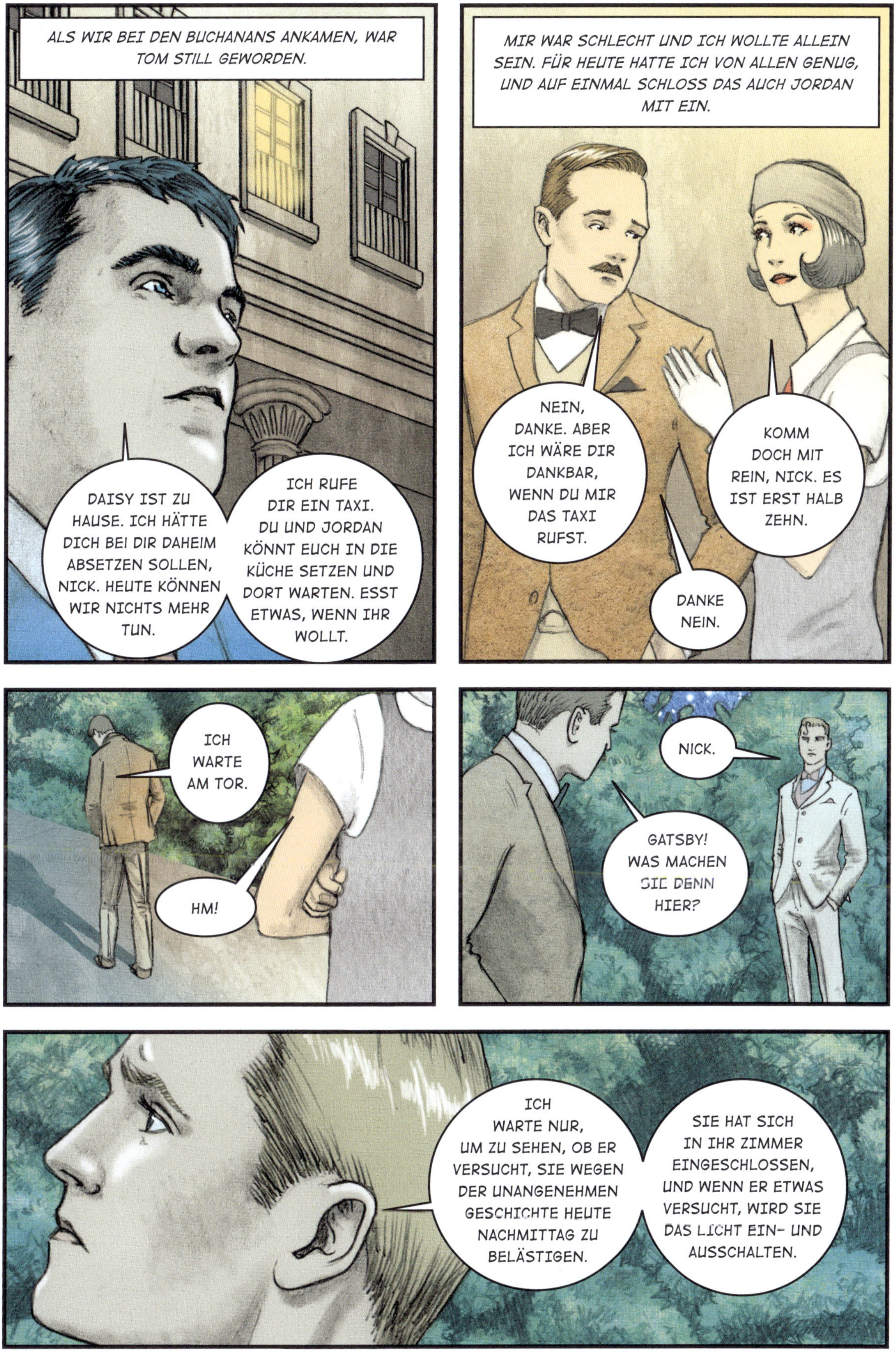
ALS WIR BEI DEN BUCHANANS ANKAMEN, WAR TOM STILL GEWORDEN.
DAISY IST ZU HAUSE. ICH HÄTTE DICH BEI DIR DAHEIM ABSETZEN SOLLEN, NICK. HEUTE KÖNNEN WIR NICHTS MEHR TUN.
ICH RUFE DIR EIN TAXI. DU UND JORDAN KÖNNT EUCH IN DIE KÜCHE SETZEN UND DORT WARTEN. ESST ETWAS, WENN IHR WOLLT.
MIR WAR SCHLECHT UND ICH WOLLTE ALLEIN SEIN. FÜR HEUTE HATTE ICH VON ALLEN GENUG, UND AUF EINMAL SCHLOSS DAS AUCH JORDAN MIT EIN.
KOMM DOCH MIT REIN, NICK. ES IST ERST HALB ZEHN.
NEIN, DANKE. ABER ICH WÄRE DIR DANKBAR, WENN DU MIR DAS TAXI RUFST.
DANKE NEIN.
ICH WARTE AM TOR.
HM!
NICK.
GATSBY! WAS MACHEN SIE DENN HIER?
ICH WARTE NUR, UM ZU SEHEN, OB ER VERSUCHT, SIE WEGEN DER UNANGENEHMEN GESCHICHTE HEUTE NACHMITTAG ZU BELÄSTIGEN.
SIE HAT SICH IN IHR ZIMMER EINGESCHLOSSEN, UND WENN ER ETWAS VERSUCHT, WIRD SIE DAS LICHT EIN- UND AUSSCHALTEN.

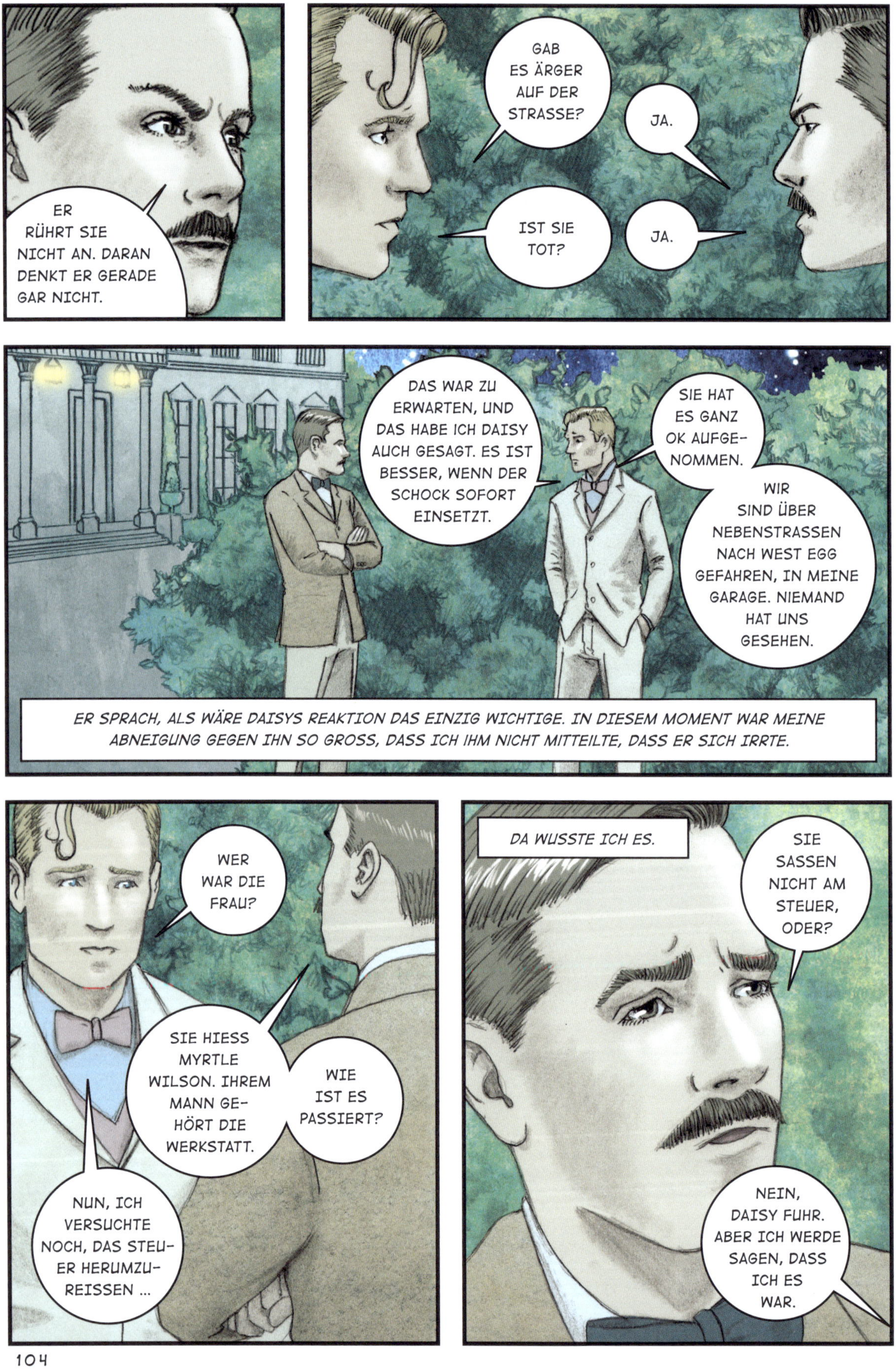
ER RÜHRT SIE NICHT AN. DARAN DENKT ER GERADE GAR NICHT.
GAB ES ÄRGER AUF DER STRASSE?
JA.
IST SIE TOT?
JA.
DAS WAR ZU ERWARTEN, UND DAS HABE ICH DAISY AUCH GESAGT. ES IST BESSER, WENN DER SCHOCK SOFORT EINSETZT.
SIE HAT ES GANZ OK AUFGE-NOMMEN.
WIR SIND ÜBER NEBENSTRASSEN NACH WEST EGG GEFAHREN, IN MEINE GARAGE. NIEMAND HAT UNS GESEHEN.
ER SPRACH, ALS WÄRE DAISYS REAKTION DAS EINZIG WICHTIGE. IN DIESEM MOMENT WAR MEINE ABNEIGUNG GEGEN IHN SO GROSS, DASS ICH IHM NICHT MITTEILTE, DASS ER SICH IRRTE.
WER WAR DIE FRAU?
SIE HIESS MYRTLE WILSON. IHREM MANN GE-HÖRT DIE WERKSTATT.
WIE IST ES PASSIERT?
NUN, ICH VERSUCHTE NOCH, DAS STEU-ER HERUMZU-REISSEN ...
DA WUSSTE ICH ES.
SIE SASSEN NICHT AM STEUER, ODER?
NEIN, DAISY FUHR. ABER ICH WERDE SAGEN, DASS ICH ES WAR.

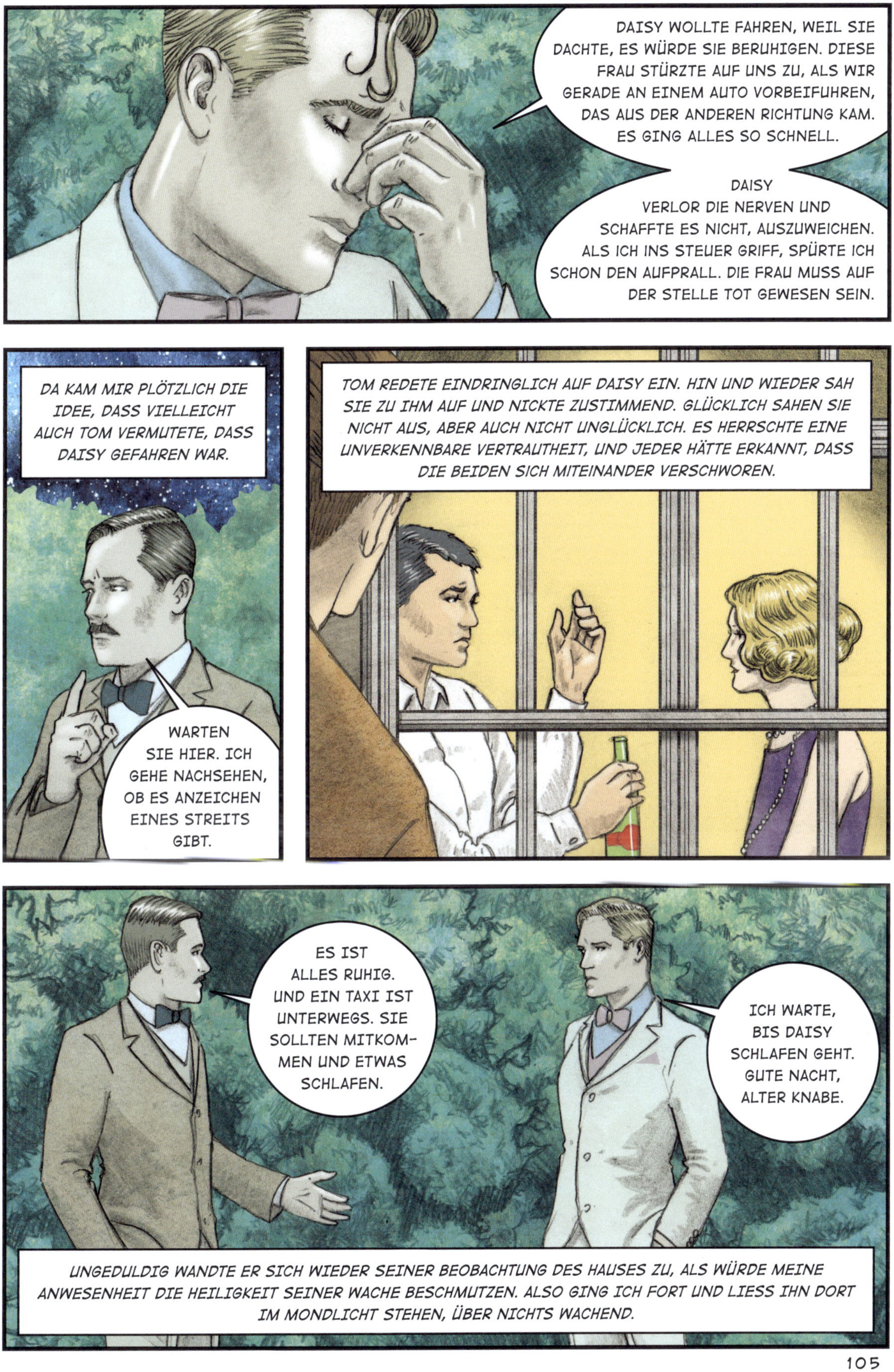
DAISY WOLLTE FAHREN, WEIL SIE DACHTE, ES WÜRDE SIE BERUHIGEN. DIESE FRAU STÜRZTE AUF UNS ZU, ALS WIR GERADE AN EINEM AUTO VORBEIFUHREN, DAS AUS DER ANDEREN RICHTUNG KAM. ES GING ALLES SO SCHNELL.
DAISY VERLOR DIE NERVEN UND SCHAFFTE ES NICHT, AUSZUWEICHEN. ALS ICH INS STEUER GRIFF, SPÜRTE ICH SCHON DEN AUFPRALL. DIE FRAU MUSS AUF DER STELLE TOT GEWESEN SEIN.
DA KAM MIR PLÖTZLICH DIE IDEE, DASS VIELLEICHT AUCH TOM VERMUTETE, DASS DAISY GEFAHREN WAR.
WARTEN SIE HIER. ICH GEHE NACHSEHEN, OB ES ANZEICHEN EINES STREITS GIBT.
TOM REDETE EINDRINGLICH AUF DAISY EIN. HIN UND WIEDER SAH SIE ZU IHM AUF UND NICKTE ZUSTIMMEND. GLÜCKLICH SAHEN SIE NICHT AUS, ABER AUCH NICHT UNGLÜCKLICH. ES HERRSCHTE EINE UNVERKENNBARE VERTRAUTHEIT, UND JEDER HÄTTE ERKANNT, DASS DIE BEIDEN SICH MITEINANDER VERSCHWOREN.
ES IST ALLES RUHIG. UND EIN TAXI IST UNTERWEGS. SIE SOLLTEN MITKOMMEN UND ETWAS SCHLAFEN.
ICH WARTE, BIS DAISY SCHLAFEN GEHT. GUTE NACHT, ALTER KNABE.
UNGEDULDIG WANDTE ER SICH WIEDER SEINER BEOBACHTUNG DES HAUSES ZU, ALS WÜRDE MEINE ANWESENHEIT DIE HEILIGKEIT SEINER WACHE BESCHMUTZEN. ALSO GING ICH FORT UND LIESS IHN DORT IM MONDLICHT STEHEN, ÜBER NICHTS WACHEND.

KAPITEL 8

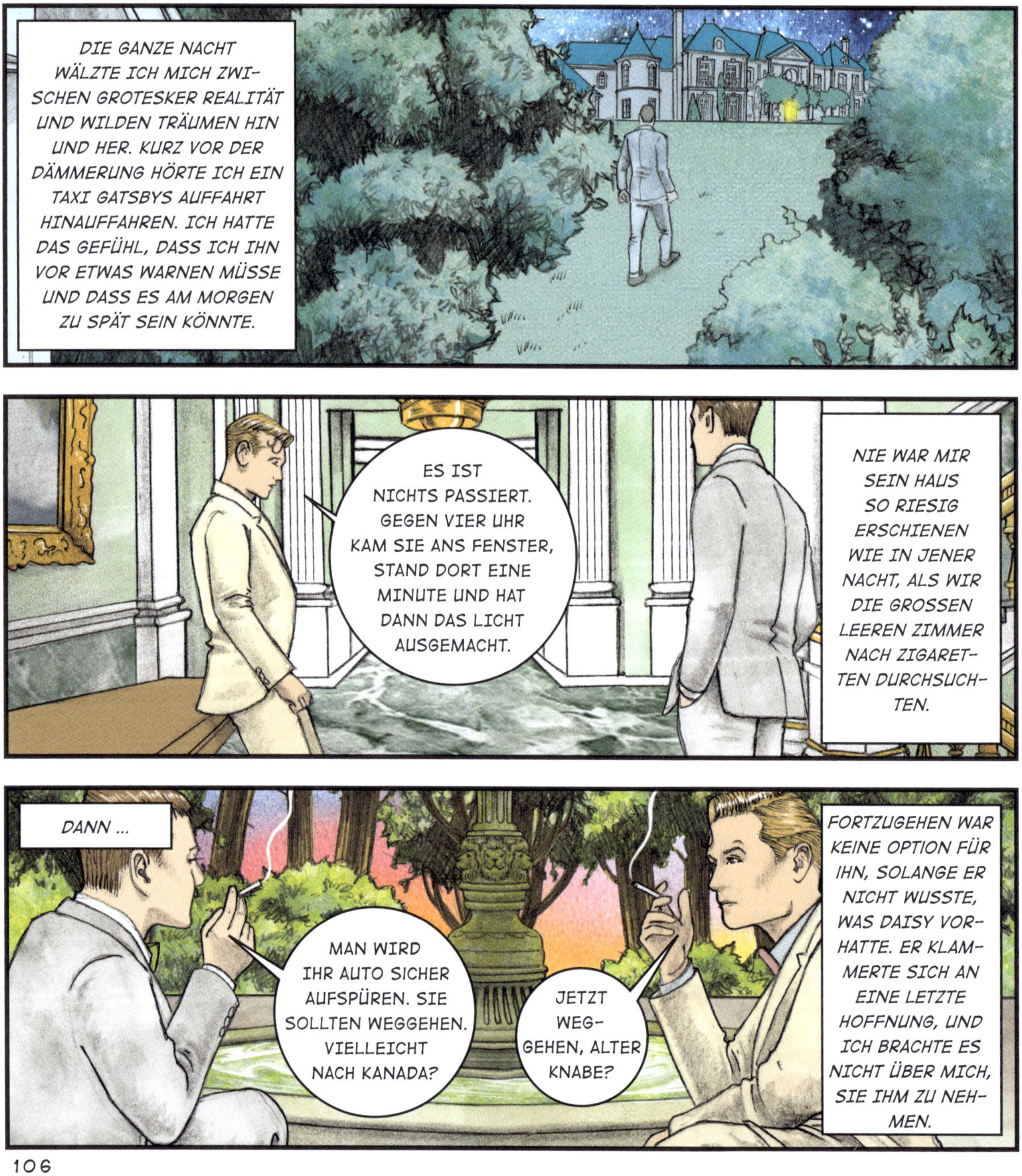
DIE GANZE NACHT WÄLZTE ICH MICH ZWISCHEN GROTESKER REALITÄT UND WILDEN TRÄUMEN HIN UND HER. KURZ VOR DER DÄMMERUNG HÖRTE ICH EIN TAXI GATSBYS AUFFAHRT HINAUFFAHREN. ICH HATTE DAS GEFÜHL, DASS ICH IHN VOR ETWAS WARNEN MÜSSE UND DASS ES AM MORGEN ZU SPÄT SEIN KÖNNTE.
ES IST NICHTS PASSIERT. GEGEN VIER UHR KAM SIE ANS FENSTER, STAND DORT EINE MINUTE UND HAT DANN DAS LICHT AUSGEMACHT.
NIE WAR MIR SEIN HAUS SO RIESIG ERSCHIENEN WIE IN JENER NACHT, ALS WIR DIE GROSSEN LEEREN ZIMMER NACH ZIGARETTEN DURCHSUCHTEN.
DANN …
MAN WIRD IHR AUTO SICHER AUFSPÜREN. SIE SOLLTEN WEGGEHEN. VIELLEICHT NACH KANADA?
JETZT WEGGEHEN, ALTER KNABE?
FORTZUGEHEN WAR KEINE OPTION FÜR IHN, SOLANGE ER NICHT WUSSTE, WAS DAISY VORHATTE. ER KLAMMERTE SICH AN EINE LETZTE HOFFNUNG, UND ICH BRACHTE ES NICHT ÜBER MICH, SIE IHM ZU NEHMEN.

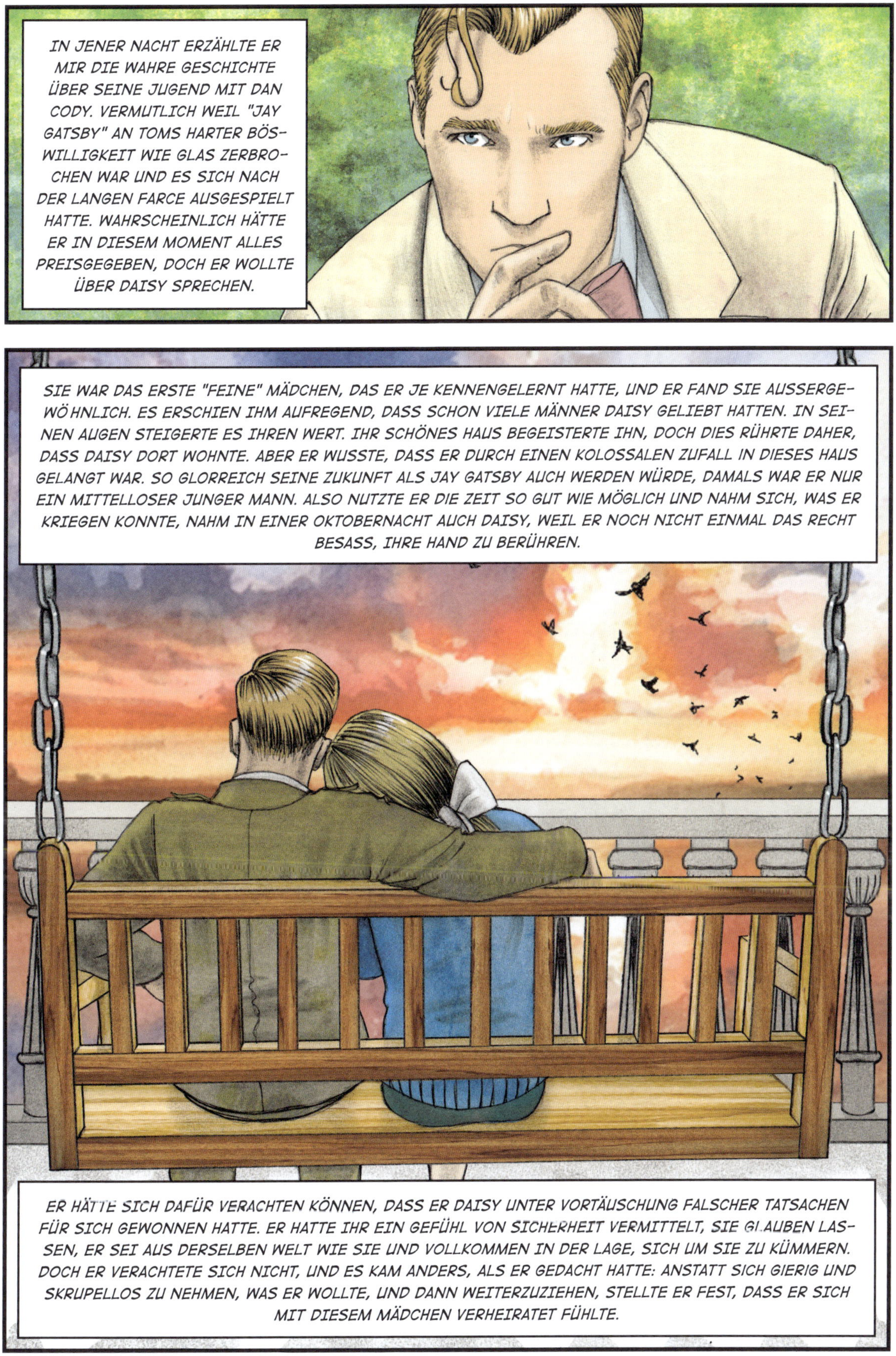
IN JENER NACHT ERZÄHLTE ER MIR DIE WAHRE GESCHICHTE ÜBER SEINE JUGEND MIT DAN CODY. VERMUTLICH WEIL "JAY GATSBY" AN TOMS HARTER BÖSWILLIGKEIT WIE GLAS ZERBROCHEN WAR UND ES SICH NACH DER LANGEN FARCE AUSGESPIELT HATTE. WAHRSCHEINLICH HÄTTE ER IN DIESEM MOMENT ALLES PREISGEGEBEN, DOCH ER WOLLTE ÜBER DAISY SPRECHEN.
SIE WAR DAS ERSTE "FEINE" MÄDCHEN, DAS ER JE KENNENGELERNT HATTE, UND ER FAND SIE AUSSERGEWÖHNLICH. ES ERSCHIEN IHM AUFREGEND, DASS SCHON VIELE MÄNNER DAISY GELIEBT HATTEN. IN SEINEN AUGEN STEIGERTE ES IHREN WERT. IHR SCHÖNES HAUS BEGEISTERTE IHN, DOCH DIES RÜHRTE DAHER, DASS DAISY DORT WOHNTE. ABER ER WUSSTE, DASS ER DURCH EINEN KOLOSSALEN ZUFALL IN DIESES HAUS GELANGT WAR. SO GLORREICH SEINE ZUKUNFT ALS JAY GATSBY AUCH WERDEN WÜRDE, DAMALS WAR ER NUR EIN MITTELLOSER JUNGER MANN. ALSO NUTZTE ER DIE ZEIT SO GUT WIE MÖGLICH UND NAHM SICH, WAS ER KRIEGEN KONNTE, NAHM IN EINER OKTOBERNACHT AUCH DAISY, WEIL ER NOCH NICHT EINMAL DAS RECHT BESASS, IHRE HAND ZU BERÜHREN.
ER HÄTTE SICH DAFÜR VERACHTEN KÖNNEN, DASS ER DAISY UNTER VORTÄUSCHUNG FALSCHER TATSACHEN FÜR SICH GEWONNEN HATTE. ER HATTE IHR EIN GEFÜHL VON SICHERHEIT VERMITTELT, SIE GLAUBEN LASSEN, ER SEI AUS DERSELBEN WELT WIE SIE UND VOLLKOMMEN IN DER LAGE, SICH UM SIE ZU KÜMMERN. DOCH ER VERACHTETE SICH NICHT, UND ES KAM ANDERS, ALS ER GEDACHT HATTE: ANSTATT SICH GIERIG UND SKRUPELLOS ZU NEHMEN, WAS ER WOLLTE, UND DANN WEITERZUZIEHEN, STELLTE ER FEST, DASS ER SICH MIT DIESEM MÄDCHEN VERHEIRATET FÜHLTE.

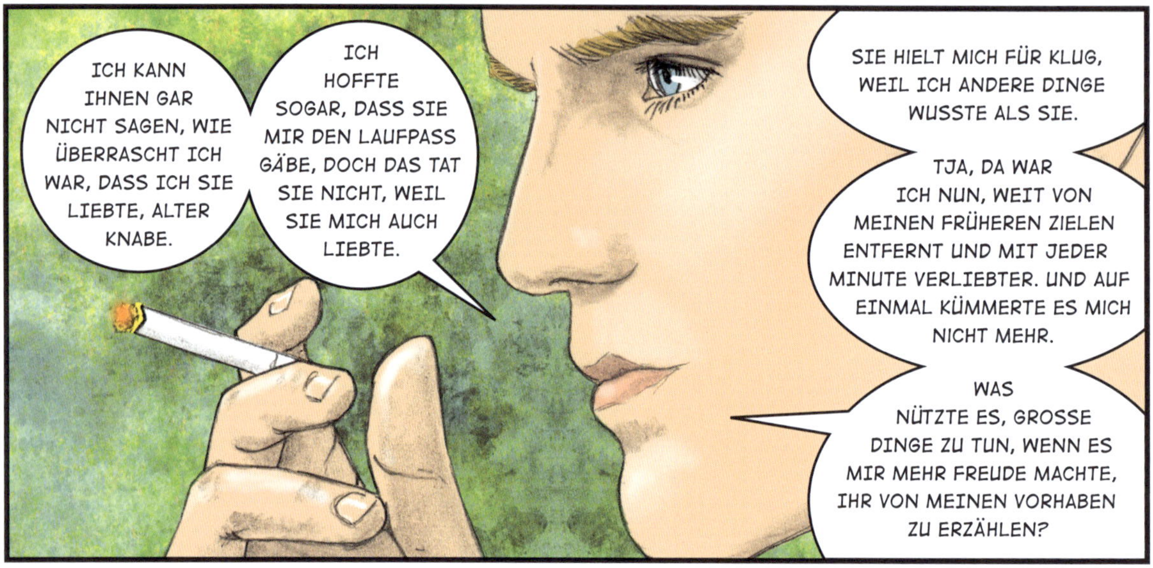
ICH KANN IHNEN GAR NICHT SAGEN, WIE ÜBERRASCHT ICH WAR, DASS ICH SIE LIEBTE, ALTER KNABE.
ICH HOFFTE SOGAR, DASS SIE MIR DEN LAUFPASS GÄBE, DOCH DAS TAT SIE NICHT, WEIL SIE MICH AUCH LIEBTE.
SIE HIELT MICH FÜR KLUG, WEIL ICH ANDERE DINGE WUSSTE ALS SIE.
TJA, DA WAR ICH NUN, WEIT VON MEINEN FRÜHEREN ZIELEN ENTFERNT UND MIT JEDER MINUTE VERLIEBTER. UND AUF EINMAL KÜMMERTE ES MICH NICHT MEHR.
WAS NÜTZTE ES, GROSSE DINGE ZU TUN, WENN ES MIR MEHR FREUDE MACHTE, IHR VON MEINEN VORHABEN ZU ERZÄHLEN?

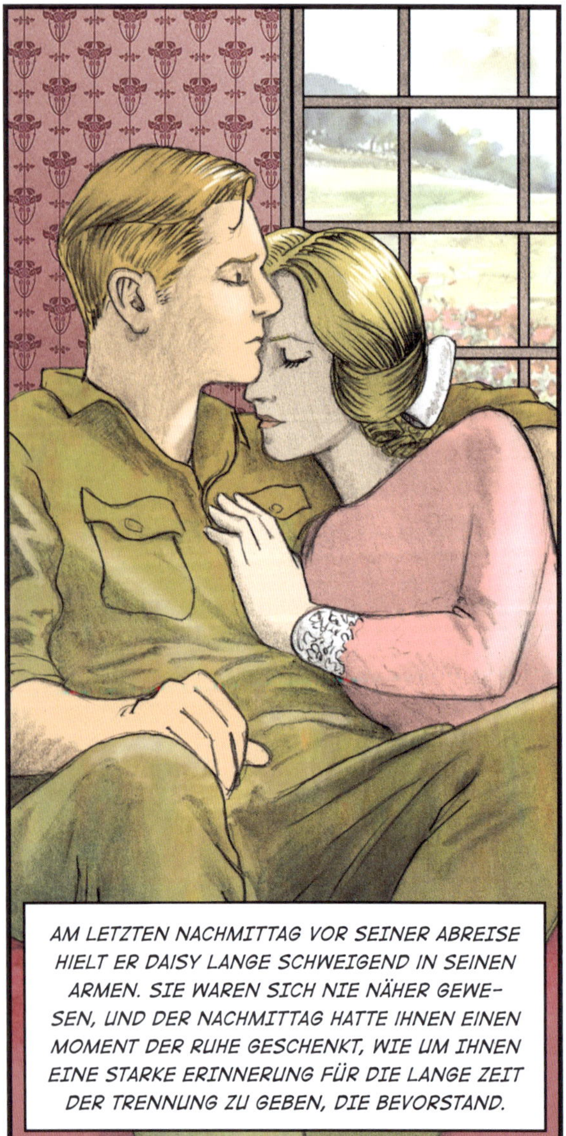
AM LETZTEN NACHMITTAG VOR SEINER ABREISE HIELT ER DAISY LANGE SCHWEIGEND IN SEINEN ARMEN. SIE WAREN SICH NIE NÄHER GEWESEN, UND DER NACHMITTAG HATTE IHNEN EINEN MOMENT DER RUHE GESCHENKT, WIE UM IHNEN EINE STARKE ERINNERUNG FÜR DIE LANGE ZEIT DER TRENNUNG ZU GEBEN, DIE BEVORSTAND.

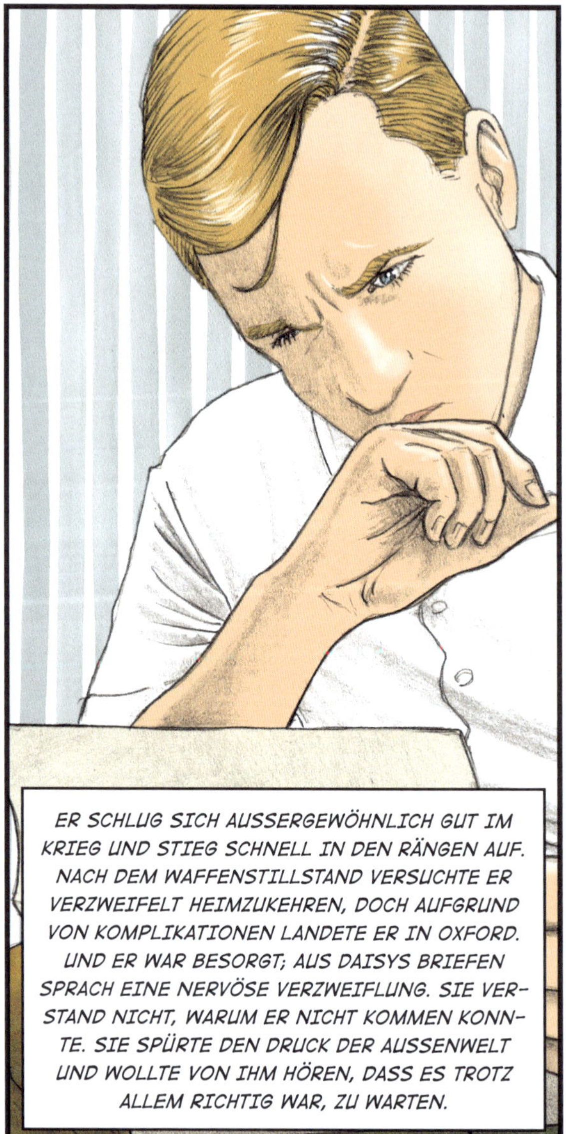
ER SCHLUG SICH AUSSERGEWÖHNLICH GUT IM KRIEG UND STIEG SCHNELL IN DEN RÄNGEN AUF. NACH DEM WAFFENSTILLSTAND VERSUCHTE ER VERZWEIFELT HEIMZUKEHREN, DOCH AUFGRUND VON KOMPLIKATIONEN LANDETE ER IN OXFORD. UND ER WAR BESORGT; AUS DAISYS BRIEFEN SPRACH EINE NERVÖSE VERZWEIFLUNG. SIE VERSTAND NICHT, WARUM ER NICHT KOMMEN KONNTE. SIE SPÜRTE DEN DRUCK DER AUSSENWELT UND WOLLTE VON IHM HÖREN, DASS ES TROTZ ALLEM RICHTIG WAR, ZU WARTEN.

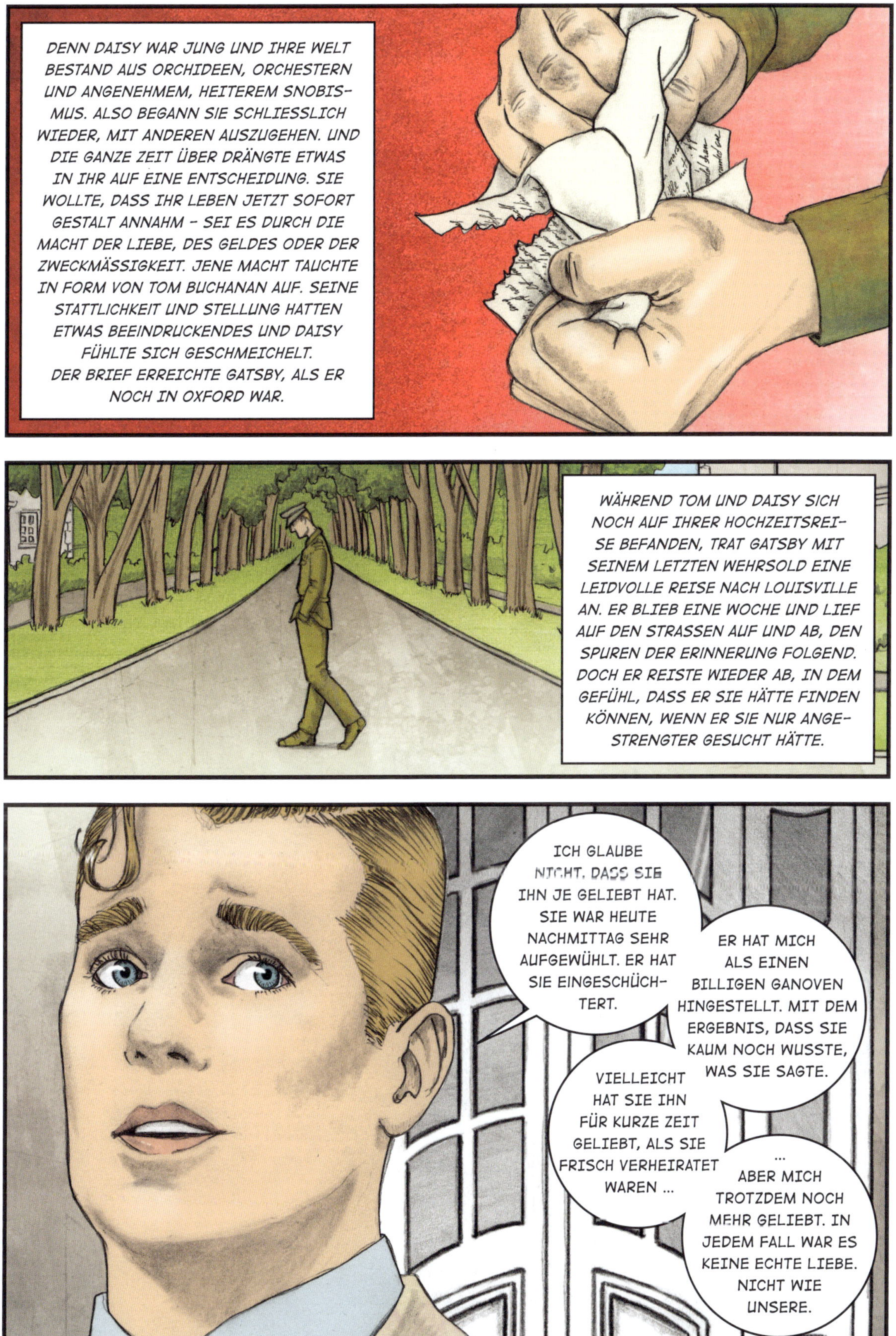
DENN DAISY WAR JUNG UND IHRE WELT BESTAND AUS ORCHIDEEN, ORCHESTERN UND ANGENEHMEM, HEITEREM SNOBISMUS. ALSO BEGANN SIE SCHLIESSLICH WIEDER, MIT ANDEREN AUSZUGEHEN. UND DIE GANZE ZEIT ÜBER DRÄNGTE ETWAS IN IHR AUF EINE ENTSCHEIDUNG. SIE WOLLTE, DASS IHR LEBEN JETZT SOFORT GESTALT ANNAHM – SEI ES DURCH DIE MACHT DER LIEBE, DES GELDES ODER DER ZWECKMÄSSIGKEIT. JENE MACHT TAUCHTE IN FORM VON TOM BUCHANAN AUF. SEINE STATTLICHKEIT UND STELLUNG HATTEN ETWAS BEEINDRUCKENDES UND DAISY FÜHLTE SICH GESCHMEICHELT.
DER BRIEF ERREICHTE GATSBY, ALS ER NOCH IN OXFORD WAR.
WÄHREND TOM UND DAISY SICH NOCH AUF IHRER HOCHZEITSREISE BEFANDEN, TRAT GATSBY MIT SEINEM LETZTEN WEHRSOLD EINE LEIDVOLLE REISE NACH LOUISVILLE AN. ER BLIEB EINE WOCHE UND LIEF AUF DEN STRASSEN AUF UND AB, DEN SPUREN DER ERINNERUNG FOLGEND. DOCH ER REISTE WIEDER AB, IN DEM GEFÜHL, DASS ER SIE HÄTTE FINDEN KÖNNEN, WENN ER SIE NUR ANGESTRENGTER GESUCHT HÄTTE.
ICH GLAUBE NICHT, DASS SIE IHN JE GELIEBT HAT. SIE WAR HEUTE NACHMITTAG SEHR AUFGEWÜHLT. ER HAT SIE EINGESCHÜCHTERT.
ER HAT MICH ALS EINEN BILLIGEN GANOVEN HINGESTELLT. MIT DEM ERGEBNIS, DASS SIE KAUM NOCH WUSSTE, WAS SIE SAGTE.
VIELLEICHT HAT SIE IHN FÜR KURZE ZEIT GELIEBT, ALS SIE FRISCH VERHEIRATET WAREN ...
... ABER MICH TROTZDEM NOCH MEHR GELIEBT. IN JEDEM FALL WAR ES KEINE ECHTE LIEBE. NICHT WIE UNSERE.

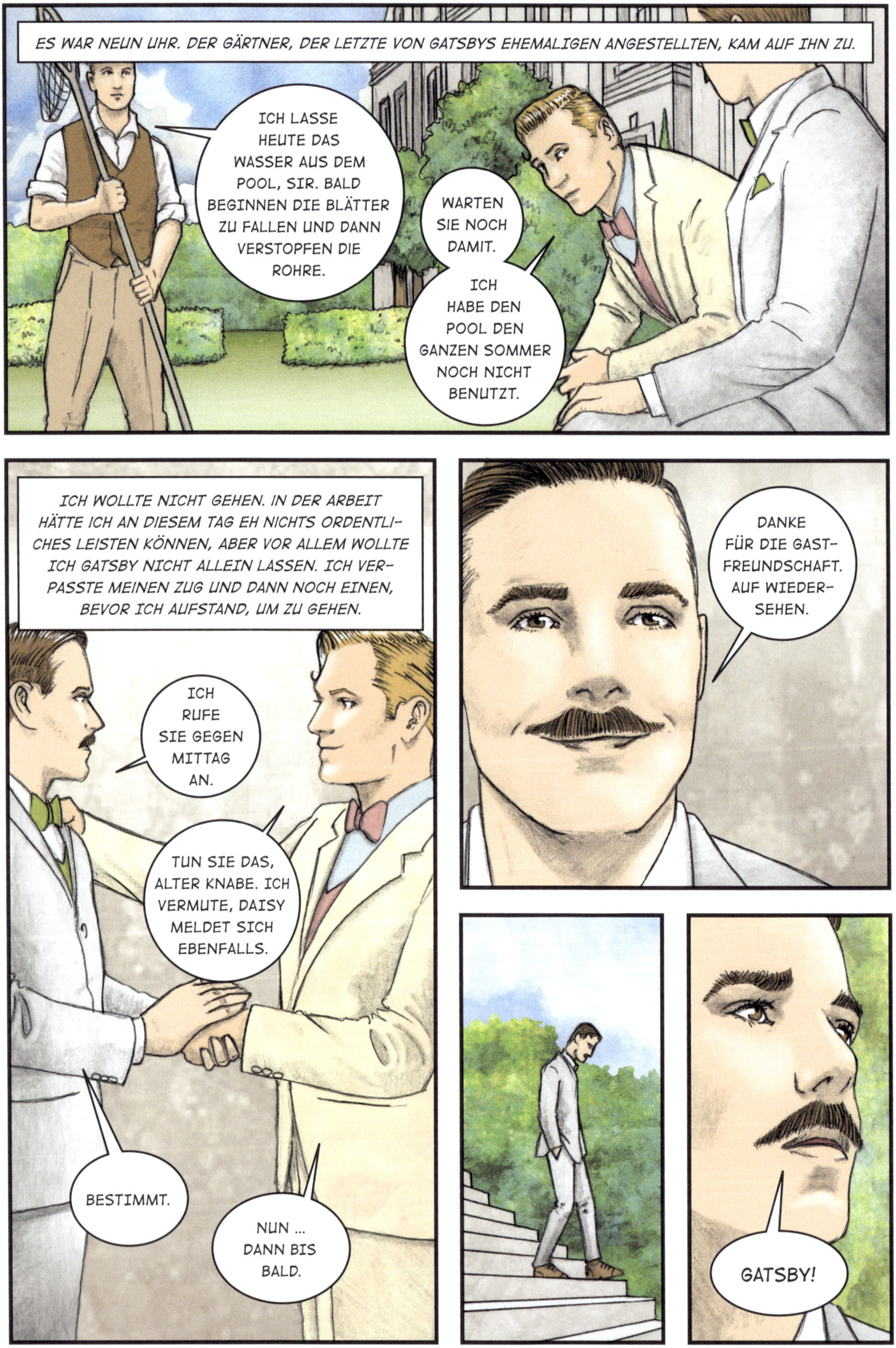
ES WAR NEUN UHR. DER GÄRTNER, DER LETZTE VON GATSBYS EHEMALIGEN ANGESTELLTEN, KAM AUF IHN ZU.
ICH LASSE HEUTE DAS WASSER AUS DEM POOL, SIR. BALD BEGINNEN DIE BLÄTTER ZU FALLEN UND DANN VERSTOPFEN DIE ROHRE.
WARTEN SIE NOCH DAMIT.
ICH HABE DEN POOL DEN GANZEN SOMMER NOCH NICHT BENUTZT.
ICH WOLLTE NICHT GEHEN. IN DER ARBEIT HÄTTE ICH AN DIESEM TAG EH NICHTS ORDENTLICHES LEISTEN KÖNNEN, ABER VOR ALLEM WOLLTE ICH GATSBY NICHT ALLEIN LASSEN. ICH VERPASSTE MEINEN ZUG UND DANN NOCH EINEN, BEVOR ICH AUFSTAND, UM ZU GEHEN.
ICH RUFE SIE GEGEN MITTAG AN.
TUN SIE DAS, ALTER KNABE. ICH VERMUTE, DAISY MELDET SICH EBENFALLS.
BESTIMMT.
NUN ... DANN BIS BALD.
DANKE FÜR DIE GASTFREUNDSCHAFT. AUF WIEDERSEHEN.
GATSBY!

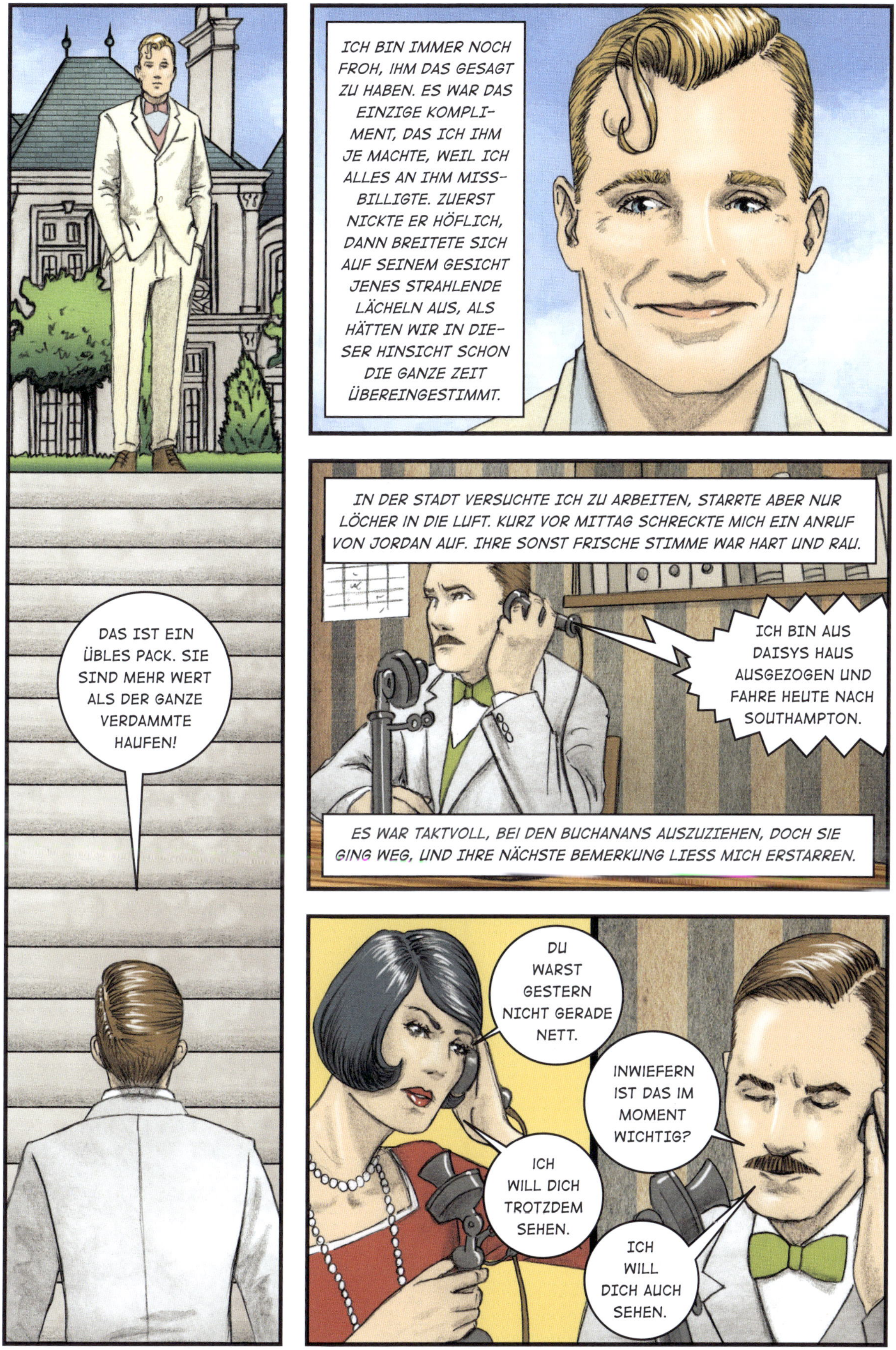
DAS IST EIN ÜBLES PACK. SIE SIND MEHR WERT ALS DER GANZE VERDAMMTE HAUFEN!
ICH BIN IMMER NOCH FROH, IHM DAS GESAGT ZU HABEN. ES WAR DAS EINZIGE KOMPLIMENT, DAS ICH IHM JE MACHTE, WEIL ICH ALLES AN IHM MISSBILLIGTE. ZUERST NICKTE ER HÖFLICH, DANN BREITETE SICH AUF SEINEM GESICHT JENES STRAHLENDE LÄCHELN AUS, ALS HÄTTEN WIR IN DIESER HINSICHT SCHON DIE GANZE ZEIT ÜBEREINGESTIMMT.
IN DER STADT VERSUCHTE ICH ZU ARBEITEN, STARRTE ABER NUR LÖCHER IN DIE LUFT. KURZ VOR MITTAG SCHRECKTE MICH EIN ANRUF VON JORDAN AUF. IHRE SONST FRISCHE STIMME WAR HART UND RAU.
ICH BIN AUS DAISYS HAUS AUSGEZOGEN UND FAHRE HEUTE NACH SOUTHAMPTON.
ES WAR TAKTVOLL, BEI DEN BUCHANANS AUSZUZIEHEN, DOCH SIE GING WEG, UND IHRE NÄCHSTE BEMERKUNG LIESS MICH ERSTARREN.
DU WARST GESTERN NICHT GERADE NETT.
INWIEFERN IST DAS IM MOMENT WICHTIG?
ICH WILL DICH TROTZDEM SEHEN.
ICH WILL DICH AUCH SEHEN.

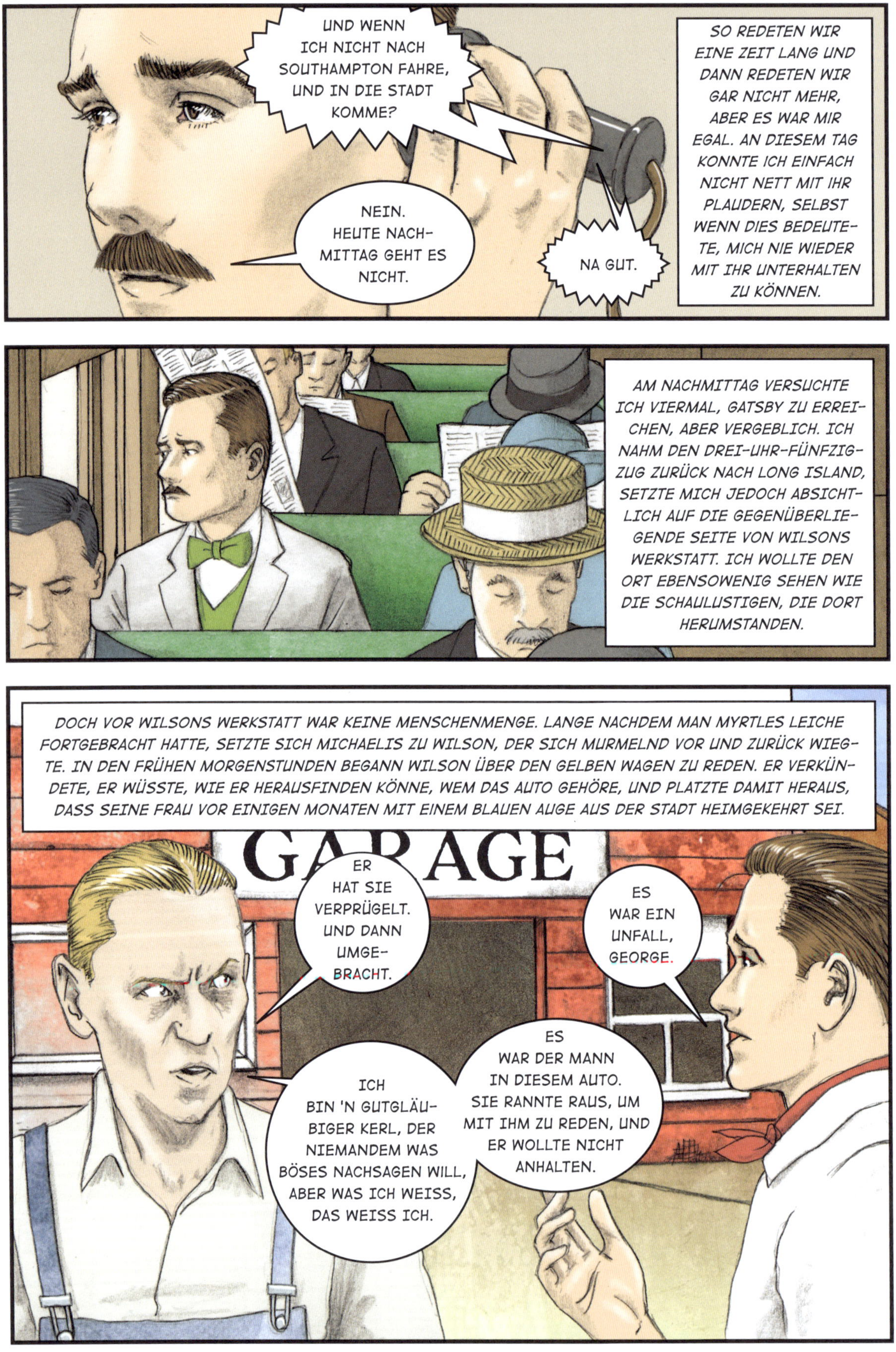
UND WENN ICH NICHT NACH SOUTHAMPTON FAHRE, UND IN DIE STADT KOMME?
NEIN. HEUTE NACHMITTAG GEHT ES NICHT.
NA GUT.
SO REDETEN WIR EINE ZEIT LANG UND DANN REDETEN WIR GAR NICHT MEHR, ABER ES WAR MIR EGAL. AN DIESEM TAG KONNTE ICH EINFACH NICHT NETT MIT IHR PLAUDERN, SELBST WENN DIES BEDEUTETE, MICH NIE WIEDER MIT IHR UNTERHALTEN ZU KÖNNEN.
AM NACHMITTAG VERSUCHTE ICH VIERMAL, GATSBY ZU ERREICHEN, ABER VERGEBLICH. ICH NAHM DEN DREI-UHR-FÜNFZIG-ZUG ZURÜCK NACH LONG ISLAND, SETZTE MICH JEDOCH ABSICHTLICH AUF DIE GEGENÜBERLIEGENDE SEITE VON WILSONS WERKSTATT. ICH WOLLTE DEN ORT EBENSOWENIG SEHEN WIE DIE SCHAULUSTIGEN, DIE DORT HERUMSTANDEN.
DOCH VOR WILSONS WERKSTATT WAR KEINE MENSCHENMENGE. LANGE NACHDEM MAN MYRTLES LEICHE FORTGEBRACHT HATTE, SETZTE SICH MICHAELIS ZU WILSON, DER SICH MURMELND VOR UND ZURÜCK WIEGTE. IN DEN FRÜHEN MORGENSTUNDEN BEGANN WILSON ÜBER DEN GELBEN WAGEN ZU REDEN. ER VERKÜNDETE, ER WÜSSTE, WIE ER HERAUSFINDEN KÖNNE, WEM DAS AUTO GEHÖRE, UND PLATZTE DAMIT HERAUS, DASS SEINE FRAU VOR EINIGEN MONATEN MIT EINEM BLAUEN AUGE AUS DER STADT HEIMGEKEHRT SEI.
GARAGE
ER HAT SIE VERPRÜGELT. UND DANN UMGEBRACHT.
ES WAR EIN UNFALL, GEORGE.
ICH BIN 'N GUTGLÄUBIGER KERL, DER NIEMANDEM WAS BÖSES NACHSAGEN WILL, ABER WAS ICH WEISS, DAS WEISS ICH.
ES WAR DER MANN IN DIESEM AUTO. SIE RANNTE RAUS, UM MIT IHM ZU REDEN, UND ER WOLLTE NICHT ANHALTEN.

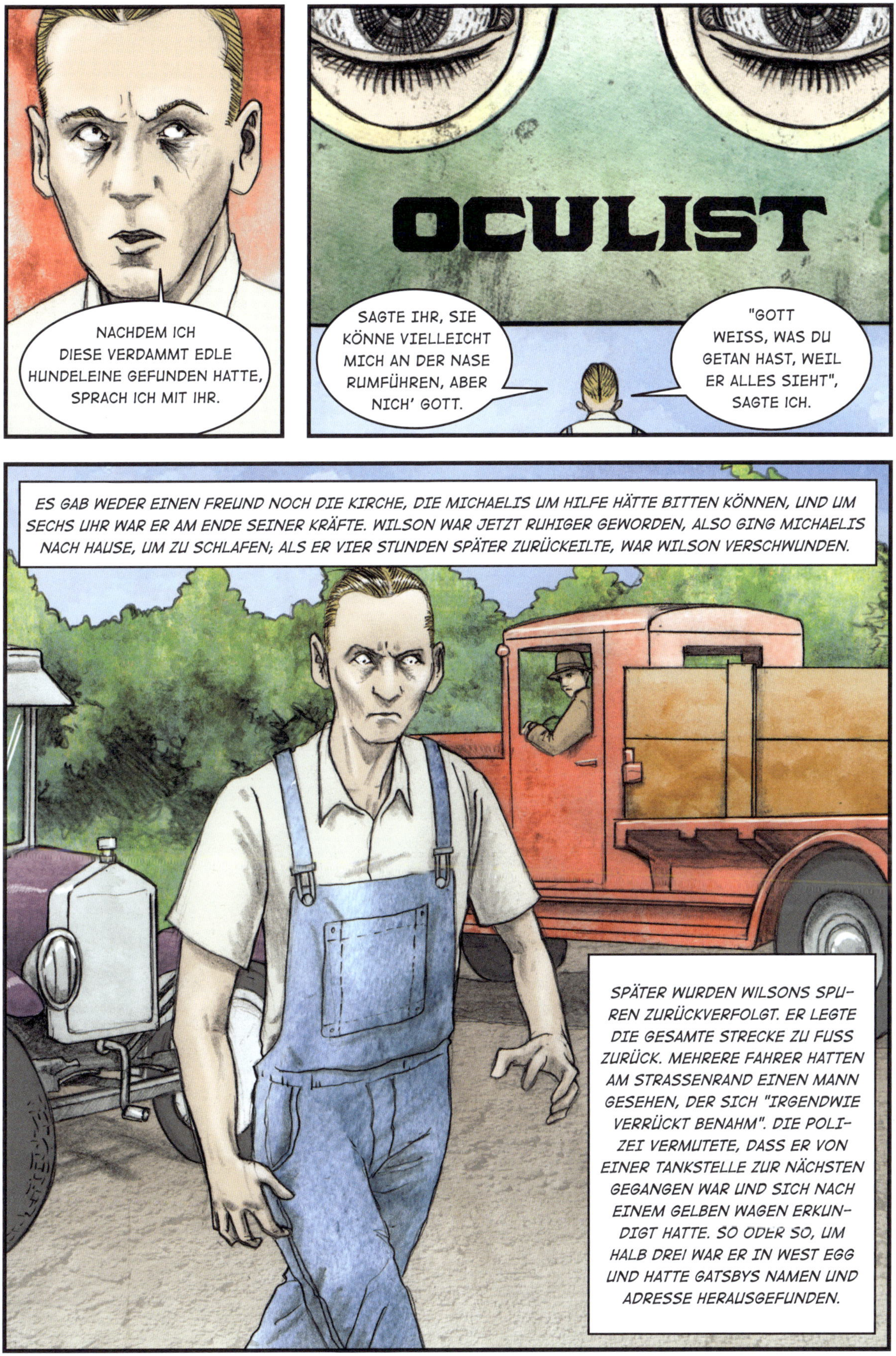
NACHDEM ICH DIESE VERDAMMT EDLE HUNDELEINE GEFUNDEN HATTE, SPRACH ICH MIT IHR.
OCULIST
SAGTE IHR, SIE KÖNNE VIELLEICHT MICH AN DER NASE RUMFÜHREN, ABER NICH' GOTT.
"GOTT WEISS, WAS DU GETAN HAST, WEIL ER ALLES SIEHT", SAGTE ICH.
ES GAB WEDER EINEN FREUND NOCH DIE KIRCHE, DIE MICHAELIS UM HILFE HÄTTE BITTEN KÖNNEN, UND UM SECHS UHR WAR ER AM ENDE SEINER KRÄFTE. WILSON WAR JETZT RUHIGER GEWORDEN, ALSO GING MICHAELIS NACH HAUSE, UM ZU SCHLAFEN; ALS ER VIER STUNDEN SPÄTER ZURÜCKEILTE, WAR WILSON VERSCHWUNDEN.
SPÄTER WURDEN WILSONS SPUREN ZURÜCKVERFOLGT. ER LEGTE DIE GESAMTE STRECKE ZU FUSS ZURÜCK. MEHRERE FAHRER HATTEN AM STRASSENRAND EINEN MANN GESEHEN, DER SICH "IRGENDWIE VERRÜCKT BENAHM". DIE POLIZEI VERMUTETE, DASS ER VON EINER TANKSTELLE ZUR NÄCHSTEN GEGANGEN WAR UND SICH NACH EINEM GELBEN WAGEN ERKUNDIGT HATTE. SO ODER SO, UM HALB DREI WAR ER IN WEST EGG UND HATTE GATSBYS NAMEN UND ADRESSE HERAUSGEFUNDEN.

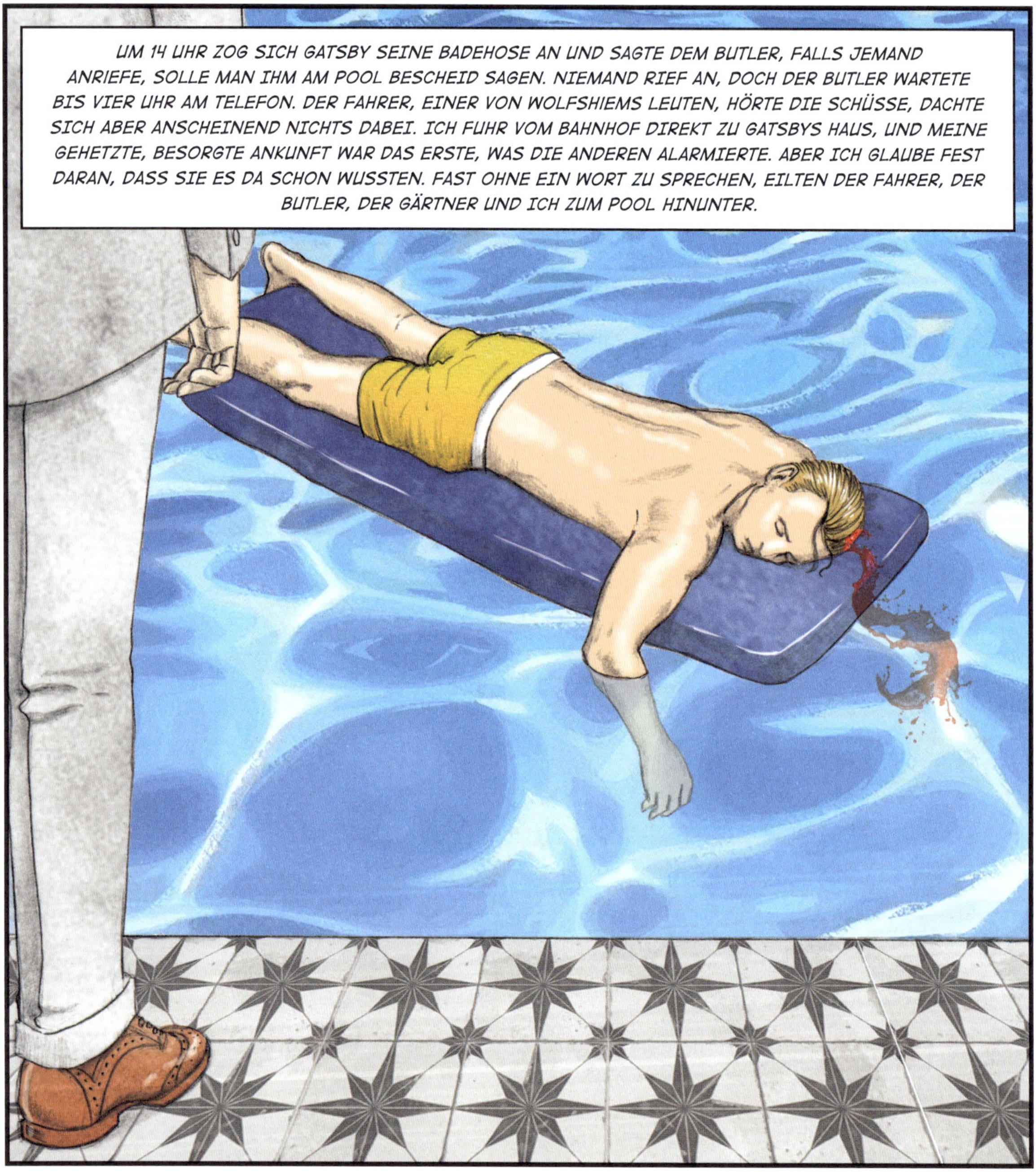
UM 14 UHR ZOG SICH GATSBY SEINE BADEHOSE AN UND SAGTE DEM BUTLER, FALLS JEMAND ANRIEFE, SOLLE MAN IHM AM POOL BESCHEID SAGEN. NIEMAND RIEF AN, DOCH DER BUTLER WARTETE BIS VIER UHR AM TELEFON. DER FAHRER, EINER VON WOLFSHIEMS LEUTEN, HÖRTE DIE SCHÜSSE, DACHTE SICH ABER ANSCHEINEND NICHTS DABEI. ICH FUHR VOM BAHNHOF DIREKT ZU GATSBYS HAUS, UND MEINE GEHETZTE, BESORGTE ANKUNFT WAR DAS ERSTE, WAS DIE ANDEREN ALARMIERTE. ABER ICH GLAUBE FEST DARAN, DASS SIE ES DA SCHON WUSSTEN. FAST OHNE EIN WORT ZU SPRECHEN, EILTEN DER FAHRER, DER BUTLER, DER GÄRTNER UND ICH ZUM POOL HINUNTER.

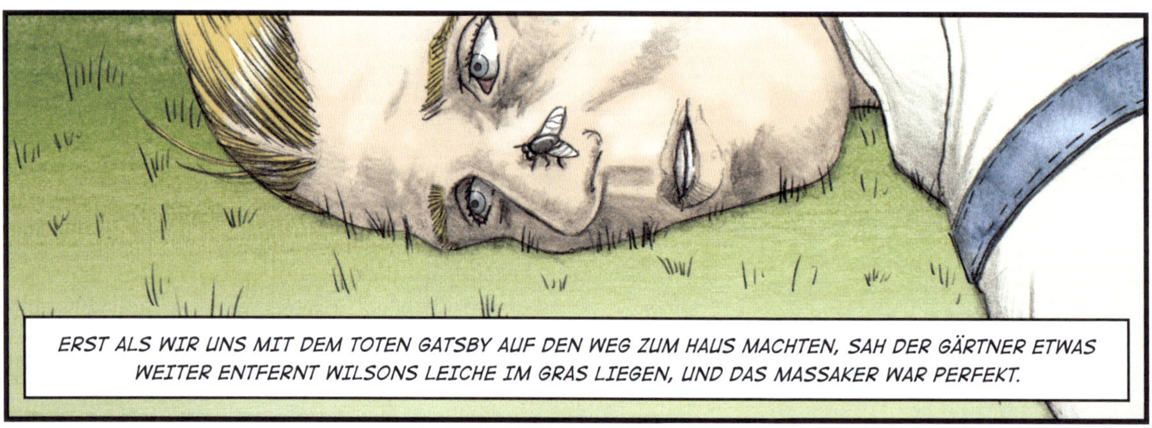
ERST ALS WIR UNS MIT DEM TOTEN GATSBY AUF DEN WEG ZUM HAUS MACHTEN, SAH DER GÄRTNER ETWAS WEITER ENTFERNT WILSONS LEICHE IM GRAS LIEGEN, UND DAS MASSAKER WAR PERFEKT.

KAPITEL 9

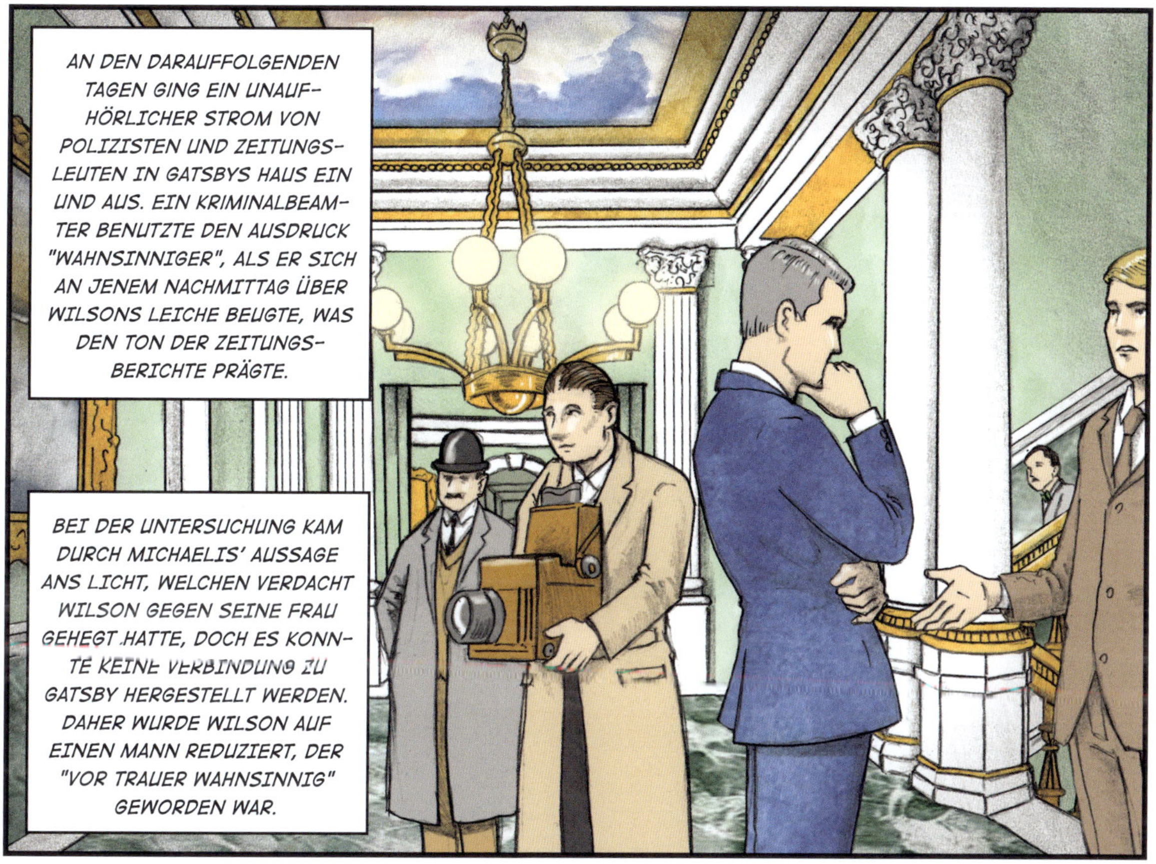
AN DEN DARAUFFOLGENDEN TAGEN GING EIN UNAUFHÖRLICHER STROM VON POLIZISTEN UND ZEITUNGSLEUTEN IN GATSBYS HAUS EIN UND AUS. EIN KRIMINALBEAMTER BENUTZTE DEN AUSDRUCK "WAHNSINNIGER", ALS ER SICH AN JENEM NACHMITTAG ÜBER WILSONS LEICHE BEUGTE, WAS DEN TON DER ZEITUNGSBERICHTE PRÄGTE.
BEI DER UNTERSUCHUNG KAM DURCH MICHAELIS' AUSSAGE ANS LICHT, WELCHEN VERDACHT WILSON GEGEN SEINE FRAU GEHEGT HATTE, DOCH ES KONNTE KEINE VERBINDUNG ZU GATSBY HERGESTELLT WERDEN. DAHER WURDE WILSON AUF EINEN MANN REDUZIERT, DER "VOR TRAUER WAHNSINNIG" GEWORDEN WAR.

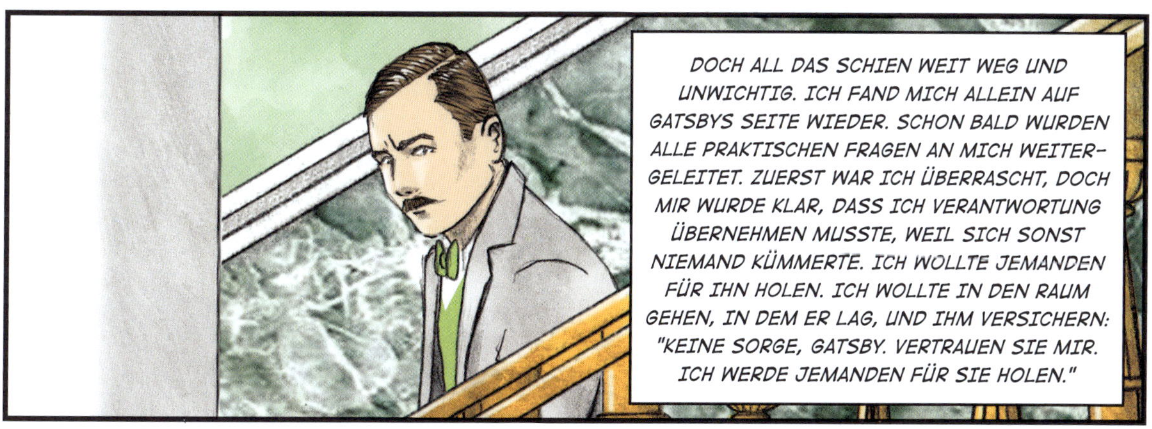
DOCH ALL DAS SCHIEN WEIT WEG UND UNWICHTIG. ICH FAND MICH ALLEIN AUF GATSBYS SEITE WIEDER. SCHON BALD WURDEN ALLE PRAKTISCHEN FRAGEN AN MICH WEITERGELEITET. ZUERST WAR ICH ÜBERRASCHT, DOCH MIR WURDE KLAR, DASS ICH VERANTWORTUNG ÜBERNEHMEN MUSSTE, WEIL SICH SONST NIEMAND KÜMMERTE. ICH WOLLTE JEMANDEN FÜR IHN HOLEN. ICH WOLLTE IN DEN RAUM GEHEN, IN DEM ER LAG, UND IHM VERSICHERN: "KEINE SORGE, GATSBY. VERTRAUEN SIE MIR. ICH WERDE JEMANDEN FÜR SIE HOLEN."

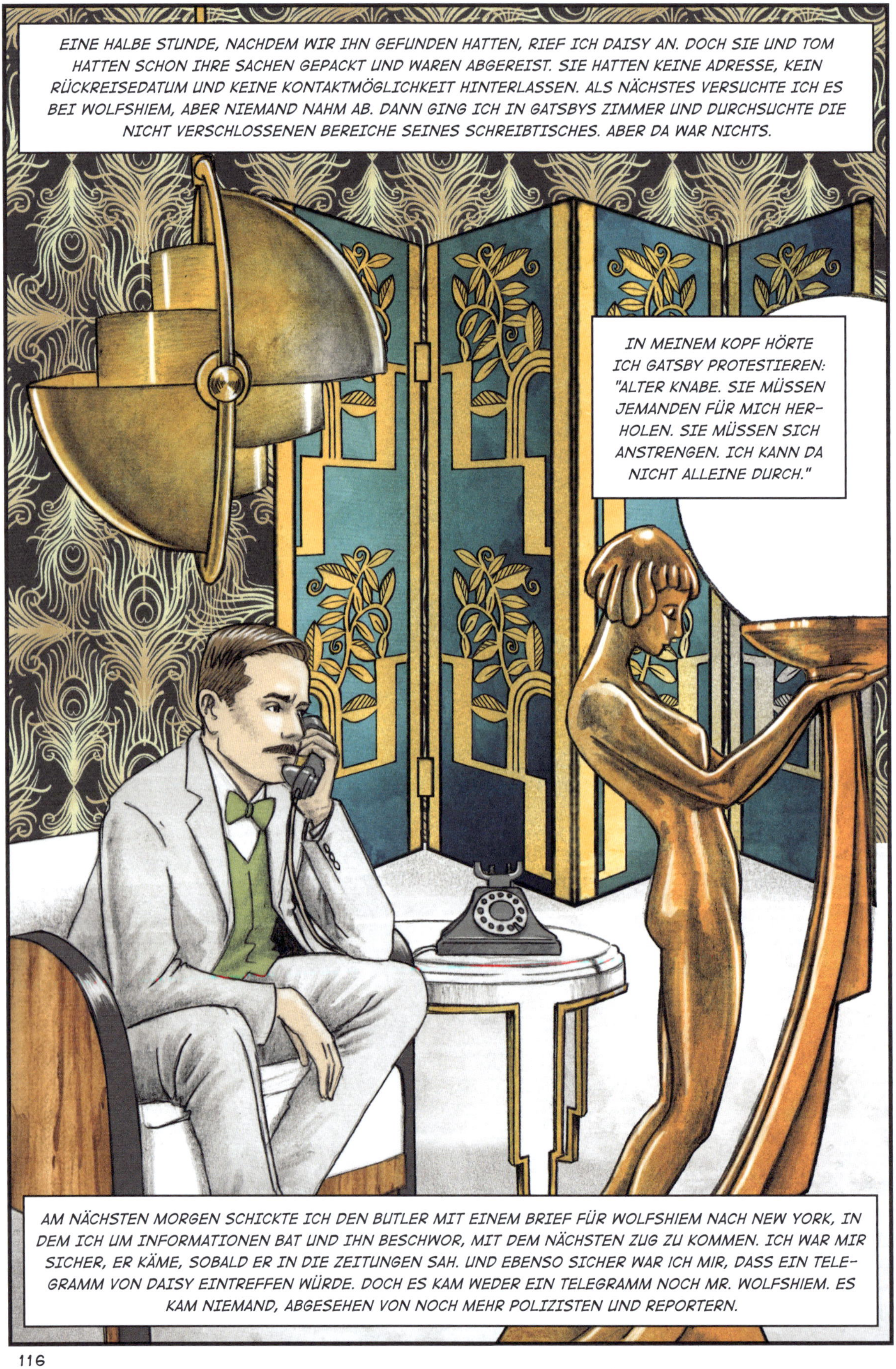
EINE HALBE STUNDE, NACHDEM WIR IHN GEFUNDEN HATTEN, RIEF ICH DAISY AN. DOCH SIE UND TOM HATTEN SCHON IHRE SACHEN GEPACKT UND WAREN ABGEREIST. SIE HATTEN KEINE ADRESSE, KEIN RÜCKREISEDATUM UND KEINE KONTAKTMÖGLICHKEIT HINTERLASSEN. ALS NÄCHSTES VERSUCHTE ICH ES BEI WOLFSHIEM, ABER NIEMAND NAHM AB. DANN GING ICH IN GATSBYS ZIMMER UND DURCHSUCHTE DIE NICHT VERSCHLOSSENEN BEREICHE SEINES SCHREIBTISCHES. ABER DA WAR NICHTS.
IN MEINEM KOPF HÖRTE ICH GATSBY PROTESTIEREN: "ALTER KNABE. SIE MÜSSEN JEMANDEN FÜR MICH HER-HOLEN. SIE MÜSSEN SICH ANSTRENGEN. ICH KANN DA NICHT ALLEINE DURCH."
AM NÄCHSTEN MORGEN SCHICKTE ICH DEN BUTLER MIT EINEM BRIEF FÜR WOLFSHIEM NACH NEW YORK, IN DEM ICH UM INFORMATIONEN BAT UND IHN BESCHWOR, MIT DEM NÄCHSTEN ZUG ZU KOMMEN. ICH WAR MIR SICHER, ER KÄME, SOBALD ER IN DIE ZEITUNGEN SAH. UND EBENSO SICHER WAR ICH MIR, DASS EIN TELE-GRAMM VON DAISY EINTREFFEN WÜRDE. DOCH ES KAM WEDER EIN TELEGRAMM NOCH MR. WOLFSHIEM. ES KAM NIEMAND, ABGESEHEN VON NOCH MEHR POLIZISTEN UND REPORTERN.

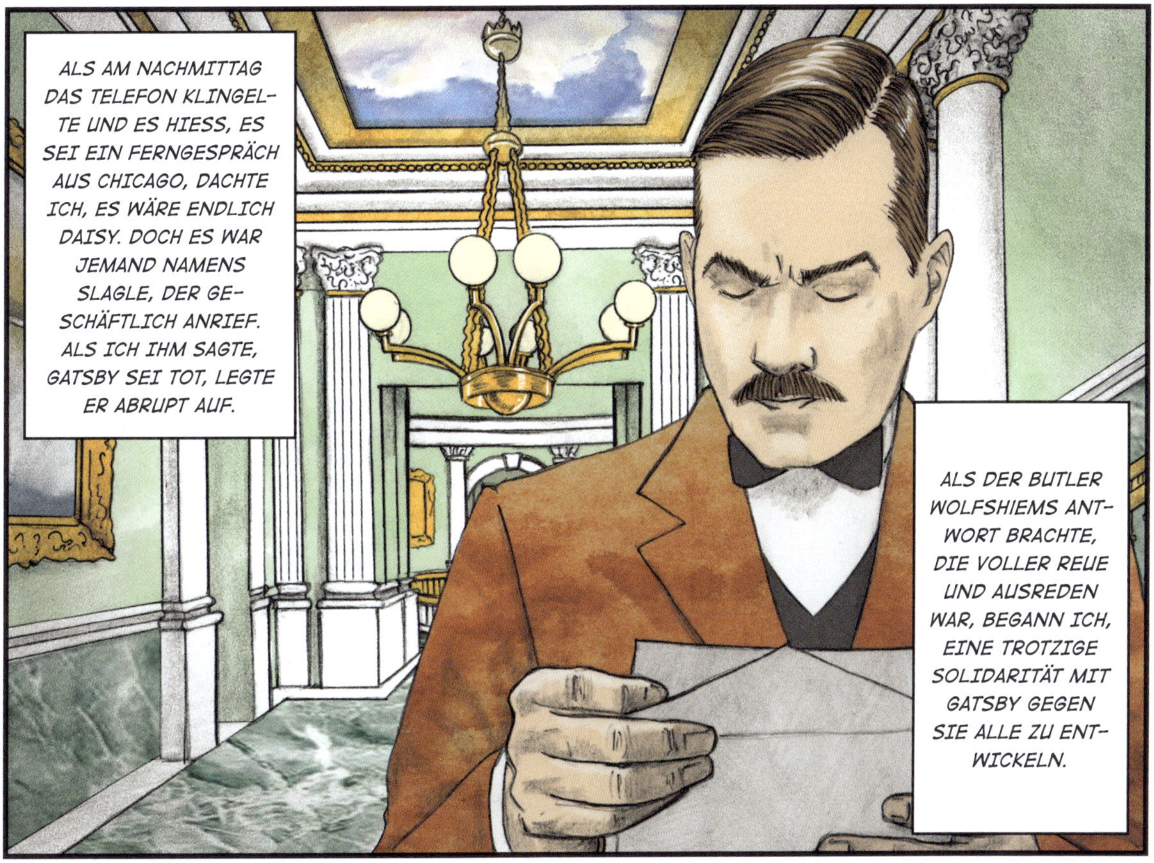
ALS AM NACHMITTAG DAS TELEFON KLINGELTE UND ES HIESS, ES SEI EIN FERNGESPRÄCH AUS CHICAGO, DACHTE ICH, ES WÄRE ENDLICH DAISY. DOCH ES WAR JEMAND NAMENS SLAGLE, DER GESCHÄFTLICH ANRIEF. ALS ICH IHM SAGTE, GATSBY SEI TOT, LEGTE ER ABRUPT AUF.
ALS DER BUTLER WOLFSHIEMS ANTWORT BRACHTE, DIE VOLLER REUE UND AUSREDEN WAR, BEGANN ICH, EINE TROTZIGE SOLIDARITÄT MIT GATSBY GEGEN SIE ALLE ZU ENTWICKELN.

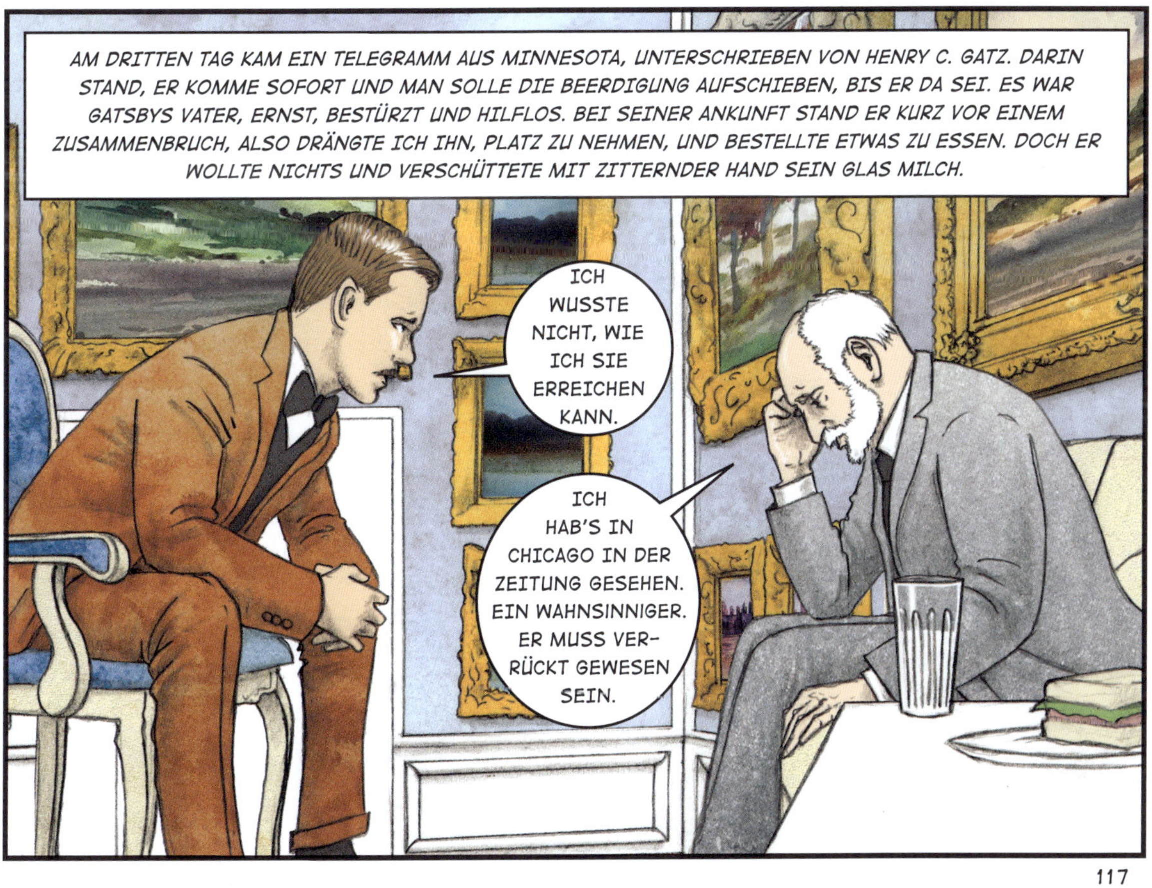
AM DRITTEN TAG KAM EIN TELEGRAMM AUS MINNESOTA, UNTERSCHRIEBEN VON HENRY C. GATZ. DARIN STAND, ER KOMME SOFORT UND MAN SOLLE DIE BEERDIGUNG AUFSCHIEBEN, BIS ER DA SEI. ES WAR GATSBYS VATER, ERNST, BESTÜRZT UND HILFLOS. BEI SEINER ANKUNFT STAND ER KURZ VOR EINEM ZUSAMMENBRUCH, ALSO DRÄNGTE ICH IHN, PLATZ ZU NEHMEN, UND BESTELLTE ETWAS ZU ESSEN. DOCH ER WOLLTE NICHTS UND VERSCHÜTTETE MIT ZITTERNDER HAND SEIN GLAS MILCH.
ICH WUSSTE NICHT, WIE ICH SIE ERREICHEN KANN.
ICH HAB'S IN CHICAGO IN DER ZEITUNG GESEHEN. EIN WAHNSINNIGER. ER MUSS VERRÜCKT GEWESEN SEIN.

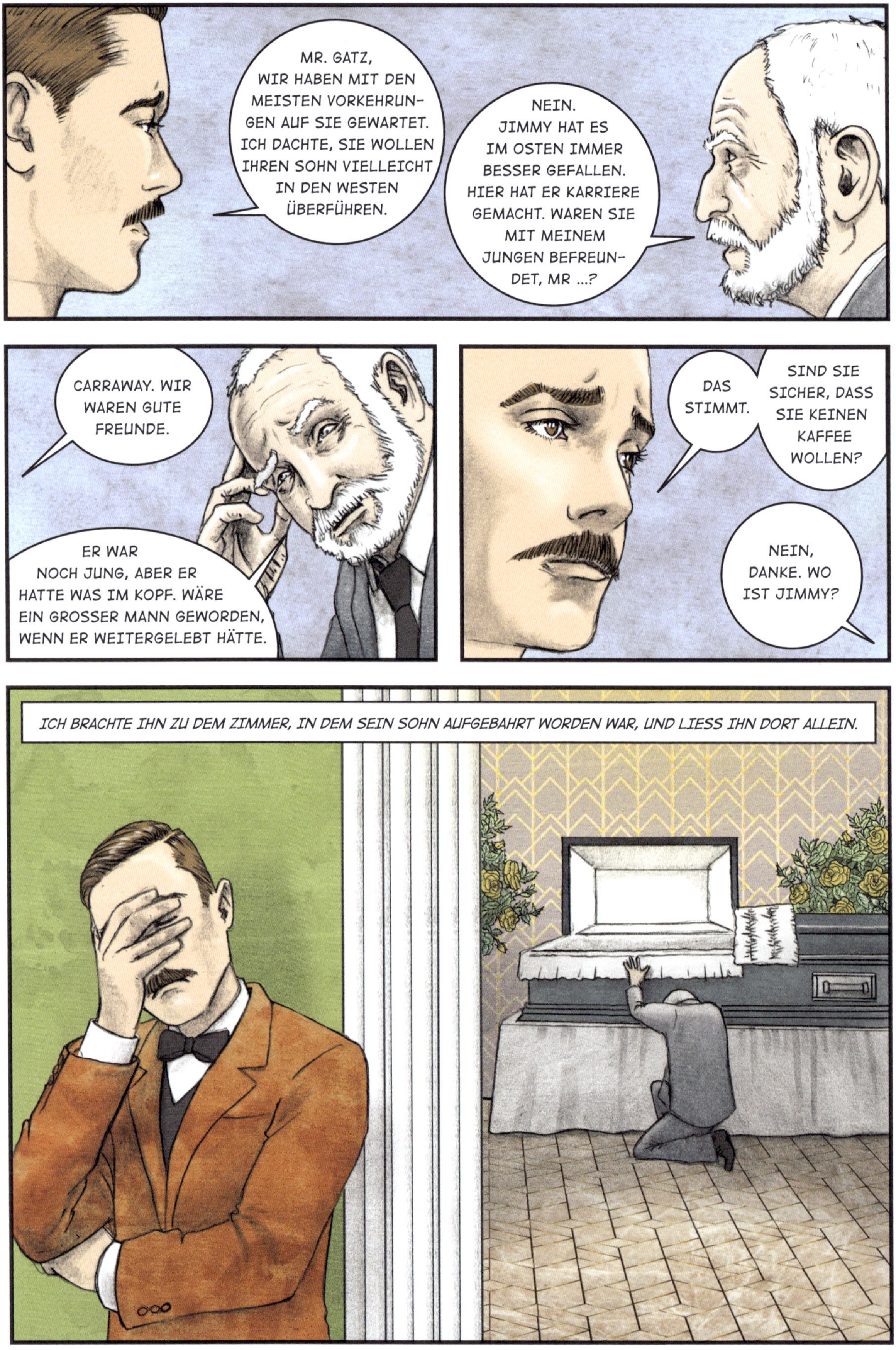
MR. GATZ, WIR HABEN MIT DEN MEISTEN VORKEHRUNGEN AUF SIE GEWARTET. ICH DACHTE, SIE WOLLEN IHREN SOHN VIELLEICHT IN DEN WESTEN ÜBERFÜHREN.
NEIN. JIMMY HAT ES IM OSTEN IMMER BESSER GEFALLEN. HIER HAT ER KARRIERE GEMACHT. WAREN SIE MIT MEINEM JUNGEN BEFREUNDET, MR ...?
CARRAWAY. WIR WAREN GUTE FREUNDE.
ER WAR NOCH JUNG, ABER ER HATTE WAS IM KOPF. WÄRE EIN GROSSER MANN GEWORDEN, WENN ER WEITERGELEBT HÄTTE.
DAS STIMMT.
SIND SIE SICHER, DASS SIE KEINEN KAFFEE WOLLEN?
NEIN, DANKE. WO IST JIMMY?
ICH BRACHTE IHN ZU DEM ZIMMER, IN DEM SEIN SOHN AUFGEBAHRT WORDEN WAR, UND LIESS IHN DORT ALLEIN.

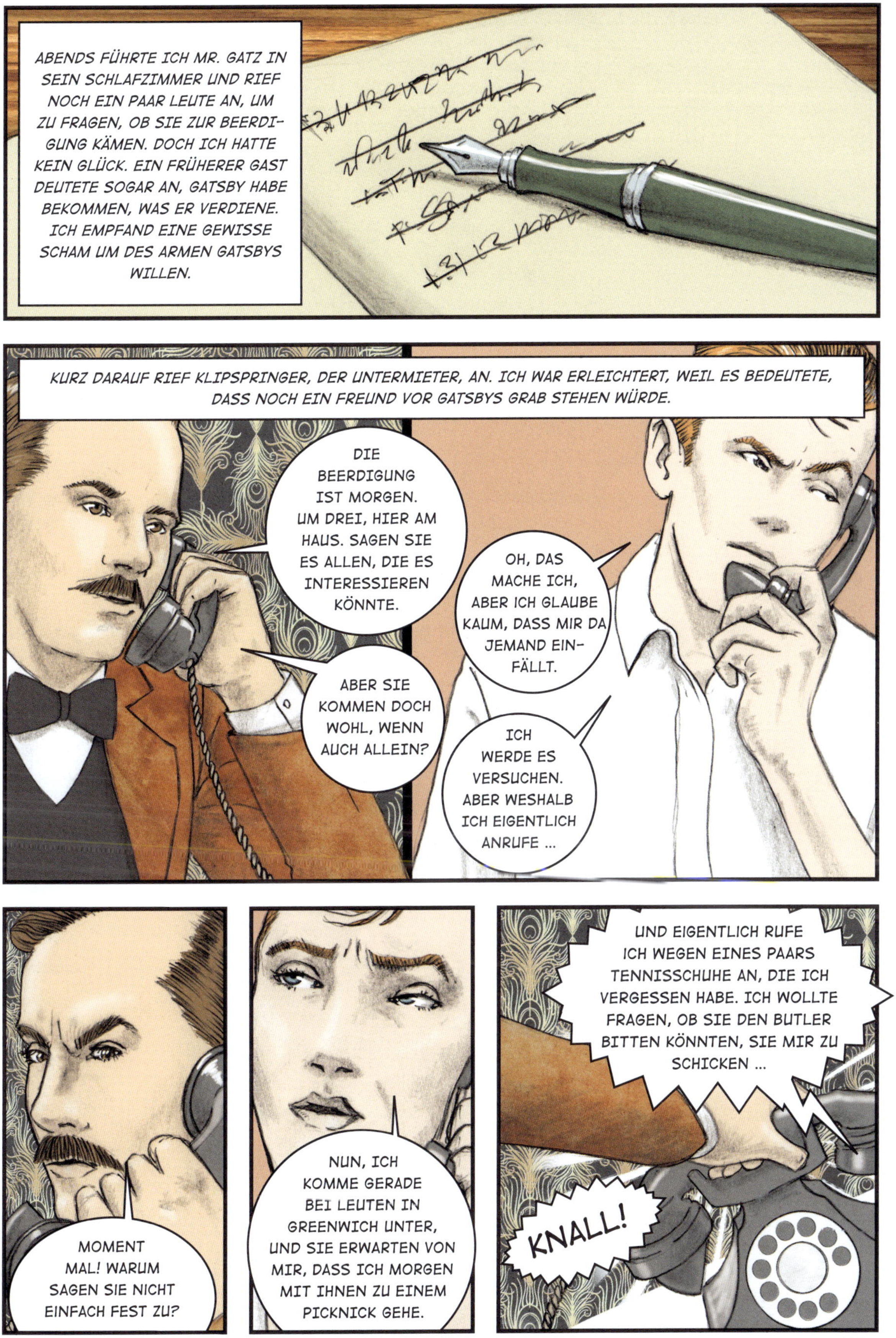

ABENDS FÜHRTE ICH MR. GATZ IN SEIN SCHLAFZIMMER UND RIEF NOCH EIN PAAR LEUTE AN, UM ZU FRAGEN, OB SIE ZUR BEERDIGUNG KÄMEN. DOCH ICH HATTE KEIN GLÜCK. EIN FRÜHERER GAST DEUTETE SOGAR AN, GATSBY HABE BEKOMMEN, WAS ER VERDIENE. ICH EMPFAND EINE GEWISSE SCHAM UM DES ARMEN GATSBYS WILLEN.
KURZ DARAUF RIEF KLIPSPRINGER, DER UNTERMIETER, AN. ICH WAR ERLEICHTERT, WEIL ES BEDEUTETE, DASS NOCH EIN FREUND VOR GATSBYS GRAB STEHEN WÜRDE.
DIE BEERDIGUNG IST MORGEN. UM DREI, HIER AM HAUS. SAGEN SIE ES ALLEN, DIE ES INTERESSIEREN KÖNNTE.
OH, DAS MACHE ICH, ABER ICH GLAUBE KAUM, DASS MIR DA JEMAND EINFÄLLT.
ABER SIE KOMMEN DOCH WOHL, WENN AUCH ALLEIN?
ICH WERDE ES VERSUCHEN. ABER WESHALB ICH EIGENTLICH ANRUFE ...
MOMENT MAL! WARUM SAGEN SIE NICHT EINFACH FEST ZU?
NUN, ICH KOMME GERADE BEI LEUTEN IN GREENWICH UNTER, UND SIE ERWARTEN VON MIR, DASS ICH MORGEN MIT IHNEN ZU EINEM PICKNICK GEHE.
UND EIGENTLICH RUFE ICH WEGEN EINES PAARS TENNISSCHUHE AN, DIE ICH VERGESSEN HABE. ICH WOLLTE FRAGEN, OB SIE DEN BUTLER BITTEN KÖNNTEN, SIE MIR ZU SCHICKEN ...
KNALL!

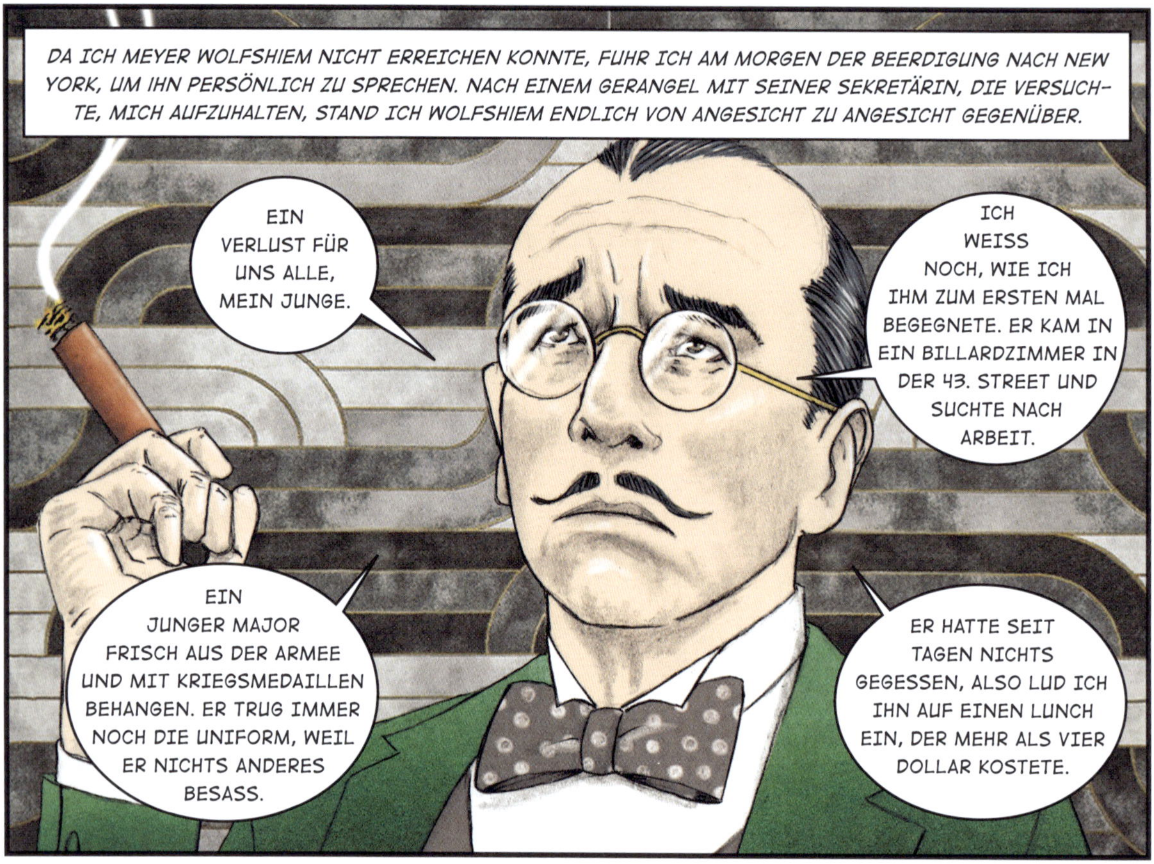
DA ICH MEYER WOLFSHIEM NICHT ERREICHEN KONNTE, FUHR ICH AM MORGEN DER BEERDIGUNG NACH NEW YORK, UM IHN PERSÖNLICH ZU SPRECHEN. NACH EINEM GERANGEL MIT SEINER SEKRETÄRIN, DIE VERSUCHTE, MICH AUFZUHALTEN, STAND ICH WOLFSHIEM ENDLICH VON ANGESICHT ZU ANGESICHT GEGENÜBER.
EIN VERLUST FÜR UNS ALLE, MEIN JUNGE.
ICH WEISS NOCH, WIE ICH IHM ZUM ERSTEN MAL BEGEGNETE. ER KAM IN EIN BILLARDZIMMER IN DER 43. STREET UND SUCHTE NACH ARBEIT.
EIN JUNGER MAJOR FRISCH AUS DER ARMEE UND MIT KRIEGSMEDAILLEN BEHANGEN. ER TRUG IMMER NOCH DIE UNIFORM, WEIL ER NICHTS ANDERES BESASS.
ER HATTE SEIT TAGEN NICHTS GEGESSEN, ALSO LUD ICH IHN AUF EINEN LUNCH EIN, DER MEHR ALS VIER DOLLAR KOSTETE.

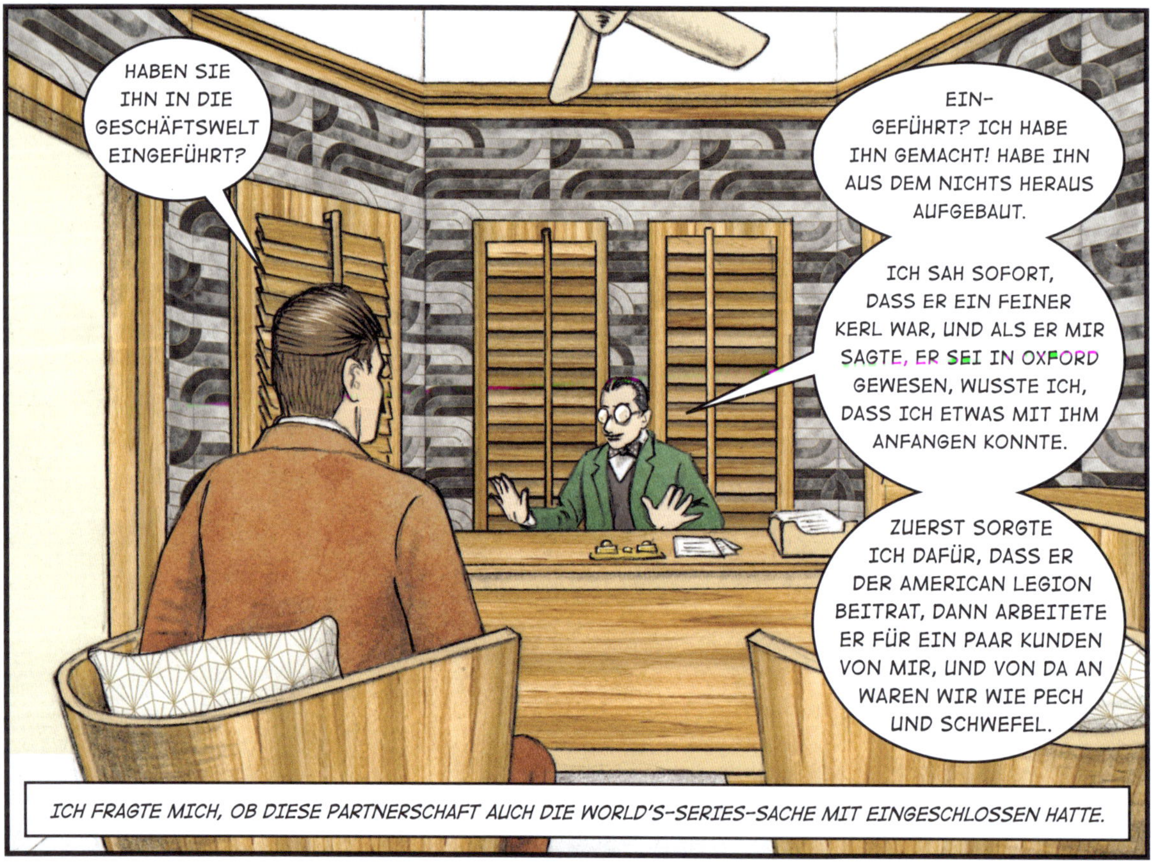
HABEN SIE IHN IN DIE GESCHÄFTSWELT EINGEFÜHRT?
EIN-GEFÜHRT? ICH HABE IHN GEMACHT! HABE IHN AUS DEM NICHTS HERAUS AUFGEBAUT.
ICH SAH SOFORT, DASS ER EIN FEINER KERL WAR, UND ALS ER MIR SAGTE, ER SEI IN OXFORD GEWESEN, WUSSTE ICH, DASS ICH ETWAS MIT IHM ANFANGEN KONNTE.
ZUERST SORGTE ICH DAFÜR, DASS ER DER AMERICAN LEGION BEITRAT, DANN ARBEITETE ER FÜR EIN PAAR KUNDEN VON MIR, UND VON DA AN WAREN WIR WIE PECH UND SCHWEFEL.
ICH FRAGTE MICH, OB DIESE PARTNERSCHAFT AUCH DIE WORLD'S-SERIES-SACHE MIT EINGESCHLOSSEN HATTE.

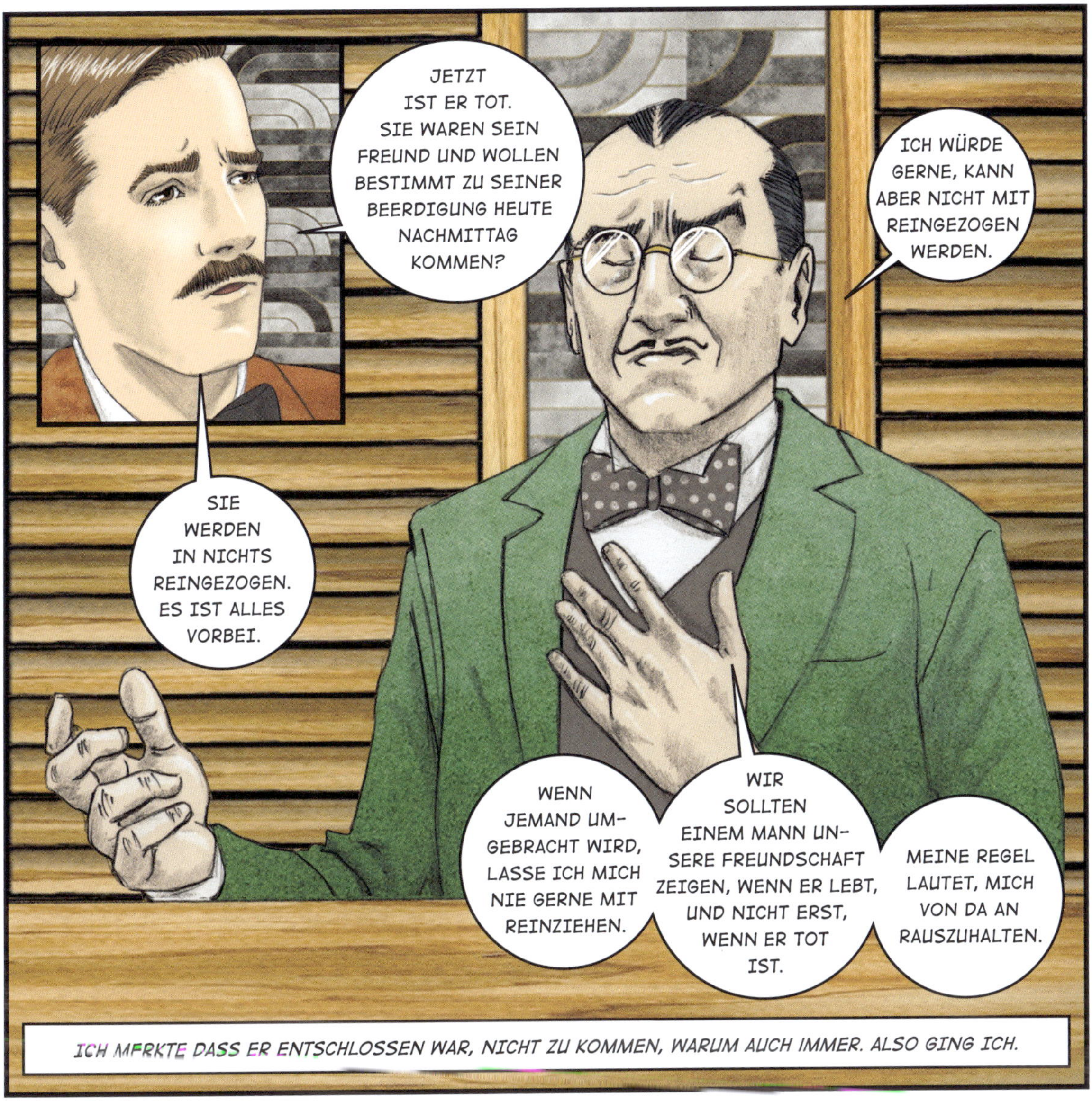
JETZT IST ER TOT. SIE WAREN SEIN FREUND UND WOLLEN BESTIMMT ZU SEINER BEERDIGUNG HEUTE NACHMITTAG KOMMEN?
ICH WÜRDE GERNE, KANN ABER NICHT MIT REINGEZOGEN WERDEN.
SIE WERDEN IN NICHTS REINGEZOGEN. ES IST ALLES VORBEI.
WENN JEMAND UMGEBRACHT WIRD, LASSE ICH MICH NIE GERNE MIT REINZIEHEN.
WIR SOLLTEN EINEM MANN UNSERE FREUNDSCHAFT ZEIGEN, WENN ER LEBT, UND NICHT ERST, WENN ER TOT IST.
MEINE REGEL LAUTET, MICH VON DA AN RAUSZUHALTEN.
ICH MERKTE DASS ER ENTSCHLOSSEN WAR, NICHT ZU KOMMEN, WARUM AUCH IMMER. ALSO GING ICH.

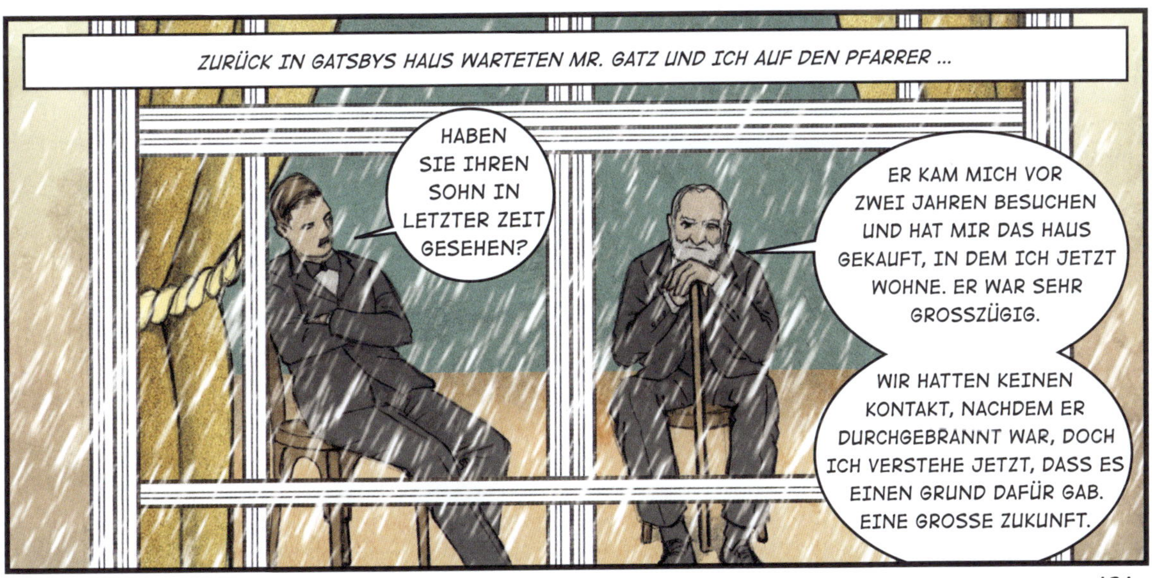
ZURÜCK IN GATSBYS HAUS WARTETEN MR. GATZ UND ICH AUF DEN PFARRER ...
HABEN SIE IHREN SOHN IN LETZTER ZEIT GESEHEN?
ER KAM MICH VOR ZWEI JAHREN BESUCHEN UND HAT MIR DAS HAUS GEKAUFT, IN DEM ICH JETZT WOHNE. ER WAR SEHR GROSSZÜGIG.
WIR HATTEN KEINEN KONTAKT, NACHDEM ER DURCHGEBRANNT WAR, DOCH ICH VERSTEHE JETZT, DASS ES EINEN GRUND DAFÜR GAB. EINE GROSSE ZUKUNFT.

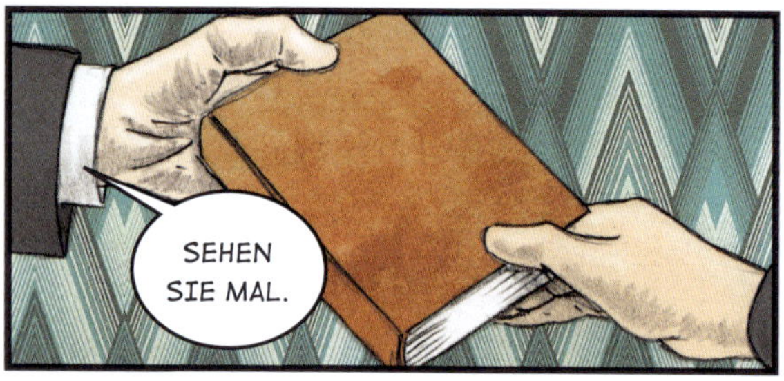

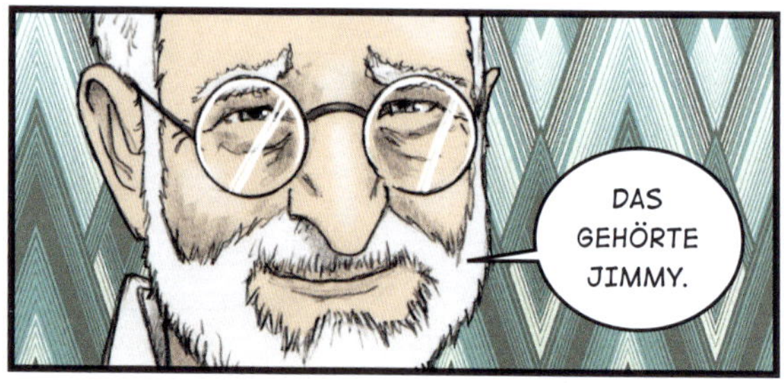

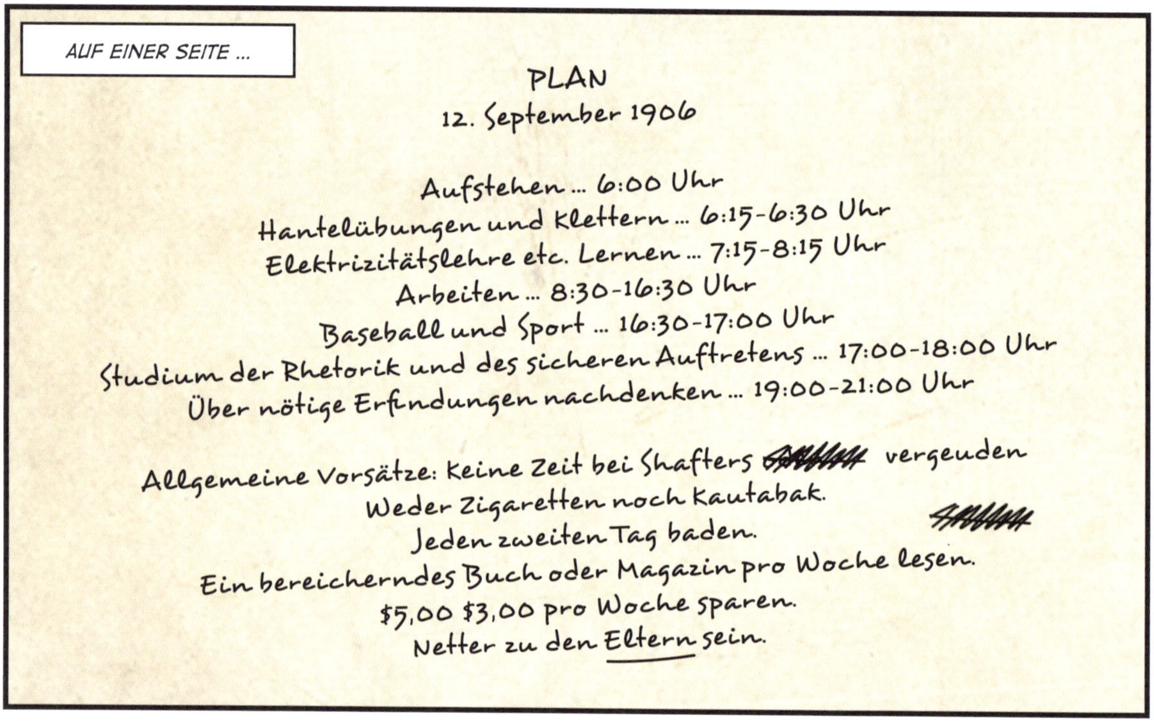

PLAN
12. September 1906

Aufstehen ... 6:00 Uhr
Hantelübungen und Klettern ... 6:15-6:30 Uhr
Elektrizitätslehre etc. Lernen ... 7:15-8:15 Uhr
Arbeiten ... 8:30-16:30 Uhr
Baseball und Sport ... 16:30-17:00 Uhr
Studium der Rhetorik und des sicheren Auftretens ... 17:00-18:00 Uhr
Über nötige Erfindungen nachdenken ... 19:00-21:00 Uhr

Allgemeine Vorsätze: Keine Zeit bei Shafters vergeuden
Weder Zigaretten noch Kautabak.
Jeden zweiten Tag baden.
Ein bereicherndes Buch oder Magazin pro Woche lesen.
$5,00 $3,00 pro Woche sparen.
Netter zu den Eltern sein.

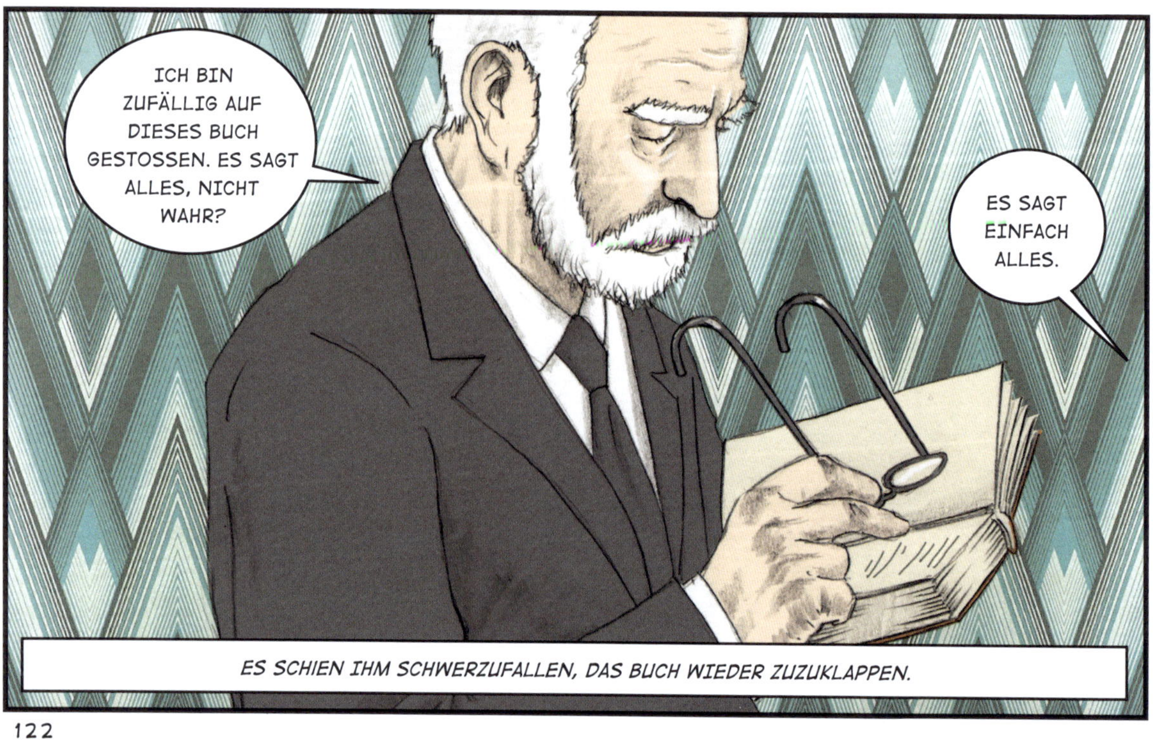

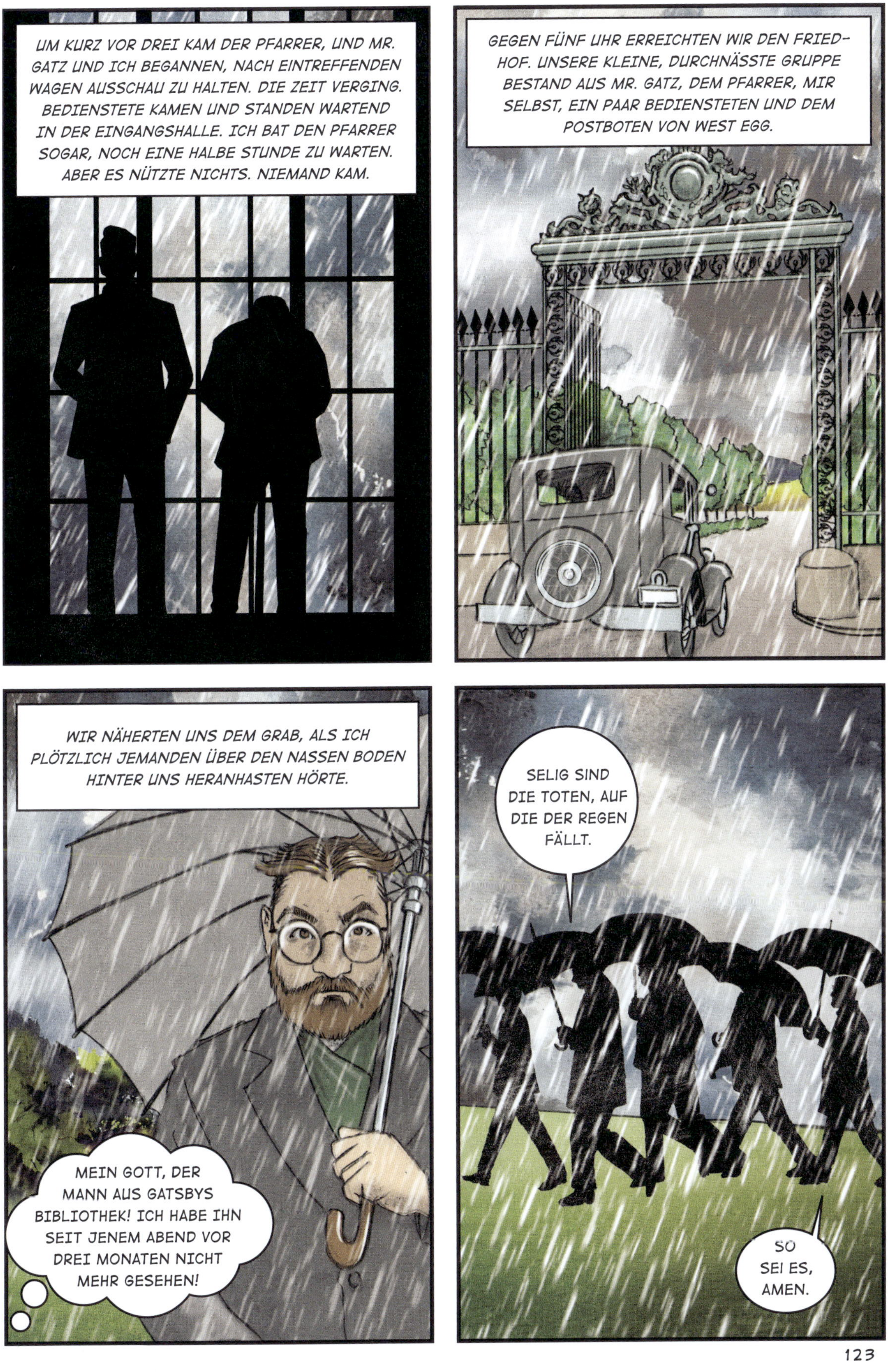
UM KURZ VOR DREI KAM DER PFARRER, UND MR. GATZ UND ICH BEGANNEN, NACH EINTREFFENDEN WAGEN AUSSCHAU ZU HALTEN. DIE ZEIT VERGING. BEDIENSTETE KAMEN UND STANDEN WARTEND IN DER EINGANGSHALLE. ICH BAT DEN PFARRER SOGAR, NOCH EINE HALBE STUNDE ZU WARTEN. ABER ES NÜTZTE NICHTS. NIEMAND KAM.
GEGEN FÜNF UHR ERREICHTEN WIR DEN FRIEDHOF. UNSERE KLEINE, DURCHNÄSSTE GRUPPE BESTAND AUS MR. GATZ, DEM PFARRER, MIR SELBST, EIN PAAR BEDIENSTETEN UND DEM POSTBOTEN VON WEST EGG.
WIR NÄHERTEN UNS DEM GRAB, ALS ICH PLÖTZLICH JEMANDEN ÜBER DEN NASSEN BODEN HINTER UNS HERANHASTEN HÖRTE.
MEIN GOTT, DER MANN AUS GATSBYS BIBLIOTHEK! ICH HABE IHN SEIT JENEM ABEND VOR DREI MONATEN NICHT MEHR GESEHEN!
SELIG SIND DIE TOTEN, AUF DIE DER REGEN FÄLLT.
SO SEI ES, AMEN.

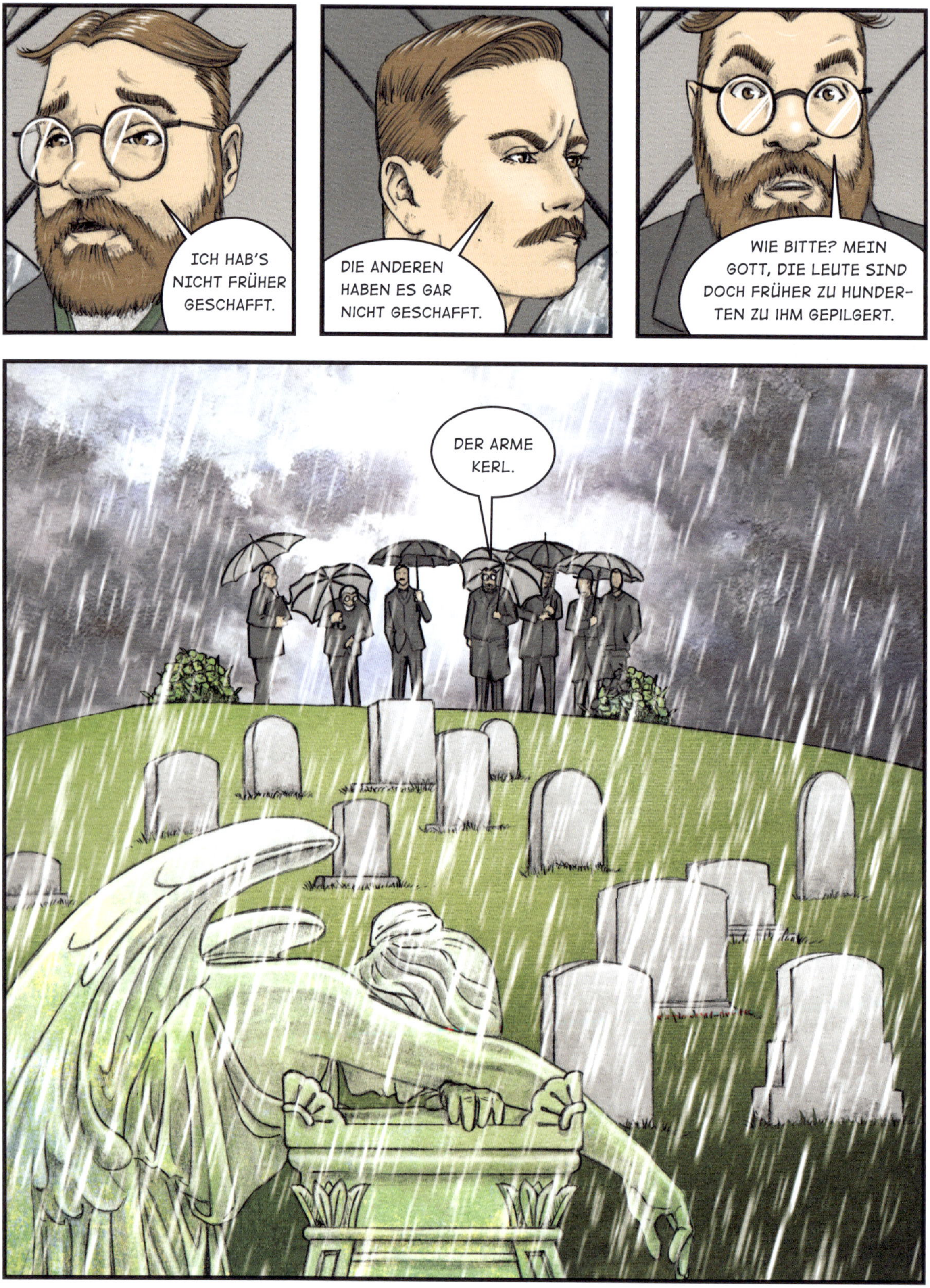

NACH GATSBYS TOD WAR MIR DER OSTEN VERLEIDET. DAHER BESCHLOSS ICH, NACH HAUSE ZURÜCKZUKEHREN. DOCH VOR MEINER ABREISE GAB ES NOCH ETWAS ZU ERLEDIGEN, EINE HEIKLE, UNANGENEHME ANGELEGENHEIT. ABER ICH WOLLTE VOR MEINER ABREISE ALLES GEREGELT HABEN.

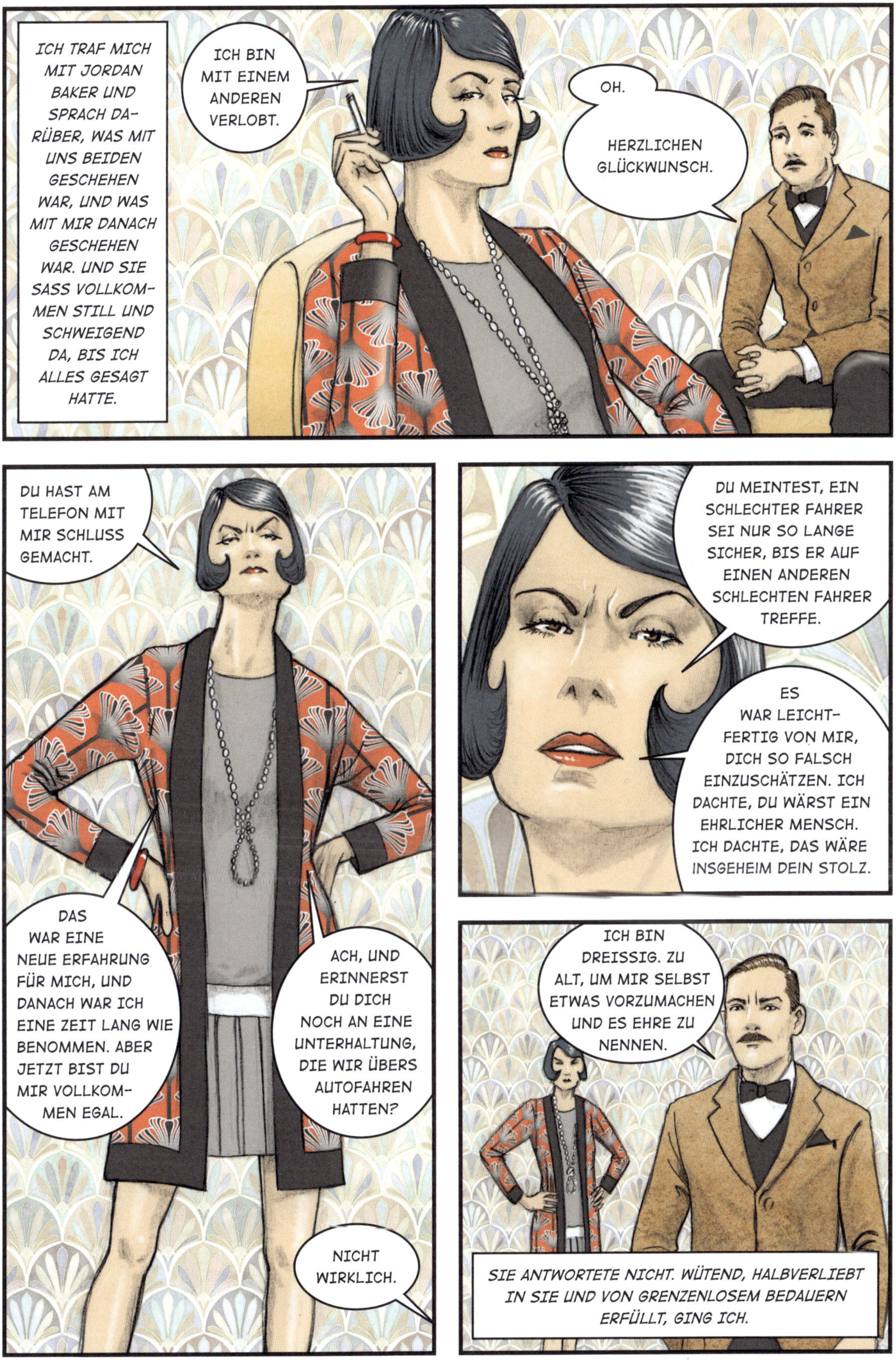
ICH TRAF MICH MIT JORDAN BAKER UND SPRACH DA-RÜBER, WAS MIT UNS BEIDEN GESCHEHEN WAR, UND WAS MIT MIR DANACH GESCHEHEN WAR. UND SIE SASS VOLLKOM-MEN STILL UND SCHWEIGEND DA, BIS ICH ALLES GESAGT HATTE.
ICH BIN MIT EINEM ANDEREN VERLOBT.
OH.
HERZLICHEN GLÜCKWUNSCH.
DU HAST AM TELEFON MIT MIR SCHLUSS GEMACHT.
DAS WAR EINE NEUE ERFAHRUNG FÜR MICH, UND DANACH WAR ICH EINE ZEIT LANG WIE BENOMMEN. ABER JETZT BIST DU MIR VOLLKOM-MEN EGAL.
ACH, UND ERINNERST DU DICH NOCH AN EINE UNTERHALTUNG, DIE WIR ÜBERS AUTOFAHREN HATTEN?
NICHT WIRKLICH.
DU MEINTEST, EIN SCHLECHTER FAHRER SEI NUR SO LANGE SICHER, BIS ER AUF EINEN ANDEREN SCHLECHTEN FAHRER TREFFE.
ES WAR LEICHT-FERTIG VON MIR, DICH SO FALSCH EINZUSCHÄTZEN. ICH DACHTE, DU WÄRST EIN EHRLICHER MENSCH. ICH DACHTE, DAS WÄRE INSGEHEIM DEIN STOLZ.
ICH BIN DREISSIG. ZU ALT, UM MIR SELBST ETWAS VORZUMACHEN UND ES EHRE ZU NENNEN.
SIE ANTWORTETE NICHT. WÜTEND, HALBVERLIEBT IN SIE UND VON GRENZENLOSEM BEDAUERN ERFÜLLT, GING ICH.

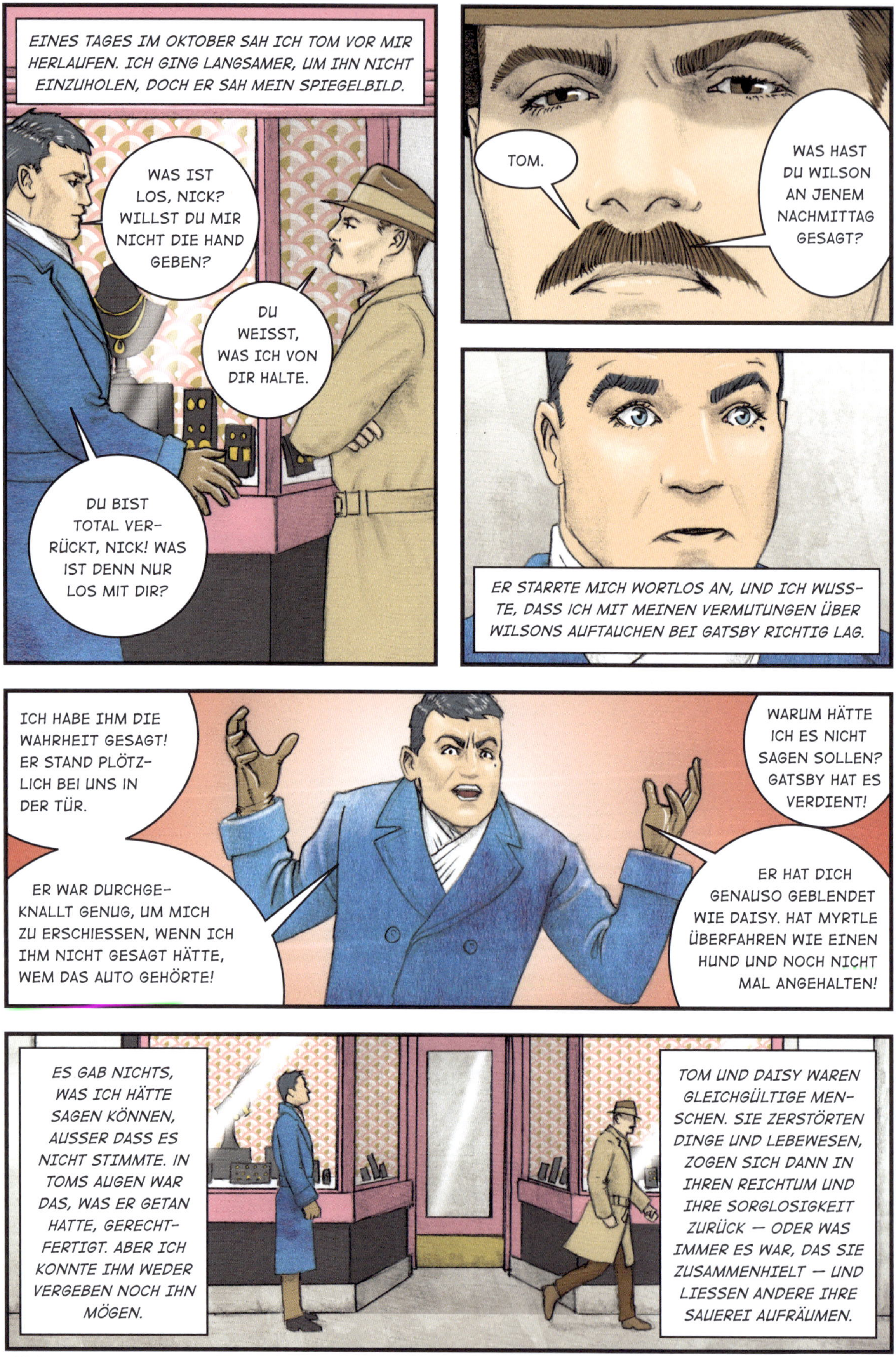
EINES TAGES IM OKTOBER SAH ICH TOM VOR MIR HERLAUFEN. ICH GING LANGSAMER, UM IHN NICHT EINZUHOLEN, DOCH ER SAH MEIN SPIEGELBILD.
WAS IST LOS, NICK? WILLST DU MIR NICHT DIE HAND GEBEN?
DU WEISST, WAS ICH VON DIR HALTE.
DU BIST TOTAL VERRÜCKT, NICK! WAS IST DENN NUR LOS MIT DIR?
TOM.
WAS HAST DU WILSON AN JENEM NACHMITTAG GESAGT?
ER STARRTE MICH WORTLOS AN, UND ICH WUSSTE, DASS ICH MIT MEINEN VERMUTUNGEN ÜBER WILSONS AUFTAUCHEN BEI GATSBY RICHTIG LAG.
ICH HABE IHM DIE WAHRHEIT GESAGT! ER STAND PLÖTZLICH BEI UNS IN DER TÜR.
ER WAR DURCHGEKNALLT GENUG, UM MICH ZU ERSCHIESSEN, WENN ICH IHM NICHT GESAGT HÄTTE, WEM DAS AUTO GEHÖRTE!
WARUM HÄTTE ICH ES NICHT SAGEN SOLLEN? GATSBY HAT ES VERDIENT!
ER HAT DICH GENAUSO GEBLENDET WIE DAISY. HAT MYRTLE ÜBERFAHREN WIE EINEN HUND UND NOCH NICHT MAL ANGEHALTEN!
ES GAB NICHTS, WAS ICH HÄTTE SAGEN KÖNNEN, AUSSER DASS ES NICHT STIMMTE. IN TOMS AUGEN WAR DAS, WAS ER GETAN HATTE, GERECHTFERTIGT. ABER ICH KONNTE IHM WEDER VERGEBEN NOCH IHN MÖGEN.
TOM UND DAISY WAREN GLEICHGÜLTIGE MENSCHEN. SIE ZERSTÖRTEN DINGE UND LEBEWESEN, ZOGEN SICH DANN IN IHREN REICHTUM UND IHRE SORGLOSIGKEIT ZURÜCK – ODER WAS IMMER ES WAR, DAS SIE ZUSAMMENHIELT – UND LIESSEN ANDERE IHRE SAUEREI AUFRÄUMEN.

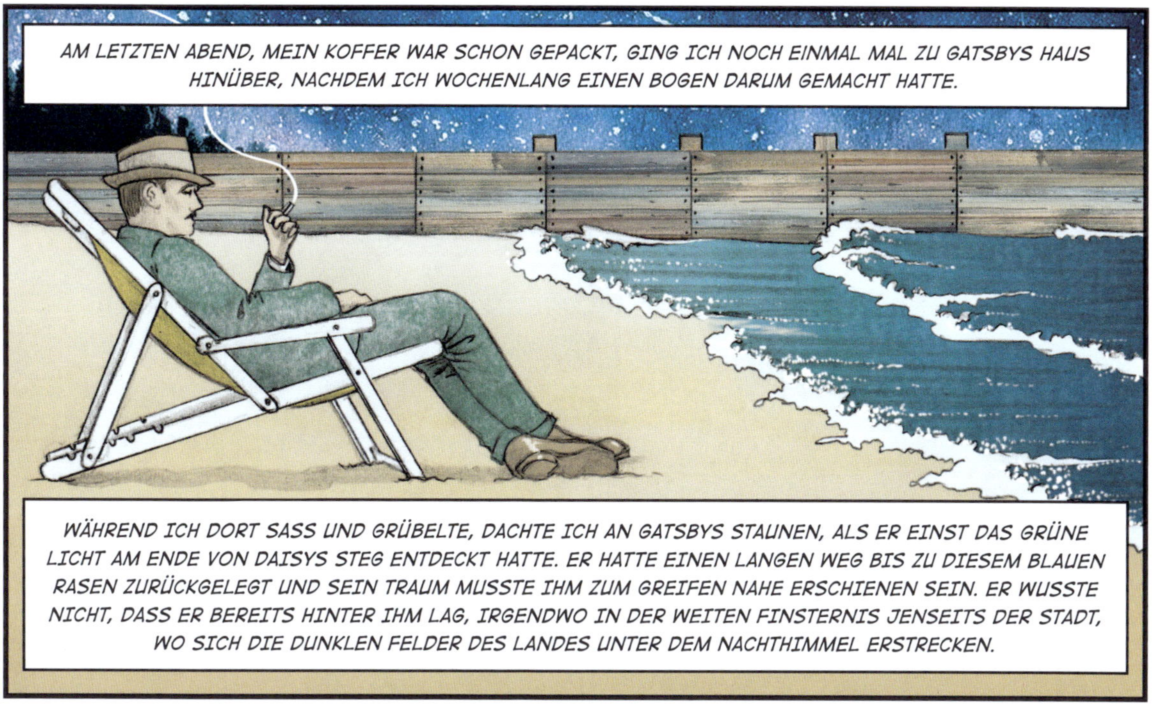
AM LETZTEN ABEND, MEIN KOFFER WAR SCHON GEPACKT, GING ICH NOCH EINMAL MAL ZU GATSBYS HAUS HINÜBER, NACHDEM ICH WOCHENLANG EINEN BOGEN DARUM GEMACHT HATTE.
WÄHREND ICH DORT SASS UND GRÜBELTE, DACHTE ICH AN GATSBYS STAUNEN, ALS ER EINST DAS GRÜNE LICHT AM ENDE VON DAISYS STEG ENTDECKT HATTE. ER HATTE EINEN LANGEN WEG BIS ZU DIESEM BLAUEN RASEN ZURÜCKGELEGT UND SEIN TRAUM MUSSTE IHM ZUM GREIFEN NAHE ERSCHIENEN SEIN. ER WUSSTE NICHT, DASS ER BEREITS HINTER IHM LAG, IRGENDWO IN DER WEITEN FINSTERNIS JENSEITS DER STADT, WO SICH DIE DUNKLEN FELDER DES LANDES UNTER DEM NACHTHIMMEL ERSTRECKEN.

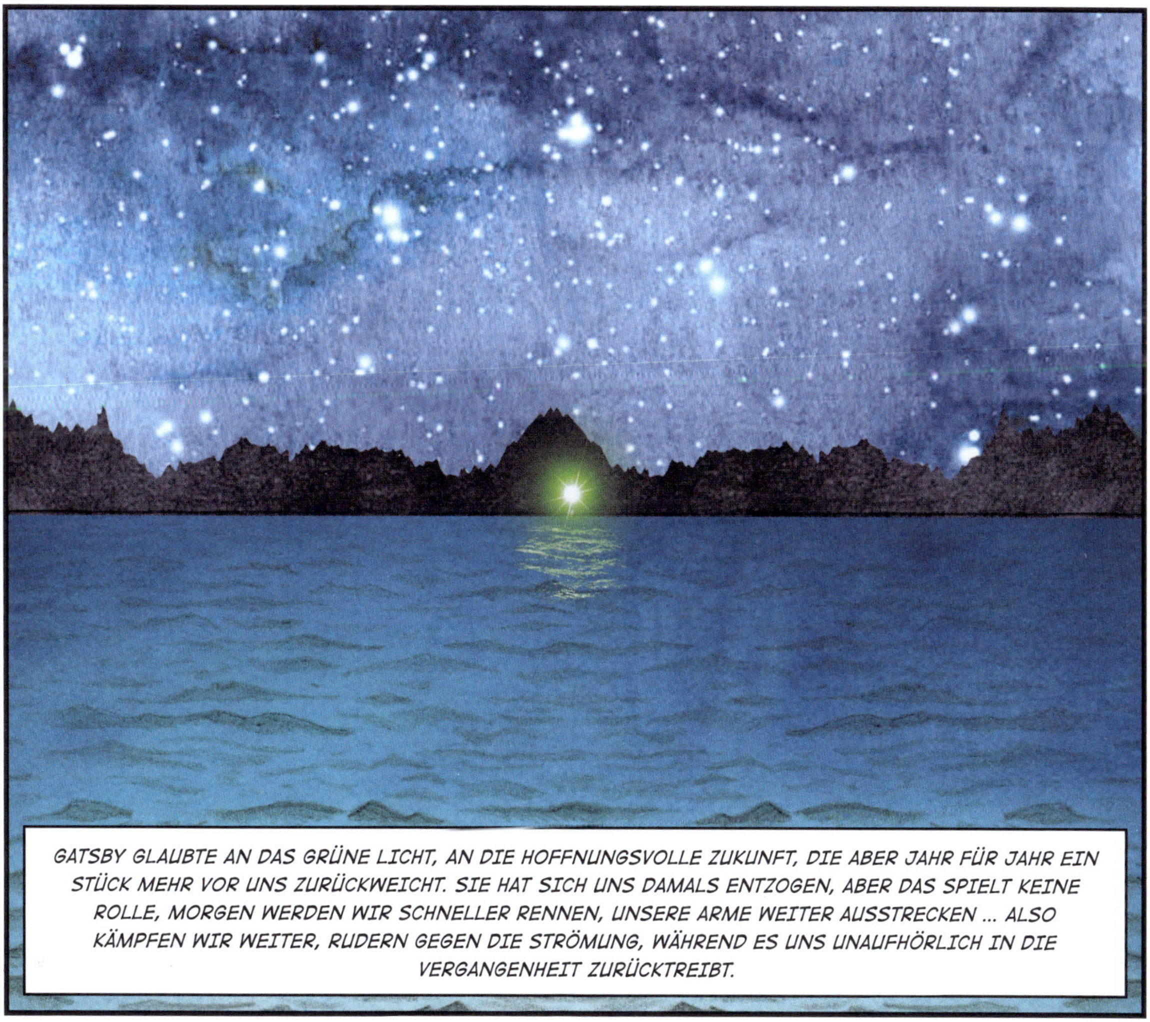
GATSBY GLAUBTE AN DAS GRÜNE LICHT, AN DIE HOFFNUNGSVOLLE ZUKUNFT, DIE ABER JAHR FÜR JAHR EIN STÜCK MEHR VOR UNS ZURÜCKWEICHT. SIE HAT SICH UNS DAMALS ENTZOGEN, ABER DAS SPIELT KEINE ROLLE, MORGEN WERDEN WIR SCHNELLER RENNEN, UNSERE ARME WEITER AUSSTRECKEN ... ALSO KÄMPFEN WIR WEITER, RUDERN GEGEN DIE STRÖMUNG, WÄHREND ES UNS UNAUFHÖRLICH IN DIE VERGANGENHEIT ZURÜCKTREIBT.

DANK

An alle medizinischen Fach- und Pflegekräfte, die während der Covid-19-Pandemie unermüdlich und selbstlos gearbeitet haben. Sie haben unter harten Strapazen Leben gerettet und die Dinge am Laufen gehalten. Wir wissen ihren selbstlosen Einsatz zu schätzen – dieses Buch ist für sie.

Für Paul.
Für Casey.

ÜBER DEN AUTOR

Pete Katz wurde im Londoner East End geboren und studierte Grafikdesign sowie Illustration an der London Guildhall University. Er arbeitet seit zwanzig Jahren als freier Illustrator in den unterschiedlichsten Bereichen und für namhafte Kunden wie Oxfam, Barnes & Noble, *Le Monde*, Image Comics, Scholastic und das British Museum. Dies ist seine achte Graphic Novel.
Mehr Infos über seine Arbeit gibt es auf inkandmanners.com oder Instagram @Nutkin.

KORRIGENDA

Liebe:r Leser:in,

wir freuen uns, dass Sie sich für die Erstausgabe des Klassikers *Der große Gatsby* als Graphic Novel entschieden haben. Bedauerlicherweise haben sich drei leere Sprechblasen eingeschlichen, für die wir uns entschuldigen möchten. Da Papier ein wertvolles Gut ist und wir ressourcenschonend arbeiten, haben wir uns gegen einen Neudruck entschieden. Wir hoffen auf Ihr Verständnis! Ihr Knesebeck-Team

Seite 61

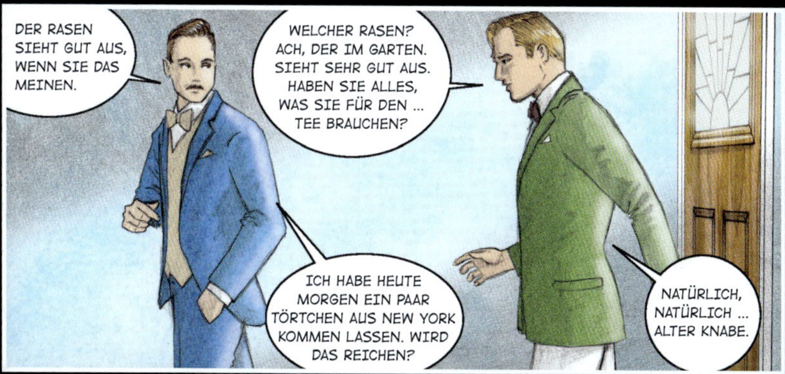

Seite 65

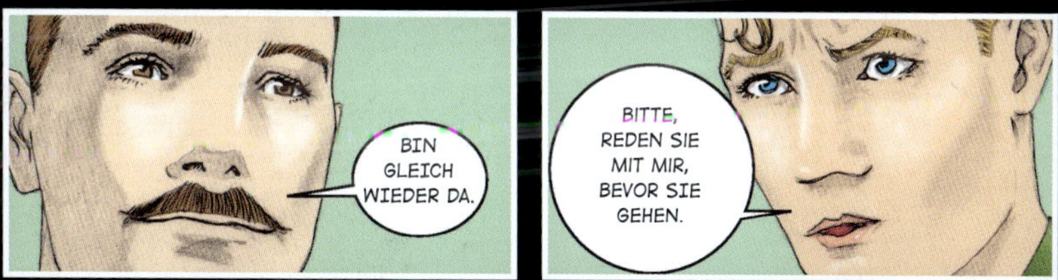

Seite 90

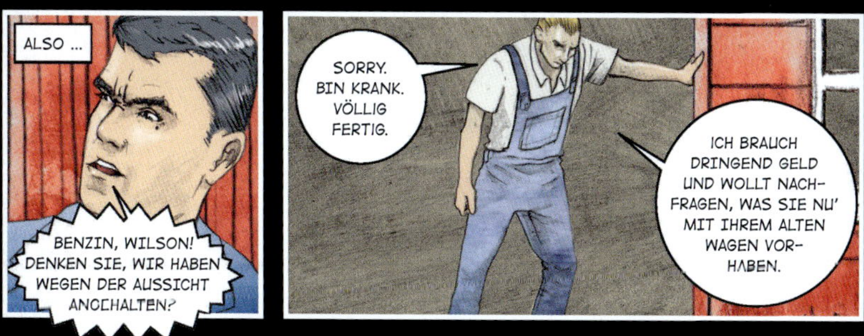